Python 3

Programmieren für Einsteiger

Michael Bonacina

2. Auflage: Oktober 2018

ISBN: 978-1730790720

Herausgegeben durch:
BMU Media GmbH
Hornissenweg 4
84034 Landshut

Python 3

Inhaltsverzeichnis

1. Einleitung 9

1.1 Python: eine einfach zu erlernende Programmiersprache 10
1.2 Die Ziele bei der Entwicklung von Python 11
1.3 Die Entwicklungsgeschichte 12
1.4 Eine interpretierte Programmiersprache 14

2. Die Vorbereitungsmaßnahmen 17

2.1 Den Python Interpreter installieren 18
2.2 Einen Texteditor für die Erstellung des Codes 21

3. Interaktive Interpretation: ideal für den ersten Kontakt mit Python 24

3.1 Den Python-Prompt aufrufen 25
3.2 Erste Befehle ausprobieren 26

4. Ein Python-Programm in eine eigene Datei schreiben 29

4.1 Ein Programm für eine einfache Textausgabe 29
4.2 Die Ausführung im Python-Interpreter 31
4.3 Kommentare: hilfreich für das Verständnis des Programms 33
4.4 Übungsaufgabe: eigene Inhalte zum Programm hinzufügen 35

5. Variablen: unverzichtbar für die Programmierung mit Python 40

5.1 Die Aufgabe von Variablen in einem Computerprogramm 40
5.2 Variablen in Python verwenden 42
5.3 Den Wert einer Variablen durch eine Eingabe des Nutzers festlegen 45
5.4 Dynamische Typisierung: viele Freiheiten bei der Nutzung von Variablen 48

5.5 Datentypen sind auch in Python von Bedeutung 51
5.6 Übungsaufgabe: Mit Variablen arbeiten 54

6. Datenstrukturen in Python 57

6.1 Listen: Mehrere Informationen zusammenfassen 58
6.2 Dictionaries: Zugriff über einen Schlüsselbegriff 63
6.3 Tupel: unveränderliche Daten 66
6.4 Übungsaufgabe: Mit Datenstrukturen arbeiten 69

7. Entscheidungen im Programm treffen 74

7.1 Der Schlüsselbegriff if 74
7.2 Vergleiche: wichtig für das Aufstellen der Bedingung 76
7.3 Die Verknüpfung mehrerer Bedingungen 80
7.4 Mit else und elif weitere Alternativen hinzufügen 82
7.5 Übungsaufgabe: eigene Abfragen erstellen 86

8. Schleifen für die Wiederholung bestimmter Programmteile 93

8.1 Die while-Schleife: der grundlegende Schleifentyp 94
8.2 Die for-Schleife: ein mächtiges Instrument in Python 97
8.3 break und continue: weitere Werkzeuge für die Steuerung von Schleifen 101
8.4 Übungsaufgabe: mit verschiedenen Schleifen arbeiten 104

9. Funktionen in Python 109

9.1 Die Vorteile einer Funktion 109
9.2 Eine Funktion selbst erstellen 110
9.3 Argumente für Funktionen verwenden 112
9.4 Einen Rückgabewert verwenden 117
9.5 Funktionen in einer eigenen Datei abspeichern 121
9.6 Übungsaufgabe: Funktionen selbst gestalten 123

10. Mit Modulen aus der Standardbibliothek arbeiten 127

10.1 Was ist die Standardbibliothek und welche Module enthält sie? 127
10.2 Die Referenz für die Standardbibliothek 129
10.3 Beispiel für ein häufig verwendetes Modul: math 131
10.4 Übungsaufgabe: mit der Standardbibliothek arbeiten 133

11. Objektorientierung in Python 138

11.1 Objektorientierung: Was ist das? 138
11.2 Klassen: die Grundlage der objektorientierten Programmierung 140
11.3 Objekte: Instanzen der Klassen 144
11.4 Die Kapselung der Daten 147
11.5 Methoden: Funktionen für Objekte 149
11.6 Klassen- und Objektvariablen 153
11.7 Vererbung: ein grundlegendes Prinzip der objektorientierten Programmierung 157
11.8 Übungsaufgabe: mit Objekten arbeiten 160

12. Die Behandlung von Fehlern und Ausnahmen in Python 167

12.1 Warum ist es wichtig, Fehler und Ausnahmen zu behandeln? 167
12.2 try und except: So werden Ausnahmen behandelt 169
12.3 finally: die Ausnahmebehandlung abschließen 175
12.4 Selbst definierte Ausnahmen festlegen 177
12.5 Übungsaufgabe: Programme mit Ausnahmebehandlung schreiben 180

13. Dateien für die Datenspeicherung verwenden 186

13.1 Daten dauerhaft abspeichern: verschiedene Möglichkeiten 186
13.2 Daten in die Datei schreiben 188
13.3 Daten aus der Datei auslesen 190

13.4 Übungsaufgabe: mit Dateien für die Datenspeicherung arbeiten 197

14. Grafische Benutzeroberflächen mit Tkinter erzeugen 201

14.1 Ein erstes einfaches Fenster erstellen 202
14.2 Buttons mit Funktionen hinzufügen 207
14.3 Das Layout der Fenster 211
14.4 Weitere Elemente für die Gestaltung der Fenster 216
14.5 Übungsaufgabe: Programme mit Fenstern selbst gestalten 220

15. Anwendungsbeispiel: Verwaltungsprogramm für Gebrauchtwagenhändler 226

15.1 Die Struktur des Programms festlegen 227
15.2 Das Sortiment anzeigen 230
15.3 Ein neues Auto zum Sortiment hinzufügen 236
15.4 Ein Auto verkaufen 240
15.5 Den Preis eines Fahrzeugs anpassen 244
15.6 Letzte Anpassungen am Hauptprogramm 249
15.7 Ausblick 252

Alle Programmcodes aus diesem Buch sind als PDF zum Download verfügbar. Dadurch müssen Sie sie nicht abtippen: https://bmu-verlag.de/books/python/

Außerdem erhalten Sie die eBook Ausgabe zum Buch im PDF Format kostenlos auf unserer Website:

https://bmu-verlag.de/books/python/
Downloadcode: siehe Kapitel 15

1

Kapitel 1
Einleitung

Eine Programmiersprache zu erlernen, eröffnet viele Möglichkeiten. Zum einen stellt dies eine interessante intellektuelle Herausforderung dar. Um eine bestimmte Problemstellung mit einem Computerprogramm zu lösen, ist es notwendig, dessen Logik zu erfassen und in einfache Abläufe zu unterteilen. Das schärft die Sinne und ermöglicht eine neue Sichtweise auf viele alltägliche Herausforderungen. Außerdem lassen sich auf diese Weise nützliche Programme für den eigenen Gebrauch schreiben. Darüber hinaus sind gute Programmierkenntnisse sehr förderlich für die berufliche Karriere. Im Bereich der Informatik besteht eine große Nachfrage an Fachkräften mit entsprechenden Kenntnissen. Das Erlernen einer Programmiersprache stellt den ersten Schritt dar, um diese Fähigkeiten zu erwerben. Darüber hinaus erfasst die Digitalisierung immer weitere Bereiche der Arbeitswelt. Das bedeutet, dass auch in vielen weiteren Berufen gute Computerkenntnisse zu einer wichtigen Voraussetzung geworden sind. Wer solide Programmierkenntnisse vorweisen kann, verfügt über eine wichtige Zusatzqualifikation, die ebenfalls für die Karriere sehr förderlich ist.

Dieses Buch stellt einen Einstieg in das Programmieren mit Python dar. Dabei handelt es sich um eine einfach zu erlernende Programmiersprache, die viele Anwendungsmöglichkeiten bietet. Darüber hinaus entspricht sie modernen Programmierprinzipien, die auch auf weitere Sprachen übertragbar sind. Daher stellt es eine gute Wahl dar, das Programmieren mit Python zu erlernen. Das erste Kapitel stellt diese Sprache vor und gibt einen Überblick darüber, welche Vorteile sie bietet.

1.1 Python: eine einfach zu erlernende Programmiersprache

Python gilt als eine sehr leicht zu erlernende Programmiersprache. Der wesentliche Grund dafür liegt in der einfachen Syntax. Der Begriff Syntax bezieht sich auf formale Regeln, die die einzelnen Befehle und Ausdrücke eines Computerprogramms befolgen müssen. Selbst erfahrenen Programmierern unterlaufen bei ihrer Arbeit häufig Syntaxfehler. Das hat zeitaufwendige Verbesserungen zur Folge. Bei Anfängern sind diese Fehler besonders häufig. Als besonderes Problem kommt hierbei hinzu, dass diese die Syntaxfehler häufig nur schwer erkennen. Oftmals sind die Befehle eigentlich korrekt verfasst – es fehlt lediglich eine Klammer oder ein Semikolon. Da Anfänger im Bereich der Programmierung diese Fehler jedoch häufig nicht lokalisieren können, ist es nicht möglich, das Programm zum Laufen zu bringen.

Python verwendet daher eine Syntax, die so einfach wie möglich ist. Ein Beispiel hierfür besteht darin, dass diese Programmiersprache fast vollständig auf Klammern verzichtet. Zusammengehörige Blöcke werden hier lediglich durch eine Einrückung gekennzeichnet – die auch in anderen Sprachen üblich ist. Klammern sind hierfür jedoch nicht notwendig. Das merzt eine der häufigsten Fehlerquellen beim Programmieren aus. Auch das Semikolon, das bei vielen anderen Programmiersprachen nach jedem Befehl stehen muss und das häufig vergessen wird, ist bei Python nicht notwendig.

Auch hinsichtlich der Variablentypen ist Python sehr frei. Variablen sind ein wichtiger Bestandteil der meisten Computerprogramme. In vielen Programmiersprachen ist es notwendig, die Variablen zunächst zu deklarieren und ihnen einen festen Datentyp zuzuweisen. Dieser kann später nicht mehr verändert werden. Vergessene Variablendeklarationen und inkompatible Typen stellen dabei eine häufige Fehlerquelle dar. Da Python auf die Deklaration der Variablen verzichtet und den Typ dynamisch vergibt – weshalb es innerhalb des Programms problemlos möglich ist, ihn zu verändern – fällt diese bei dieser Programmiersprache jedoch weg.

Aufgrund der einfachen Syntax haben Anfänger vergleichsweise wenige Probleme damit, das Programmieren mit Python zu erlernen.

1.2 Die Ziele bei der Entwicklung von Python

Python entstand ursprünglich als Programmier-Lehrsprache. Ihr wesentliches Ziel bestand von Anfang an darin, einen möglichst übersichtlichen und einfachen Code zu erzeugen. Das sollte es den Schülern und Studenten erleichtern, das Programmieren zu erlernen. Außerdem sollten dadurch die wesentlichen Bestandteile eines Programms besser zur Geltung kommen. Ein Mittel, um dies zu erreichen, bestand in der Verwendung einer einfachen Syntax. Dieser Punkt wurde bereits im vorherigen Abschnitt angesprochen. Python verfügt jedoch noch über weitere Eigenschaften, die dazu beitragen, dass diese Sprache einen sehr übersichtlichen Code erzeugt, der leicht zu verstehen ist. Darüber hinaus bestand der Ansatz darin, dass er intuitiv und so einfach zu verstehen sein sollte, wie reines Englisch.

Python verwendet im Vergleich zu anderen Programmiersprachen nur sehr wenige Schlüsselwörter. Das hat zur Folge, dass sich Personen, die das Programmieren mit Python erlernen, nur vergleichsweise wenige Begriffe merken müssen. Die Standardbibliothek, die alle grundlegenden Befehle enthält, ist sehr knapp und übersichtlich. Das macht es deutlich einfacher, sich in dieses Werk einzuarbeiten. Trotz dieser Einschränkung ist Python nicht in seinem Funktionsumfang eingeschränkt. Die Standardbibliothek lässt sich leicht erweitern, um alle benötigten Funktionen hinzuzufügen.

Zur Übersichtlichkeit trägt außerdem bei, dass Python einen sehr knappen Programmiercode verwendet. Wenn man ein Programm in Python schreibt, benötigt dieses fast immer deutlich weniger Zeilen, als wenn man ein Programm mit identischen Funktionen in einer anderen Sprache verfasst. Das macht den Quellcode erheblich übersichtlicher. Davon profitieren insbesondere Anfänger, die in ihren Lehrbüchern häufig den Code anderer Programmierer lesen und verstehen müssen.

Die einfachen Strukturen führen nicht nur dazu, dass Python einfach zu verstehen ist. Darüber hinaus ist der zeitliche Aufwand für das Erstellen des Codes vergleichsweise gering. Die kurzen Entwicklungszeiten führen dazu, dass sich Python sehr gut für Projekte mit hohem Zeitdruck eignet.

1.3 Die Entwicklungsgeschichte

Python entstand zu Beginn der 90er Jahre. Die Entwicklung geht auf den Niederländer Guido van Rossum zurück. Dieser war zu dieser Zeit am Centrum Wiskunde & Informatica in Amsterdam beschäftigt. Dieses nutzte als Lehrsprache ABC – eine Programmiersprache, die ebenfalls viel Wert auf Einfachheit und Übersichtlichkeit legt. Van Rossum beschloss während der Weihnachtswochen 1989 – solange sein Büro geschlossen blieb – an seinem privaten Computer eine neue Scriptsprache als Nachfolger für ABC zu entwickeln. Diese sollte auch für Programmierer interessant sein, die mit UNIX und C arbeiten und die mit ABC nur wenig anfangen konnten.

Als Arbeitstitel für dieses Projekt wählte van Rossum den Namen Python. Dieser geht jedoch nicht auf die bekannte Schlangenart zurück, sondern auf die Fernsehsendung Monty Python‘s Flying Circus. Obwohl als Symbol für die Programmiersprache mittlerweile eine Schlange gewählt wurde, ist dieser Ursprung noch in vielen Bereichen zu erkennen. Zahlreiche Lehrbücher und Dokumentationen zu Python sind mit Zitaten der bekannten Komiker-Truppe ausgeschmückt.

Die erste Vollversion dieser Programmiersprache erschien 1994. Im Laufe der folgenden Jahre kam es jedoch zu vielfachen weiteren Versionen, die den Funktionsumfang von Python deutlich erweiterten. Ein wichtiger Schritt war beispielsweise die Einführung der Garbage Collection, die mit der Version 2.0 im Jahre 2000 umgesetzt wurde. Diese Funktion gibt den Speicherplatz, den ein Programm besetzt, automatisch wieder frei. So muss sich der Programmierer nicht um diese Aufgabe kümmern. Das macht das Programmieren wesentlich einfacher.

Bei der Entwicklungsgeschichte ist es wichtig, auch auf den Unterschied zwischen Python 2 und Python 3 einzugehen. Python 3 wurde 2008 eingeführt. Python 2 wurde aber parallel dazu weiterentwickelt. Die letzte Version – Python 2.7 – erschien 2010. Das führte dazu, dass es über zwei Jahre hinweg zwei verschiedene aktuelle Versionen gab. Wer Python lernt, muss sich für eine dieser Versionen entscheiden. Das liegt darin begründet, dass die Entwickler beschlossen, auf eine Abwärtskompatibilität zu verzichten. Das führt dazu, dass Code in Python 2 nicht mit einem Interpreter, der Python 3 verwendet, ausgelesen werden kann. Mittlerweile kommt Python 2 kaum mehr bei neuen Programmen zum Einsatz. Doch sind noch zahlreiche ältere Lehrbücher verbreitet, die auf dieser Version beruhen. Auch ältere Programme sind häufig in Python 2 geschrieben. Dieses Buch verwendet hingegen Python 3 und entspricht damit dem aktuellen Stand. Der Leser muss sich keine weiteren Gedanken um die Unterschiede zwischen den beiden Versionen machen. Es ist lediglich wichtig, zu beachten, dass Code aus anderen Quellen eventuell nicht kompatibel zur aktuellen Version ist. Wer fremden Code verwendet, sollte daher stets darauf achten, um welche Python-Version es sich dabei handelt.

Bei Python handelt es sich um ein Open-Source-Projekt. Das bedeutet, dass die Entwicklung der Programmiersprache auf vielen freiwilligen Helfern beruht. Die Einfachheit und der große Funktionsumfang von Python führten nicht nur dazu, dass sich schnell eine beachtliche Gruppe von Anwendern bildete. Darüber hinaus entstand eine große Community, die Python immer weiter verbessert. Van Rossum wirkte hier bis 2018 als "wohlwollender Diktator auf Lebenszeit". Das bedeutet, dass er bei wichtigen Entscheidungen in der Entwicklung dieser Programmiersprache stets das letzte Wort hatte. Am 12. Juli 2018 gab er jedoch bekannt, sich von dieser Position zurückzuziehen. Dennoch arbeitet er auch weiterhin an diesem Projekt mit.

1.4 Eine interpretierte Programmiersprache

Eine wesentliche Eigenschaft von Python besteht darin, dass es sich hierbei um eine interpretierte Programmiersprache handelt. Leser, die bislang nur über geringe Kenntnisse im Bereich der Informatik verfügen, werden an dieser Stelle wahrscheinlich nicht wissen, was dies bedeutet. Da dieser Aspekt jedoch sehr wichtig für das Verständnis von Python ist, soll er an dieser Stelle etwas ausführlicher behandelt werden.

Um ein Computerprogramm zu verfassen, kommt gewöhnlicher Text zum Einsatz. Im Unterschied zu einer normalen Sprache gibt es bei einer Programmiersprache jedoch fest vorgegebene Schlüsselbegriffe, die nach einer ebenfalls fest vorgegebenen Struktur zusammengefügt werden müssen. Die Schlüsselbegriffe orientieren sich an der menschlichen Sprache und an mathematischen Symbolen. Wer über grundlegende Englisch- und Mathematikkenntnisse verfügt und ein Computerprogramm liest, kann sich dabei häufig bereits vorstellen, welche Aufgaben dieses ausführen soll – selbst wenn keine Programmierkenntnisse vorhanden sind.

Wenn man jedoch diese abstrakte Ebene verlässt und die Abläufe im Bereich der Hardware betrachtet, ergibt sich ein ganz anderes Bild. Hier bestehen alle Informationen aus Binärcode. Das bedeutet, dass jede Information nur zwei verschiedene Zustände annehmen kann. Auf Hardwareebene handelt es sich dabei in der Regel um elektrische Impulse. In der Informatik kommen als Stellvertreter hierfür die Zahlen 0 und 1 zum Einsatz. Jede einzelne Information stellt ein Bit dar. Eine Kombination aus mehreren Bits wird als Wort bezeichnet. Moderne Computer arbeiten mit 64-Bit-Wörtern. Ältere Modelle nutzen hingegen 32-, 16- oder sogar 8-Bit-Wörter. Jedes einzelne Wort, das den Prozessor erreicht, hat eine ganz spezifische Ausgabe zur Folge. Ein Programm besteht aus einer Abfolge verschiedener Wörter, die zur Folge haben, dass der Prozessor das gewünschte Ergebnis ausgibt. Der Binärcode, der hierfür zum Einsatz kommt, wird als Maschinensprache bezeichnet.

Wenn man nun ein Computerprogramm mit gewöhnlichen Buchstaben und bestimmten Schlüsselbegriffen verfasst, ist es notwendig, dieses in die Maschinensprache zu übersetzen. Sonst ist es nicht möglich, es auszuführen. Hierfür gibt es verschiedene Möglichkeiten. Eine Alternative besteht darin, das Programm nach dem Verfassen in Maschinensprache zu übersetzen. Dieser Prozess wird als Kompilation bezeichnet und erzeugt ein ausführbares Programm. Eine andere Alternative besteht darin, einen Interpreter zu verwenden. Dabei handelt es sich um ein Programm, das den Code während der Ausführung einliest und direkt in Maschinensprache übersetzt.

Beide Alternativen haben gewisse Vor- und Nachteile. Ein einmal kompiliertes Programm muss bei weiteren Ausführungen nicht erneut übersetzt werden. Da dieser Prozess einige Zeit in Anspruch nimmt, steigert das die Effizienz. Allerdings ist es nicht möglich, das entsprechende Programm auf verschiedenen Betriebssystemen auszuführen, da die Kompilation stets an dessen spezifischen Anforderungen ausgerichtet ist. Ein interpretiertes Programm lässt sich hingegen auf jedem Rechner ausführen, der über einen entsprechenden Interpreter verfügt – ganz unabhängig vom Betriebssystem. Außerdem ist der Entwicklungsprozess etwas schneller. Um ein Programm, das in einer Programmiersprache verfasst ist, die einen Compiler verwendet, auszuprobieren, ist es notwendig, es zunächst zu kompilieren. Dieser Prozess führt insbesondere bei umfangreichen Werken zu einer erheblichen Wartezeit. Während der Entwicklungsphase ist es jedoch häufig notwendig, das Programm auszuprobieren, einen kleinen Fehler zu verbessern und es anschließend erneut auszuprobieren. So kommen oftmals mehrere Hundert Kompilier-Vorgänge zusammen. Das verlangsamt den Entwicklungsprozess erheblich. Bei interpretierten Programmen ist es hingegen nicht notwendig, sie zu kompilieren. Es ist möglich, sie direkt mit dem Interpreter auszuführen. Das gestaltet die Entwicklung wesentlich effizienter.

Zusammen mit der einfachen Syntax, dem einfachen Wortschatz und der schnellen und intuitiven Codeerstellung trägt auch dieser Aspekt dazu bei, dass sich Python sehr gut für Anfänger eignet. Daher stellt es eine gute Wahl für die erste Programmiersprache dar.

Kapitel 2
Die Vorbereitungsmaßnahmen

Um mit dem Programmieren zu beginnen, sind einige Vorbereitungsmaßnahmen notwendig. Wie bereits in den vorherigen Abschnitten beschrieben, besteht ein Computerprogramm zunächst lediglich aus Text. Um diesen Text zu schreiben, ist eine geeignete Software notwendig. Die meisten Leser verfügen sicherlich über ein Textverarbeitungsprogramm wie Word, in dem sich Textdokumente verfassen lassen. Diese Programme eignen sich jedoch nicht zum Programmieren. Der Grund dafür liegt darin, dass diese neben dem eigentlichen Text noch viele weitere Informationen enthalten – beispielsweise zur Schriftgröße, zur Schriftart und zu vielen weiteren Formatierungs-Vorgaben. Das führt dazu, dass sie die Daten auf eine Weise speichern, die zum Programmieren ungeeignet ist. Daher ist es notwendig, einen Texteditor zu verwenden.

Anwender, die das Betriebssystem Windows nutzen, verfügen bereits über einen integrierten Texteditor. Dieser trägt den Namen Microsoft Editor – auch bekannt unter dem englischen Begriff NotePad. Dieser eignet sich zwar grundsätzlich dazu, Computerprogramme zu schreiben, doch sind seine Funktionen stark eingeschränkt. Daher empfiehlt es sich in diesem Fall, einen Texteditor mit etwas umfangreicheren Möglichkeiten zu installieren. Linux-Anwender verfügen in der Regel bereits über ein passendes Programm. Bei Ubuntu ist dies gEdit und bei KDE Kate. Auch andere Distributionen sind meistens mit einem passenden Texteditor ausgestattet. Daher können Leser, die einen Linux-Rechner verwenden, das Kapitel 2.1 daher überspringen.

Das Kapitel 2.2 befasst sich mit der Installation des Python-Interpreters. Wie bereits in der Einleitung erwähnt, ist es notwendig, den geschriebenen Code in die Maschinensprache zu übersetzen, um das Programm auszuführen. Hierfür ist es ebenfalls notwendig, eine passende Software auf dem Computer zu installieren. Genau wie der Texteditor ist auch diese kostenfrei erhältlich, sodass keine weiteren Ausgaben entstehen.

2.1 Den Python Interpreter installieren

Die Entwicklergemeinschaft von Python stellt den notwendigen Interpreter unter folgender Adresse zum Download bereit:

https://www.python.org/downloads/

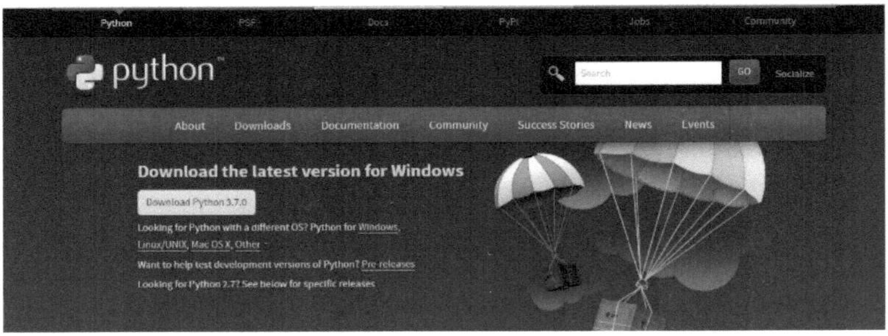

Screenshot 1 Die Internetseite der Python-Entwickler mit dem Download des Interpreters

Ein Klick auf die gelbe Schaltfläche löst den Download des Installations-Assistenten aus. In der Regel stellt die Internetseite bereits die passende Version für das Betriebssystem des Besuchers bereit. Dennoch ist es sinnvoll, dies kurz zu überprüfen und gegebenenfalls die passende Ausführung auszuwählen.

Wenn der Download abgeschlossen ist, ist es notwendig, die entsprechende Datei zu öffnen. Daraufhin erscheint folgendes Fenster:

Screenshot 2 Der Installations-Assistent für den Python-Interpreter

In diesem Fenster ist es wichtig, die Checkbox ganz unten am Bildrand anzuklicken (Add Python 3.7 to PATH). Das bewirkt, dass der Installations-Assistent automatisch den Pfad des Python-Interpreters zu den Umgebungsvariablen hinzufügt. Wenn er dies nicht tut, lässt er sich nur öffnen, wenn man sich im Verzeichnis befindet, in dem er installiert wurde. Da es aber nicht sinnvoll ist, die eigenen Programme im Installations-Verzeichnis des Python-Interpreters abzulegen, würde das eine große Einschränkung darstellen. Wenn jedoch der Pfad zu den Umgebungsvariablen hinzugefügt wird, lässt sich der Interpreter auch aus anderen Verzeichnissen öffnen. Nach der Auswahl der Checkbox ist es nur noch notwendig, auf "Install Now" zu klicken und bereits einige Sekunden später ist der Python-Interpreter einsatzbereit.

Wenn die Auswahl der Checkbox beim Installieren vergessen wurde, lässt sich die Umgebungsvariable auch nachträglich anpassen. Dazu ist es notwendig, die erweiterten Systemeinstellungen aufzurufen und anschließend die Schaltfläche "Umgebungsvariablen" anzuklicken.

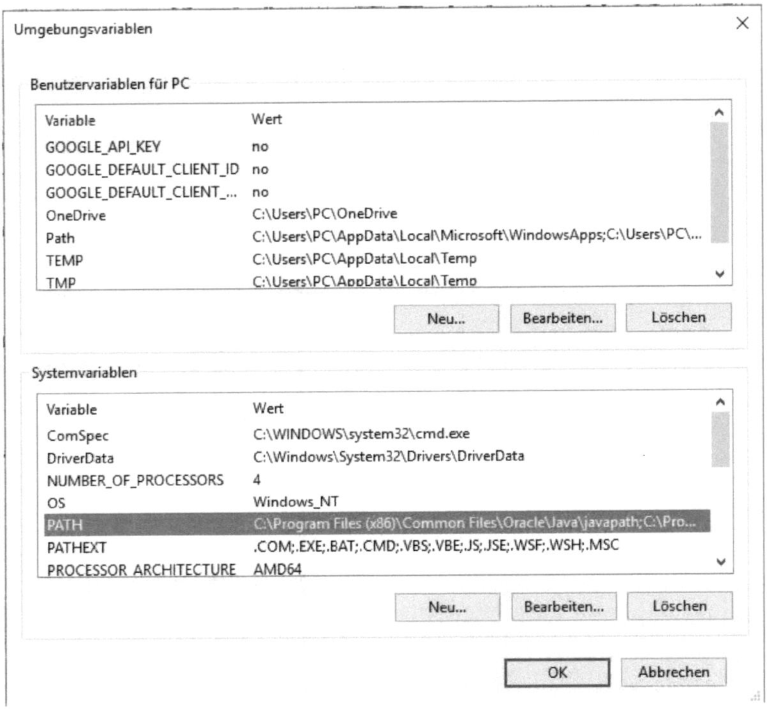

Screenshot 3 Manuelle Einstellung der Umgebungsvariablen

Danach muss die Systemvariable PATH ausgewählt und danach die Schaltfläche "Bearbeiten" angeklickt werden. Nun ist es erforderlich, das Installationsverzeichnis einzutragen. In diesem Fall wäre dies

C:\Users\PC\AppData\Local\Programs\Python\Python37-32\. Das kann sich jedoch je nach Version und Einstellungen des Anwenders ändern.

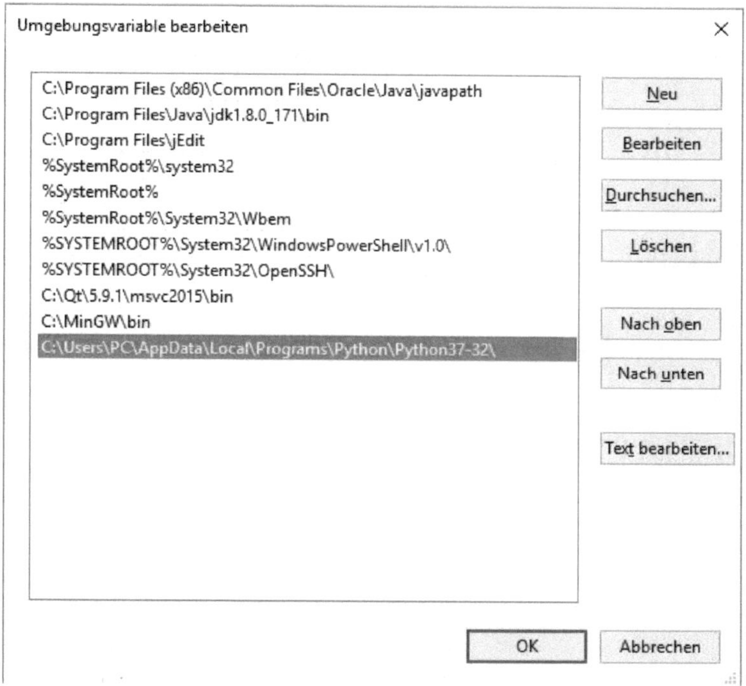

Screenshot 4 Die Eingabe des richtigen Installationsverzeichnisses

2.2 Einen Texteditor für die Erstellung des Codes

Um den Programmcode zu erstellen, ist ein Texteditor notwendig. Dieser bietet normalerweise folgende Vorteile:

- Syntaxhervorhebung: Verschiedene Bestandteile des Codes werden automatisch farbig markiert, um sie leichter zu erkennen.
- Nummerierung der Zeilen: Die Nummerierung der Zeilen gestaltet das Programm übersichtlicher und macht es einfacher, Fehlermeldungen nachzuvollziehen, da diese normalerweise die Zeilennummer angeben.

- Code-Faltung: Einzelne Blöcke lassen sich durch einen Klick auf das seitliche Minuszeichen einklappen. Das macht den Text deutlich übersichtlicher.
- Suchen und Ersetzen: Es ist möglich, bestimmte Elemente im Code zu suchen und automatisch durch einen anderen Befehl zu ersetzen. Das beschleunigt Korrekturen deutlich.
- Automatische Vervollständigung: Bereits nach den ersten Buchstaben eines Befehls öffnet sich ein Fenster, in dem der Programmierer aus verschiedenen passenden Möglichkeiten auswählen kann.
- Automatische Einrückungen: Der Texteditor rückt zusammengehörige Blöcke automatisch ein. Das ist insbesondere bei Python wichtig, da hier die Einrückungen funktionale Bestandteile des Programmcodes sind.
- Kompilieren oder Ausführen: Die Programme lassen sich direkt aus dem Texteditor heraus kompilieren und ausführen.

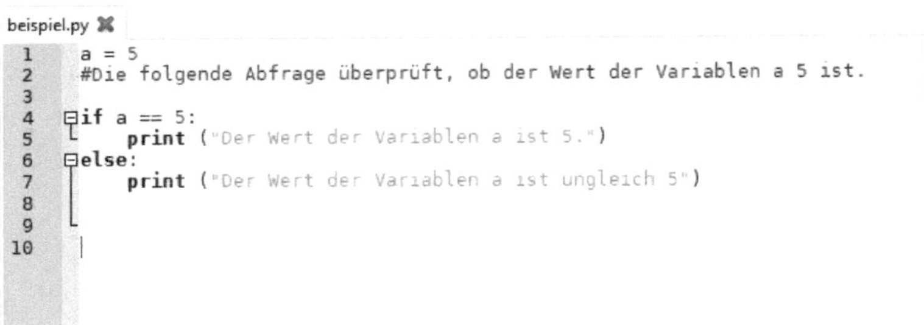

Screenshot 5 Ein Beispiel für die Darstellung des Programmcodes in einem Texteditor

Je nach gewähltem Programm können noch viele weitere praktische Funktionen hinzukommen. Die Auswahl an verschiedenen Texteditoren ist sehr groß. Einen Überblick über die Möglichkeiten gibt folgende Seite:

https://de.wikipedia.org/wiki/Liste_von_Texteditoren

Im Prinzip ist es möglich, aus dieser Liste einen beliebigen Editor auszuwählen und zu installieren. Wichtig ist es lediglich, darauf zu achten, dass dieser für das verwendete Betriebssystem verfügbar ist.

Für die Beispiele in diesem Buch kommt der Texteditor Geany zum Einsatz. Dieser kann auf folgender Seite heruntergeladen werden:

https://www.geany.org/Download/Releases

Dieser bietet alle genannten Vorteile und darüber hinaus noch einige weitere Funktionen, die das Programmieren erleichtern. Darüber hinaus ist er kostenfrei erhältlich und für alle gängigen Betriebssysteme verfügbar.

Diese Wahl ist jedoch nicht bindend. Die Aufgaben und Beispiele in diesem Buch lassen sich auch mit vielen weiteren Texteditoren bearbeiten. Der Leser kann gerne verschiedene Möglichkeiten ausprobieren und daraufhin selbst entscheiden, welche davon ihm persönlich am besten gefällt.

Kapitel 3

Interaktive Interpretation: ideal für den ersten Kontakt mit Python

Beim Programmieren ist es notwendig, den Programmcode zunächst in eine Textdatei zu schreiben. Danach wird der Code kompiliert oder mit einem Interpreter ausgeführt. Python bietet jedoch noch eine weitere Möglichkeit: die interaktive Interpretation. Dabei wird der Programmcode direkt in den Interpreter geschrieben. Ein Klick auf die Eingabetaste reicht aus, um ihn auszuführen.

Python ist eine der wenigen Programmiersprachen, die diese Möglichkeit anbieten. Diese bringt in vielen Situationen große Vorteile mit sich. Professionelle Entwickler verwenden sie beispielsweise, wenn sie das Verhalten eines ganz bestimmten Programmteils ausprobieren möchten. Anstatt das ganze Programm auszuführen, ist es hierbei möglich, nur einen kleinen Teil in den Interpreter einzufügen. Das macht es einfacher, dessen Verhalten zu analysieren.

Auch wenn der Programmierer zu Beginn noch keine genaue Vorstellung davon hat, wie er das Programm angehen will, ist die interaktive Interpretation sehr praktisch. Auf diese Weise kann er verschiedene Möglichkeiten schnell und einfach ausprobieren und ihre Funktionsweise kennenlernen. Das kann den Entwicklungsprozess gerade bei komplexen Strukturen, bei denen die Lösung nicht unmittelbar auf der Hand liegt, deutlich beschleunigen.

Auch für Anfänger ist die interaktive Interpretation sehr praktisch. Auf diese Weise können sie einfach verschiedene Befehle in den Interpreter schreiben und auf diese Weise das Verhalten der Programmiersprache spielerisch kennenlernen. Daher ist diese Form des Programmierens ideal für den ersten Kontakt mit Python geeignet. Daher soll sie hier zunächst vorgestellt werden. Dennoch ist es wichtig, dabei zu beachten, dass hierbei kein dauerhaftes Programm entsteht. Wenn die Befehle ausgeführt sind, gehen sie verloren. Um sie auch zu einem späteren Zeitpunkt wiederholen zu können, ist es notwendig, sie auf die herkömmliche Weise in einen Texteditor zu schreiben.

3.1 Den Python-Prompt aufrufen

Um mit der interaktiven Programmierung zu beginnen, ist es notwendig, den Python-Prompt zu öffnen. Dazu ist es zunächst notwendig, einen Kommandozeileninterpreter aufzurufen. Windows-Nutzer finden diesen im Startmenü unter den installierten Apps. Er befindet sich im Ordner Windows-System und trägt den Namen "Eingabeaufforderung". Noch etwas schneller geht es, die Buchstaben cmd in die Windows-Suche einzugeben. Daraufhin erscheint sofort das entsprechende Programm.

Neuere Windows-Versionen bieten noch eine weitere Alternative: die Windows PowerShell (Im Startmenü im Ordner Windows PowerShell). Diese erfüllt genau den gleichen Zweck wie die Eingabeaufforderungen, sie bietet jedoch noch einige Zusatzfunktionen. Es bleibt dem Leser selbst überlassen, eines dieser Programme auszuwählen.

Wer das Betriebssystem Linux verwendet, verfügt ebenfalls bereits über ein passendes Programm. Dieses trägt hier den Namen "Terminal".

Nachdem der Kommandozeileninterpreter aufgerufen wurde, erscheinen zunächst die Versionsangabe und die Copyright-Informationen. Danach zeigt er das Verzeichnis an, in dem sich das Programm befindet. Nun ist es lediglich notwendig, den Begriff python einzugeben und mit der Eingabetaste zu bestätigen. Wenn bei der Installation und bei der Vorgabe für die Umgebungsvariablen im vorherigen Kapitel keine Fehler aufgetreten sind, sollte nun folgende Ausgabe im Fenster erscheinen:

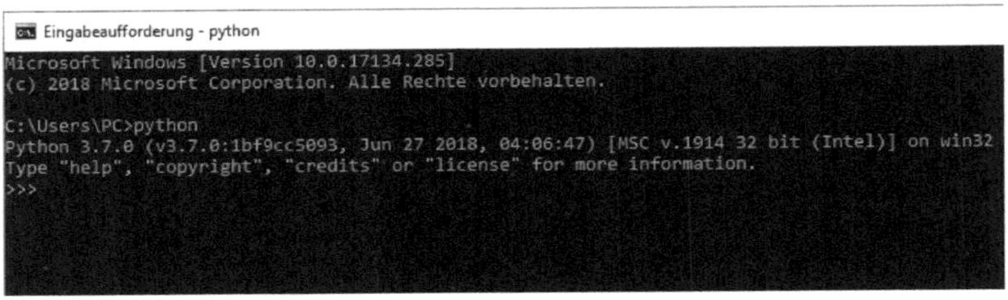

Screenshot 6 Der Python-Prompt für die interaktive Interpretation

Die drei Größerzeichen zu Beginn der Zeile zeigen an, dass der Python-Prompt einsatzbereit ist und auf die Befehle des Anwenders wartet.

3.2 Erste Befehle ausprobieren

Nun ist es möglich, verschiedene Python-Befehle auszuprobieren. Allerdings wird bei den meisten Lesern das Problem bestehen, dass diese bislang noch keinen einzigen Python-Befehl kennen. Daher sollen zunächst einige einfache Rechenaufgaben eingegeben werden – beispielsweise 5+7, 4*3 oder 5/3.

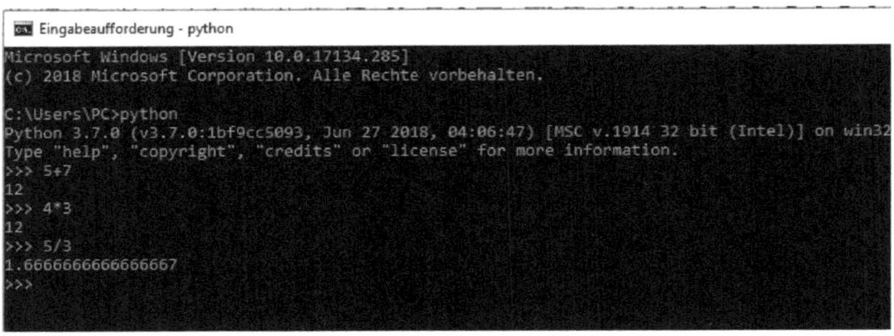

Screenshot 7 Einfache Rechenaufgaben mit dem Python-Prompt

Sobald die Eingabetaste gedrückt wird, erscheint das richtige Ergebnis. Für diese Aufgaben wäre zwar ausreichend, einen Taschenrechner zu verwenden, anstatt ein eigenes Programm zu schreiben, doch zeigen sich dabei bereits einige Grundzüge von Python. Beispielsweise wird deutlich, dass es hierbei möglich ist, alle Grundrechenarten durchzuführen. Außerdem wird klar, dass für die Multiplikation das Sternsymbol (*) und für die Division der Schrägstrich (/) zum Einsatz kommt – wie übrigens bei fast allen anderen Programmiersprachen auch.

Dennoch soll nun bereits einen Schritt weiter gegangen werden – durch den Einsatz von Variablen. Dieses Thema wird in einem späteren Kapitel noch ausführlicher behandelt, doch bietet die interaktive Interpretation eine gute Möglichkeit zu einem spielerischen Einsteig.

Zunächst soll mit folgendem Befehl der Variablen a der Wert 5 zugewiesen werden: `a = 5`. Nach dem Drücken der Eingabetaste soll daraufhin lediglich der Variablenname a eingegeben und erneut durch die Eingabetaste bestätigt werden.

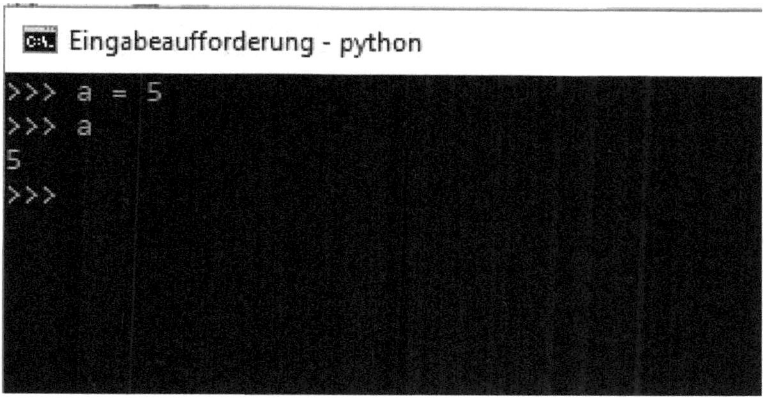

Screenshot 8 Die Verwendung einer Variablen

Nach dem ersten Befehl ist kein Ergebnis sichtbar. Der Python-Prompt zeigt lediglich erneut die drei Größerzeichen an. Dass er dennoch Auswirkungen hatte, wird nach dem nächsten Befehl deutlich. Die Eingabe des Variablennamens führt dazu, dass der Interpreter deren Wert ausgibt. Daran wird deutlich, dass dieser nun 5 entspricht – genau wie im vorherigen Befehl zugewiesen.

Mit den Variablen lassen sich noch viele weitere Rechenaufgaben durchführen. Für das nächste Beispiel sollen folgende Befehle nacheinander eingegeben werden:

```
x = 5
x+3
y = x*5
y
y = y-6
y
```

Screenshot 9 Verschiedene Operationen mit Variablen

Auf diese Weise lässt sich ganz einfach ausprobieren, wie sich die Variablen in einer Programmiersprache verhalten. Wenn die Funktionsweise an dieser Stelle noch nicht ganz klar sein sollte, stellt dies kein Problem dar. An dieser Stelle soll lediglich ein spielerischer Einstieg erfolgen. Eine genaue Erklärung folgt im weiteren Verlauf dieses Buchs.

Um den Python-Prompt zu beenden, gibt es mehrere Möglichkeiten – beispielsweise `quit()` oder Strg+Z. Alternativ dazu lässt sich selbstverständlich auch das gesamte Fenster schließen, wodurch auch der Kommandozeileninterpreter beendet wird.

Kapitel 4

Ein Python-Programm in eine eigene Datei schreiben

Die interaktive Interpretation des Python-Codes stellt eine gute Möglichkeit dar, um die ersten Erfahrungen mit dieser Programmiersprache zu sammeln und um verschiedene Bestandteile des Programms auszuprobieren. Eine der wesentlichen Eigenschaften eines Computerprogramms besteht jedoch darin, dass es möglich ist, es beliebig oft und zu einem beliebigen Zeitpunkt erneut auszuführen – ohne den Code dafür neu zu schreiben. Das ist bei der Verwendung des Python-Prompts jedoch nicht der Fall. Wenn dieser einmal beendet ist, gehen alle Informationen verloren.

Aus diesem Grund wird in diesem Kapitel die klassische Form des Programmierens vorgestellt: das Verfassen des Quellcodes in einer eigenen Datei. Diese Methode soll im weiteren Verlauf des Buchs für das Erstellen der Beispiele und Übungsaufgaben zum Einsatz kommen. Dennoch ist es wichtig, die interaktive Programmierung nicht aus den Augen zu verlieren. Wenn die Programme später etwas komplexer werden und die Funktionsweise der einzelnen Bestandteile nicht sofort klar wird, ist es sinnvoll, diese interaktiv auszuprobieren.

4.1 Ein Programm für eine einfache Textausgabe

Um das erste Programm in Python zu schreiben, ist es notwendig, den Texteditor zu öffnen. Hier soll nur eine einzige Zeile eingetragen werden: `print ("Willkommen zum Python-Kurs!")`. Diese ist bereits ausreichend, um ein vollständiges Python-Programm zu erzeugen. Das zeigt nochmals deutlich, wie einfach strukturiert diese Programmiersprache ist. Bei den meisten anderen Alternativen sind selbst für ein derart einfaches Programm mehrere Code-Zeile notwendig, deren Bedeutung dem Anfänger zunächst vollkommen unklar ist und die ihn verwirren. Python verzichtet jedoch auf diesen unnötigen Ballast und erlaubt es, den Befehl ohne weitere Zusätze einzufügen.

Dieses Programm hat die Aufgabe, den Leser zum Python-Kurs zu begrüßen. Dazu soll es den Text “Willkommen zum Python-Kurs!” auf dem Bildschirm ausgeben. Hierfür ist ein print-Befehl notwendig. Dieser bewirkt, dass das Programm den entsprechenden Inhalt im Kommandozeileninterpreter anzeigt.

In der Einleitung wurde zwar erwähnt, dass Python weitestgehend auf Klammern verzichtet, um die Syntax einfacher und übersichtlicher zu gestalten. Bei einigen Befehlen und Funktionen sind diese aber dennoch notwendig. Dies ist beispielsweise beim `print`-Befehl der Fall. Der Grund dafür besteht darin, dass dieser aus mehreren Bestandteilen bestehen kann. Im späteren Verlauf des Buchs sollen der Ausgabe beispielsweise Variablen und weitere Textblöcke hinzugefügt werden. Daher ist es notwendig, dass das Programm genau weiß, wo der Anfangs- und wo der Endpunkt für die Ausgabe ist. Dazu dient die runde Klammer.

Der Text für die Ausgabe muss stets in Anführungszeichen stehen. In diesem Beispiel wurden doppelte Anführungszeichen gewählt. Es wäre jedoch genauso gut möglich, einfache Anführungszeichen zu verwenden. Deren Funktionsweise ist vollkommen identisch. Die Möglichkeit, zwei verschiedene Anführungszeichen einzufügen, ist jedoch hilfreich, wenn der Ausgabetext selbst Anführungszeichen enthalten soll. Wenn hier die gleichen Anführungszeichen verwendet werden, interpretiert das Programm diese als Ende des Texts. Das führt zu einer Fehlermeldung oder zu einer unkorrekten Darstellung. Dieses Problem lässt sich einfach umgehen, indem man die jeweils andere Form der Anführungszeichen verwendet. Wenn man beispielsweise das Wort Python-Kurs in doppelte Anführungszeichen setzen will, würde folgender Ausdruck einen Fehler hervorrufen:

```
print ("Willkommen zum "Python-Kurs!"")
```

Wenn man jedoch für die Markierung des Texts einfache Anführungszeichen verwendet, lässt sich die Nachricht korrekt anzeigen:

```
print ('Willkommen zum "Python-Kurs!"')
```


Abschließend ist es nur noch notwendig, das Programm abzuspeichern. Der Name ist dabei frei wählbar. Das Beispielprogramm in diesem Buch trägt den Namen willkommen. Allerdings kann der Leser hierfür auch eine beliebige andere Bezeichnung wählen. Es ist lediglich wichtig, auf die richtige Dateiendung zu achten. Python-Programme haben stets die Endung .py. Daher lautet der vollständige Dateiname willkommen.py.

4.2 Die Ausführung im Python-Interpreter

Das erste Programm ist nun bereits geschrieben, allerdings wurde es noch nicht ausgeführt. Um diese Aufgabe zu erledigen, ist es notwendig, den Kommandozeileninterpreter aufzurufen. Dieser zeigt nach dem Öffnen zunächst das Stammverzeichnis an. Um das Programm auszuführen, ist es jedoch notwendig, in das Verzeichnis zu wechseln, in dem das Python-Programm abgespeichert wurde. Dazu ist der Befehl cd gefolgt vom Pfadnamen notwendig. Die einzelnen Verzeichnisse werden dabei durch einen Backslash (\) voneinander getrennt. Unter Windows ist es wichtig, darauf zu achten, dass die vorgefertigten Verzeichnisse stets mit ihrer englischen Bezeichnung angegeben werden. Während beispielsweise der Windows-Explorer das Verzeichnis "Dokumente" anzeigt, wird es im Kommandozeileninterpreter als "Documents" bezeichnet. Wer sich nicht mehr genau an den Pfad erinnert, kann innerhalb eines Verzeichnisses den Befehl dir eintippen. Dieser sorgt dafür, dass der gesamte Inhalt des Ordners angezeigt wird. In diesem Beispiel befindet sich das Programm im Verzeichnis Dokumente. Darin ist das Unterverzeichnis python enthalten, in dem sich wiederum ein Unterverzeichnis mit der Bezeichnung kap4 befindet. Dem Leser sei an dieser Stelle empfohlen, die gleiche Verzeichnisstruktur zu verwenden. Um dorthin zu wechseln, ist daher folgender Befehl notwendig:

cd documents\python\kap4

Nun ist es nur noch erforderlich, das entsprechende Programm aufzurufen. Dazu kommt der Begriff python gefolgt vom Dateinamen zum Einsatz:

python willkommen.py

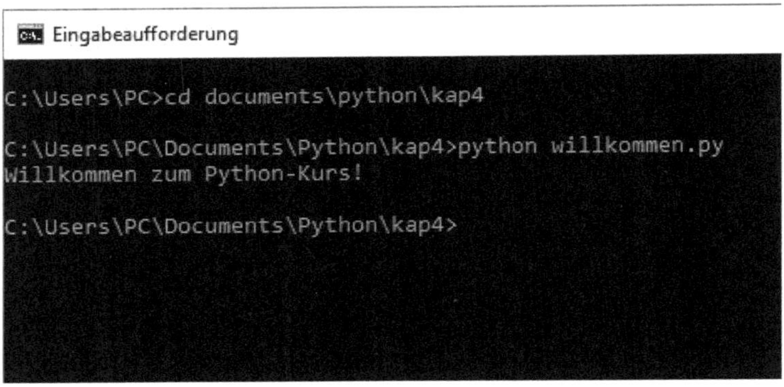

Screenshot 10 Die Ausführung des ersten Programms

Nachdem der Befehl für die Ausführung eingegeben wurde, gibt das Programm den entsprechenden Text im gleichen Fenster aus. Danach wird es beendet und der Kommandozeileninterpreter wartet auf neue Befehle.

Der Begriff python, der dem Dateinamen vorangestellt wird, ist dabei zwar üblich, aber nicht unbedingt notwendig. Der Kommandozeileninterpreter erkennt auch anhand der Dateiendung, dass es sich hierbei um ein Python-Programm handelt und führt es entsprechend aus.

Tipp: Beim Programmieren ist es sehr oft notwendig, den Programmcode auszuprobieren. Um dafür nicht jedes Mal den kompletten Befehl eintippen zu müssen, ist es sinnvoll, im Kommandozeileninterpreter die Pfeiltaste nach oben zu verwenden. Diese führt dazu, dass automatisch der zuletzt verwendete Befehl angezeigt wird. Das bringt eine erhebliche Arbeitserleichterung mit sich.

4.3 Kommentare: hilfreich für das Verständnis des Programms

Wenn ein professioneller Programmierer ein Programm schreibt, kommt es häufig vor, dass er es nach einiger Zeit überarbeiten muss – beispielsweise wenn das Unternehmen, für das er es entwickelt hat, seine Produktionsabläufe ändert. In diesen Fällen ist es meistens nicht notwendig, das komplette Programm neu zu gestalten. Häufig reicht es aus, einige Teilbereiche zu verändern. Das spart viel Arbeit.

Dabei tritt jedoch oftmals das Problem auf, dass sich der Programmierer nach einigen Jahren nicht mehr an die genauen Details des Programms erinnert. Die verwendeten Funktionen sind häufig sehr abstrakt und ihre Aufgabe wird nicht auf den ersten Blick klar. Besonders gravierend ist dieses Problem, wenn ein anderer Programmierer diese Aufgabe übernimmt, der einen eigenen Programmierstil hat und nicht an die Arbeitsweise des ursprünglichen Verfassers gewöhnt ist.

Um diese Probleme zu reduzieren, ist es sinnvoll, Kommentare zu verwenden. Dabei handelt es sich um gewöhnlichen Text, der in den Quellcode eingefügt wird. Er hat jedoch keinerlei Einfluss auf die Ausführung. Kommentare dienen lediglich dazu, die einzelnen Bestandteile des Programms zu erläutern und um zu erklären, auf welche Weise sie mit anderen Bereichen interagieren. Das macht es erheblich einfacher, die Funktionsweise zu verstehen und Änderungen vorzunehmen.

Darüber hinaus sind Kommentare bei der Erstellung eines Programms hilfreich. Es kommt immer wieder vor, dass dabei ein bestimmter Teil zunächst offengelassen wird, um einen anderen Bereich zu bearbeiten – obwohl dieser erst später folgt. In diesem Fall ist es sinnvoll, einen Kommentar einzufügen, um die Stelle zu markieren und um aufzuzeigen, welche Aufgaben hier noch zu erledigen sind.

Zwar ist es noch ein weiter Weg bis zur Erstellung professioneller Programme, doch ist es auch für Anfänger sinnvoll, mit Kommentaren zu arbeiten. Auf diese Weise gewöhnen sie sich diese Vorgehensweise an und erzeugen von Beginn an einen leicht verständlichen Programmcode. Darüber hinaus ist es wichtig, die Kommentare im Code einer fremden Quelle zu erkennen. In diesem Buch werden gelegentlich Kommentare in den Quellcode eingefügt, um die Aufgaben der einzelnen Programmteile direkt an der richtigen Stelle zu erläutern. Der Leser muss diese nicht zwingend abtippen, um den Arbeitsaufwand so gering wie möglich zu halten. Es ist jedoch wichtig, dass er die Kommentare erkennt und dass es ihm bewusst wird, dass diese keine Auswirkung auf das Programm haben. Wer nach dem Ende dieses Kurses seine Programmierkenntnisse eigenständig ausweiten will, findet im Internet unzählige Beispiele für Python-Programme, die als Lernmaterial dienen können. Auch hier sind meistens Kommentare enthalten, sodass es auch unter diesem Aspekt wichtig ist, dieses Mittel kennenzulernen.

Die Kennzeichnung eines Kommentars erfolgt in Python durch das Raute-Zeichen `(#)`. Wenn dieses im Quellcode auftaucht, wird der Bereich, der danach folgt, nicht bei der Ausführung berücksichtigt. Die Kennzeichnung gilt nur für die Zeile, in der das Raute-Zeichen steht. Allerdings ist es nicht möglich, Kommentare innerhalb von Anführungszeichen zu verwenden. In diesem Fall interpretiert Python das Zeichen als Text und gibt es auf dem Bildschirm aus. Wenn man dem ersten Programm einen Kommentar hinzufügen will, könnte das folgendermaßen aussehen:

```
#Programm für die Begrüßung
print ("Willkommen zum Python-Kurs!")
```

Wenn man es nun erneut ausführt, tritt keine Veränderung auf: Der Kommentar wird bei der Ausführung ignoriert. Wenn man allerdings den Kommentar in die Anführungszeichen setzt, wird er ebenfalls ausgegeben:

```
print ("Willkommen zum Python-Kurs!#Programm für die Begrüßung")
```

Screenshot 11 Die falsche Verwendung des Kommentars innerhalb der Anführungszeichen

4.4 Übungsaufgabe: eigene Inhalte zum Programm hinzufügen

Am Ende der meisten Kapitel befindet sich ein kurzer Abschnitt mit einigen Übungsaufgaben. Diese dienen dazu, den Inhalt zu vertiefen und selbst anzuwenden. Der Schwerpunkt liegt dabei stets auf den Themen, die im jeweiligen Kapitel besprochen wurden. Doch werden auch die Kenntnisse, die in den vorherigen Bereichen des Buchs vermittelt wurden, als gegeben vorausgesetzt. Wenn für die Bearbeitung einer Aufgabe einmal neue Funktionen und Befehle notwendig sein sollten, die noch nicht behandelt wurden, werden diese in einer Anmerkung kurz erklärt.

Am Ende der Aufgaben befindet sich stets eine Musterlösung. Allerdings ist es empfehlenswert, die Aufgaben selbstständig zu lösen. Nur wenn Sie einmal nicht weiterkommen, sollten Sie diese heranziehen. Außerdem dient sie zum Abgleich, nachdem Sie die

Aufgabe erledigt haben. Dabei ist es jedoch wichtig, zu beachten, dass es häufig verschiedene Lösungswege gibt. Die Musterlösung stellt dabei nur eine Alternative dar. Wenn Ihr Programm funktionsfähig ist und die Anforderungen der Aufgabenstellung korrekt umsetzt, stellt es ebenfalls eine korrekte Lösung dar – selbst wenn es von der Musterlösung abweichen sollte.

1. Stellen Sie sich vor, Sie arbeiten als Programmierer und ein Gebrauchtwagenhändler beauftragt Sie damit, ein Programm für die Verwaltung seines Bestands zu schreiben. Erstellen Sie eine Überschrift, eine Begrüßungs-Floskel und einen kurzen Überblick über die Aufgaben, die das Programm übernimmt. Diese sollen jeweils einen eigenen print-Befehl verwenden.

Anmerkung: Wenn der Inhalt zu lang für eine einzelne Zeile ist, können Sie diesen in zwei Abschnitte unterteilen. Jeder Abschnitt muss in Anführungszeichen stehen. Verbinden Sie sie mit einem Plus-Zeichen.

2. Fügen Sie einen Kommentar in dieses Programm ein, der beinhaltet, welche Aufgaben hierfür noch zu erledigen sind.
3. Erstellen Sie ein neues Programm mit zwei `print`-Befehlen. Deren Inhalt soll jeweils 5 + 2 lauten – allerdings einmal in Anführungszeichen und einmal ohne Anführungszeichen. Führen Sie das Programm aus und überlegen Sie sich, worauf die unterschiedlichen Ausgaben zurückzuführen sind.

Lösungen:

1.

```
print ("Gebrauchtwagen-Verwaltungsprogramm")
print ("Herzlich Willkommen zur Verwaltung Ihres Fahrzeug-
Bestands")
print ("Mit diesem Programm können Sie neue Autos hinzufügen,"+
"Fahrzeuge verkaufen und Preise ändern")
```

2.

```
print ("Gebrauchtwagen-Verwaltungsprogramm")
print ("Herzlich Willkommen zur Verwaltung Ihres Fahrzeug-
Bestands")
print ("Mit diesem Programm können Sie neue Autos hinzufügen,"+
"Fahrzeuge verkaufen und Preise ändern")

#To-Do: Funktionen für das Verkaufen, Hinzufügen von Autos und
für Preisänderungen
```

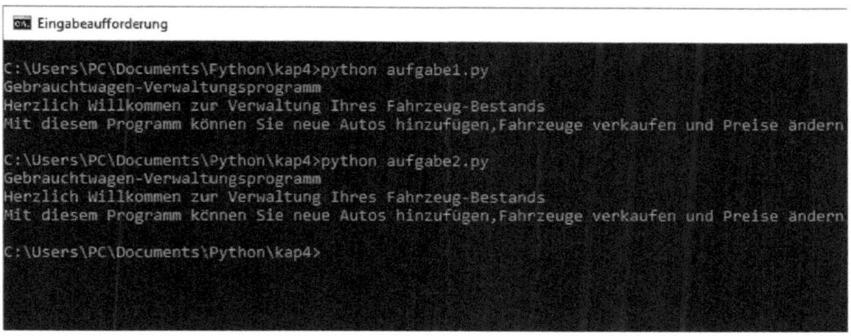

Screenshot 12 Die Ausgabe ist bei Aufgabe 1 und Aufgabe 2 identisch.

3.

```
print ("5+2")
print (5+2)
```

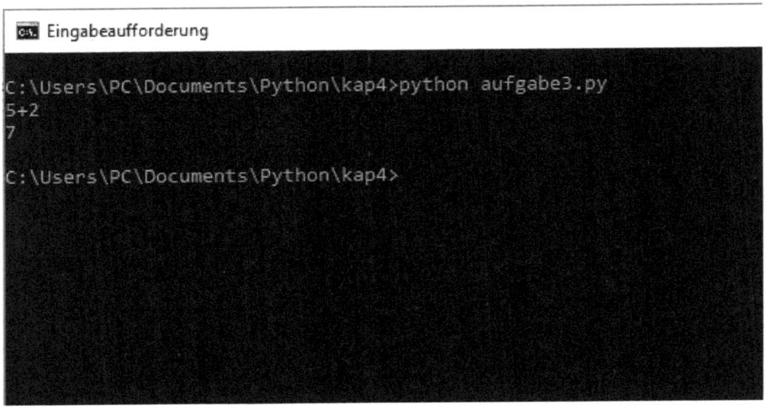

Screenshot 13 Die Verwendung von Anführungszeichen verändert die Ausgabe

Wenn ein Text in Anführungszeichen steht, gibt Python diesen unverändert wieder. Fehlen diese, geht der Interpreter davon aus, dass es sich hierbei um eine Rechenaufgabe handelt. In diesem Fall berechnet er das Ergebnis aus 5+2 und gibt es aus. Wenn man hier eine Variable einfügt, gibt er deren Inhalt aus. Steht hier ein Funktionsname, berechnet er deren Ergebnis. Sollte es sich beim Inhalt weder um einen mathematischen Ausdruck, noch um eine Variable oder um eine Funktion handeln, kommt es zu einer Fehlermeldung.

Alle Programmcodes aus diesem Buch sind als PDF zum Download verfügbar. Dadurch müssen Sie sie nicht abtippen:
https://bmu-verlag.de/books/python/

Außerdem erhalten Sie die eBook Ausgabe zum Buch im PDF Format kostenlos auf unserer Website:

https://bmu-verlag.de/books/python/
Downloadcode: siehe Kapitel 15

Kapitel 5

Variablen: unverzichtbar für die Programmierung mit Python

Die bisherigen Programme dienten lediglich dazu, einen Text auszugeben oder einfache mathematische Berechnungen durchzuführen. Dafür ist es jedoch eigentlich nicht notwendig, ein eigenes Programm zu verfassen, da es dafür bereits viele weitere Möglichkeiten gibt – beispielsweise Präsentationsprogramme oder Taschenrechner. Ein Computerprogramm dient hingegen dazu, feste Muster für Berechnungen vorzugeben und die Ergebnisse zu speichern und für weitere Prozesse zu verwenden.

Um die Werte zu erfassen, sind Variablen notwendig. Diese dienen als Speicher für ein ganz bestimmtes Ergebnis. Sie sind so wichtig, dass es kaum ein Computerprogramm gibt, das ohne Variablen auskommt.

In Kapitel 3 wurden bei der interaktiven Anwendung des Python-Prompts bereits die ersten Variablen verwendet – ohne jedoch auf deren genaue Funktionsweise einzugehen. Das wird in diesem Kapitel nachgeholt.

5.1 Die Aufgabe von Variablen in einem Computerprogramm

Wenn ein Computerprogramm einen bestimmten Wert speichern soll, dann muss es diesen im Arbeitsspeicher ablegen. Dieser besteht aus Tausenden elektronischen Informationen – den einzelnen Bits. Wenn man ein Computerprogramm schreibt, ist es allerdings nicht notwendig, sich auf dieser Ebene mit der Datenspeicherung zu befassen. Anstatt dessen kommen Variablen zum Einsatz. Diese ermöglichen es, einen Namen für die entsprechende Information vorzugeben und daraufhin zu jedem beliebigen Zeitpunkt auf sie zuzugreifen – ganz einfach unter Nennung des selbst vorgegebenen Namens. Um die Funktionsweise der Variablen zu verstehen, ist es jedoch sinnvoll, sich mit der Speicherorganisation des Computers zu befassen.

Man kann sich den Arbeitsspeicher eines Computers wie einen großen Setzkasten vorstellen. Dieser verfügt über viele kleine Fächer, die unterschiedliche Gegenstände aufnehmen können – im übertragenen Sinn die Werte, die das Programm abspeichern soll.

Wenn man zu einem späteren Zeitpunkt einen bestimmten Gegenstand benötigt, ist es notwendig, zu wissen, in welchem Fach er sich befindet. Bei einem kleinen Setzkasten erinnert sich der Anwender in der Regel, wo er das entsprechende Objekt abgelegt hat. Bei einem sehr großen Kasten kann es dabei jedoch bereits zu Verwechslungen kommen. Daher ist es sinnvoll, die einzelnen Fächer zu beschriften. Dadurch ist es möglich, anhand der Bezeichnung den benötigten Gegenstand schnell zu finden. Eine entsprechende Organisationsstruktur ist auch bei der Verwendung von Variablen sehr wichtig – insbesondere wenn man berücksichtigt, dass ein gewöhnlicher Arbeitsspeicher Platz für viele Tausend Variablen bietet. Daher ist es auch hier notwendig, einen festen Namen zu vergeben. Das Programm hinterlegt bei der Ausführung automatisch den zugehörigen Speicherort, sodass die benötigten Informationen unmittelbar zur Verfügung stehen.

Der Variablenname dient dazu, einen bestimmten Speicherort eindeutig zu identifizieren. Hierfür ist es erforderlich, dass er nicht doppelt verwendet wird, da das sonst zu Verwechslungen führen könnte. Sollte im weiteren Verlauf eine Bezeichnung zum Einsatz kommen, die bereits früher verwendet wurde, kann das einen Fehlern erzeugen.

Die Objekte in einem Setzkasten können eine unterschiedliche Größe haben. Daher gibt es spezielle Ausführungen, bei denen sich die seitlichen Abgrenzungen verschieben lassen, um den verfügbaren Raum anzupassen. Ähnliches gilt für die Variablen in einem Computerprogramm. Diese können eine kleine Zahl oder ein komplettes Buch aufnehmen. Der dafür benötigte Speicherplatz kann sehr unterschiedlich sein. In vielen Programmiersprachen ist es daher notwendig, die Variablentypen bereits zu Beginn fest vorzugeben. So reserviert das Programm einen passenden Speicherplatz. Python erledigt diese Aufgabe jedoch je nach Bedarf während der Ausführung. Daher können die Variablen hier unterschiedliche Größen annehmen und sind nicht an spezielle Typen gebunden.

5.2 Variablen in Python verwenden

Bereits in Kapitel 3 wurden bei der interaktiven Nutzung von Python die ersten Variablen verwendet. Dazu wurde der Variablenname gefolgt von einem Gleichheitszeichen und von einer Zahl eingegeben: `a = 5`. Auch wenn man ein Programm in eine eigene Datei schreibt, verläuft die Verwendung der Variablen nach dem gleichen Muster.

Zunächst ist es notwendig, einen Namen für die Variable festzulegen. Dieser kann beliebige Buchstaben, Ziffern und den Unterstrich enthalten. Dabei ist es wichtig, zu beachten, dass am Anfang des Variablennamens keine Ziffer stehen darf – lediglich Buchstaben oder Unterstriche. Das bedeutet, dass Ausdrücke wie `variable_1` oder `_1_variable` erlaubt sind, `1_variable` hingegen nicht.

Darüber hinaus ist es wichtig, die Groß und Kleinschreibung zu beachten. Python wertet die Ausdrücke `Variable`, `variable` und `VARIABLE` jeweils als unterschiedliche Bezeichnungen und legt daher drei verschiedene Variablen dafür fest. Bei neueren Python Versionen (ab Version 3) werden Unicode-Zeichen unterstützt. Das bedeutet, dass die Variablennamen auch Umlaute, griechische oder russische Buchstaben sowie viele weitere Zeichen enthalten können. Das ist jedoch sehr unüblich und sollte vermieden werden.

Nach dem selbst gewählten Variablennamen folgt das Gleichheitszeichen. Dieses wird in diesem Fall auch als Zuweisungsoperator bezeichnet. Es dient dazu, der Variablen einen bestimmten Wert zuzuweisen.

Danach folgt der Wert, den die Variable annehmen soll. Dabei kann es sich um ganze Zahlen, um Kommazahlen, um Buchstaben oder um ganze Wörter und Sätze handeln. Auch Wahrheitswerte (`True` und `False`) sind möglich. Dabei muss der Programmierer den Datentyp nicht vorgeben. Python erkennt anhand der Zuweisung automatisch, um welche Art von Information es sich dabei handelt und reserviert einen passenden Speicherplatz. Bei der Verwendung von Buchstaben, Wörtern oder anderen Zeichenketten ist es wichtig, die Werte in Anführungszeichen zu setzen. Geschieht das nicht, geht Python davon aus, dass es sich um einen anderen Variablen- oder Funktionsnamen handelt. Wenn dieser jedoch nicht definiert wurde, führt das zu einer Fehlermeldung.

Bei der interaktiven Ausführung von Python war es lediglich notwendig, den Variablennamen einzutippen und die Eingabetaste zu betätigen, um den Wert abzufragen. Wenn man das Programm in einer eigenen Datei verfasst, ist dies jedoch nicht ausreichend. In diesem Fall muss der Variablennamen in einem print-Befehl stehen – allerdings ohne Anführungszeichen:

```
print (a)
```

Ein einfaches Programm, das eine Variable bestimmt, ihr einen Wert zuweist und diesen anschließend ausgibt, könnte folgendermaßen aussehen:

```
a = 5
print (a)
```

Dabei ist es auch möglich, bei der Ausgabe einen Text mit einer Variablen zu verbinden. Dafür ist es lediglich notwendig, die Bestandteile durch ein Komma voneinander zu trennen:

```
a = 5
print ("Wert der Variablen a: ",a)
```

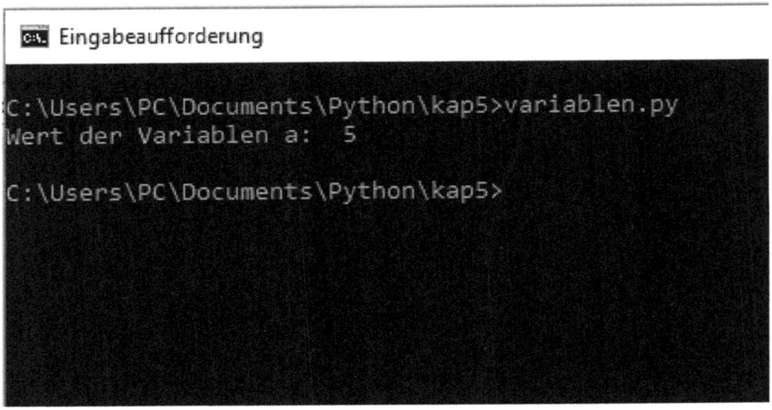

Screenshot 14 Die Ausgabe des Werts der Variablen

Im weiteren Verlauf kann die Variable beliebige weitere Werte annehmen. Dabei kann man einen einfachen Wert zuweisen, eine Rechenaufgabe ausführen oder den Wert einer anderen Variablen verwenden:

```
a = 5
print ("Wert der Variablen a: ",a)
a = 9
print ("Wert der Variablen a: ",a)
a = 3 * 8
print ("Wert der Variablen a: ",a)
b = 13
a = b
print ("Wert der Variablen a: ",a)
a = a + 5
print ("Wert der Variablen a: ",a)
```

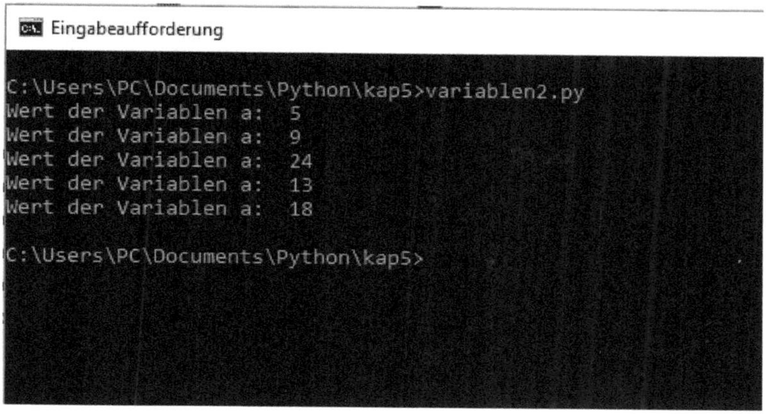

Screenshot 15 Die Variable a nimmt verschiedene Werte an.

Von besonderer Bedeutung ist dabei die letzte Zuweisung: `a = a + 5`. Wenn man diesen Ausdruck unter mathematischen Gesichtspunkten betrachtet, ist er eindeutig falsch, da der Wert der Variablen `a` nicht gleich ihrem Wert plus fünf sein kann. Daran wird deutlich, dass es sich hierbei nicht um das Gleichheitszeichen im mathematischen Sinn handelt. Es dient hier vielmehr als ein Befehl, der der Variablen, die links vom Gleichheitszeichen steht, den Wert, der auf dessen rechter Seite steht, zuweist. Dieser kann auch auf den bisherigen Wert der Variablen Bezug nehmen. Der Ausdruck `a = a + 5` bedeutet daher, dass der Variablen `a` ihr bisheriger Wert plus fünf zugewiesen werden soll.

5.3 Den Wert einer Variablen durch eine Eingabe des Nutzers festlegen

Einer der großen Vorteile eines Computerprogramms besteht darin, dass es mit dem Nutzer interagieren und die Berechnungen an dessen Anforderungen anpassen kann. Bislang haben die Programme jedoch nur Werte berechnet, die bereits beim Erstellen des Programms vorgegeben wurde. Eine Interaktion mit dem Anwender fand nicht statt.

Der nächste Schritt besteht daher darin, den Nutzer in das Programm einzubeziehen. Um zu erläutern, wie das funktioniert, soll ein Programm erstellt werden, das den Anwender dazu auffordert, eine Zahl einzugeben. Danach berechnet es den doppelten Wert dieser Zahl und gibt diese auf dem Bildschirm aus.

Dazu ist es zunächst notwendig, nach bekanntem Muster einen kurzen Text mit der Eingabeaufforderung zu schreiben. Für die Eingabe der Zahl ist folgende Zeile notwendig:

```
inhalt = input()
```

Diese erzeugt zunächst die Variable inhalt. Ihr wird als Wert die Funktion `input()` zugewiesen. Diese gibt die Eingabe des Anwenders zurück. Danach ist es notwendig, den Wert zu verdoppeln und ihn anschließend auszugeben:

```
print ("Geben Sie bitte eine Zahl ein: ")
inhalt = input()
inhalt = inhalt*2
print ("Doppelter Wert: ",inhalt)
```

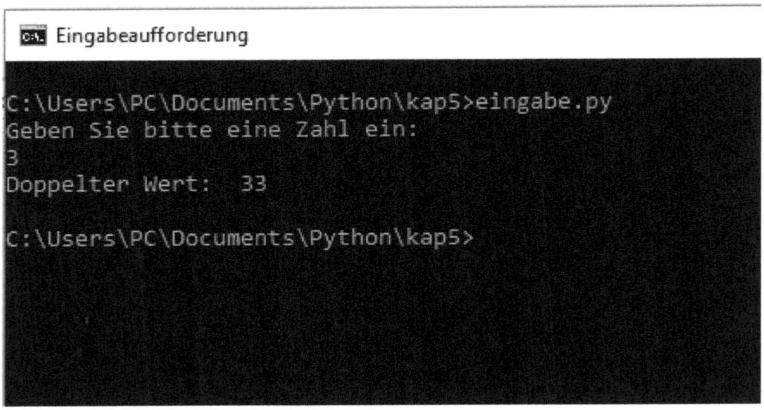

Screenshot 16 Die Ausgabe des Programms

Wenn man sich die Ausgabe genau betrachtet, fällt auf, dass dieses keinen Sinn ergibt. Der doppelte Wert von 3 wäre 6 und nicht 33. Dieses seltsame Ergebnis liegt daran, dass der Input-Befehl die Werte stets als Zeichen zurückgibt und nicht als Zahl. Die Verdopplung eines Zeichens führt dazu, dass dieses lediglich zwei Mal hintereinander ausgegeben wird. Die Verdopplung des Zeichens a wäre demnach aa. Analog dazu ist 33 die Verdopplung des Zeichens 3.

Um das gewünschte Ergebnis zu erzielen, ist der Befehl `eval()` notwendig. Dieser speichert das Ergebnis unter dem passenden Datentyp ab. Der input-Befehl steht dabei innerhalb der Klammer. Demnach muss das Programm wie folgt abgeändert werden:


```
print ("Geben Sie bitte eine Zahl ein: ")
inhalt = eval(input())
inhalt = inhalt*2
print ("Doppelter Wert: ",inhalt)
```

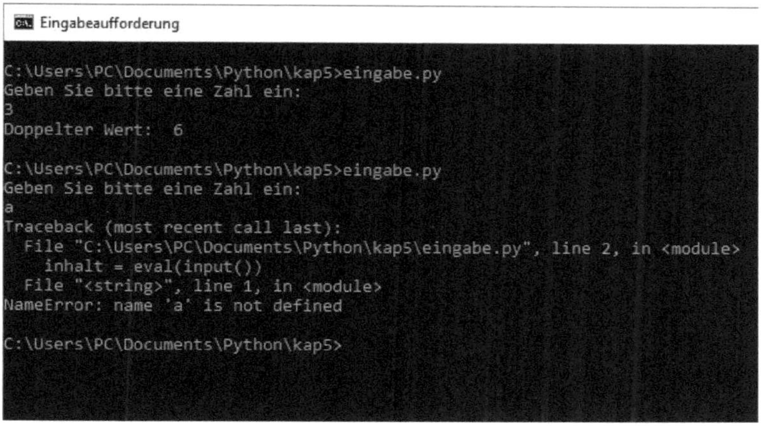

Screenshot 17 Die richtige Verdopplung und die Fehlermeldung bei Eingabe eines Buchstabens

Anstelle des `eval`-Befehls wäre es auch möglich, die Eingabe auf direktem Wege in einen anderen Datentyp zu überführen. Wie das funktioniert, wird in Kapitel 5.5 erklärt. Dabei wäre es jedoch notwendig, den Datentyp bereits von Beginn an genau vorzugeben. Wenn der Anwender einen Wert eingibt, der einen anderen Typ erfordert, führt das zu einem Fehler. Der `eval`-Befehl eignet sich hingegen für viele verschiedene Alternativen und erkennt selbstständig, wie er die Eingabe umwandeln muss. Lediglich bei Buchstaben, Wörtern und anderen Zeichenketten ist Vorsicht geboten. Damit diese richtig abgespeichert werden, ist es notwendig, dass der Anwender sie in Anführungszeichen setzt. Ohne diese kommt es zu einer Fehlermeldung.

Manche Anwender haben sich vielleicht gefragt, weshalb nach dem `input`-Befehl eine leere Klammer notwendig ist. Das liegt daran, dass es sich hierbei um eine Funktion handelt, der ein Wert übergeben werden kann. Dabei handelt es sich um die Eingabeaufforderung für den Nutzer, die bislang in einem eigenen `print`-Befehl steht. Anstatt dessen ist es möglich, den Text einfach in die Klammer einzufügen. Das vereinfacht nicht nur den Programmcode, darüber hinaus entsteht auf diese Weise eine ansprechendere Darstellung, bei der die Eingabe in der gleichen Zeile wie die Aufforderung erfolgt:

```
inhalt = eval(input("Geben Sie bitte eine Zahl ein: "))
inhalt = inhalt*2
print ("Doppelter Wert: ",inhalt)
```

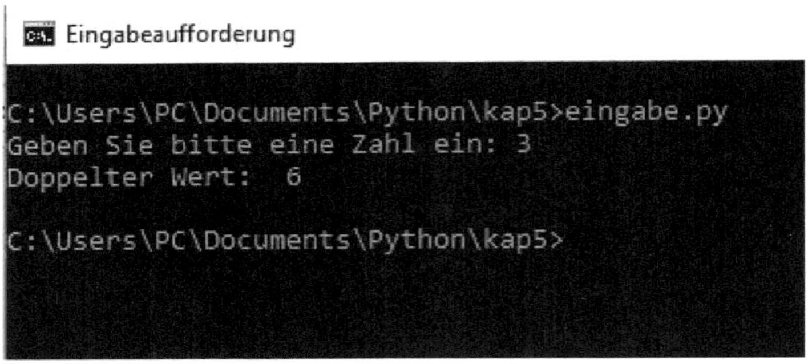

Screenshot 18 Das Programm mit der Eingabeaufforderung im input-Befehl

5.4 Dynamische Typisierung: viele Freiheiten bei der Nutzung von Variablen

Wie bereits erwähnt wurde, ist es bei Python nicht notwendig, den Typ einer Variablen anzugeben. Darüber hinaus zeichnet sich

Python durch eine dynamische Typisierung aus. Bei den meisten Programmiersprachen wird der Typ einer Variable bereits zu Beginn festgelegt. Danach ist es nicht mehr möglich, ihn zu verändern. Wenn man eine Variable mit einem anderen Typ benötigt, ist es notwendig, einen neuen Namen zu verwenden. Bei der dynamischen Typisierung wird der Variablentyp und damit der benötigte Speicherplatz hingegen erst bei der Ausführung festgelegt. Das macht es möglich, ihn innerhalb des Programms zu ändern.

Computerprogramme unterscheiden beispielsweise zwischen ganzen Zahlen und Fließkommazahlen. Der Grund dafür liegt darin, dass der hierfür benötigte Speicherplatz sehr unterschiedlich ist. Bei Programmiersprachen mit statischer Typisierung ist es nicht möglich, einer Variablen, die einmal als ganze Zahl festgelegt wurde, Nachkommastellen zuzuweisen. Bei Python stellt dies jedoch kein Problem dar:

```
a = 5
print ("Wert der Variablen a: ",a)
a = 5.3
print ("Wert der Variablen a: ",a)
```

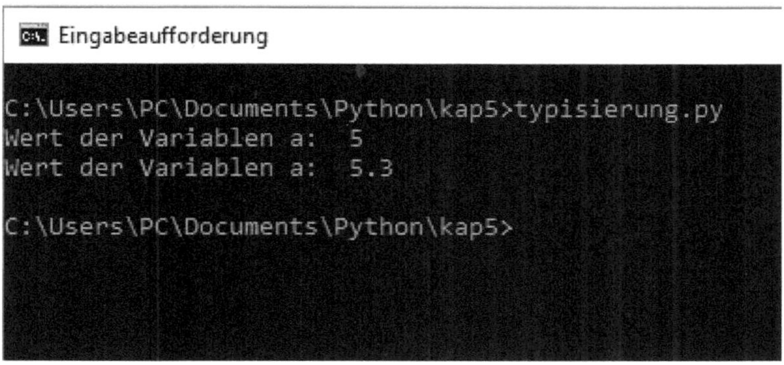

Screenshot 19 Die Variable verändert ihren Typ

Nun könnte man einwenden, dass es sich bereits zu Beginn um eine Fließkommazahl handeln könnte – schließlich ist es nicht notwendig, hierbei eine Nachkommastelle anzugeben, wenn diese Null beträgt. Dass es dennoch einen Unterschied gibt, zeigt folgendes Beispiel:

```
a = 5
print ("Wert der Variablen a: ",a)
a = a + 0.0
print ("Wert der Variablen a: ",a)
```

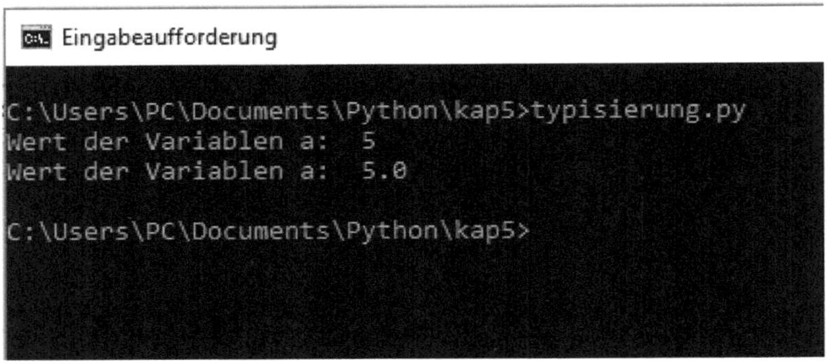

Screenshot 20 Die Ausgabe als Ganzzahl und als Fließkommazahl

Dieses Programm addiert 0,0 zum Wert der Variablen a. Aus mathematischer Sicht wird ihr Wert dabei nicht verändert. Dennoch kommt es zu einem Unterschied bei der Ausgabe: Nach dieser Operation wird die Nachkommastelle angegeben – selbst wenn diese Null beträgt. Der Grund dafür liegt darin, dass das Ergebnis einer Addition, an der eine Fließkommazahl beteiligt ist, stets ebenfalls eine Fließkommazahl ist. Dieser Regel folgend wandelt Python den Typ der Variablen a um, obwohl die mathematische Operation bedeutungslos ist. Das bewirkt den Unterschied in der Ausgabe. Dieses Beispiel zeigt außerdem, dass Python die Änderung ganz automatisch vornimmt, wenn die entsprechenden Rechenoperationen dies erforderlich machen.

Dabei ist es nicht nur erlaubt, ganze Zahlen in Fließkommazahlen umzuwandeln. Es ist auch möglich, einer Variablen, die bislang eine Zahl abgespeichert hat, eine Zeichenkette zuzuweisen. Python nimmt alle hierfür notwendigen Anpassungen automatisch vor:

```
a = 5
print ("Wert der Variablen a: ",a)
a = "Hallo"
print ("Wert der Variablen a: ",a)
```

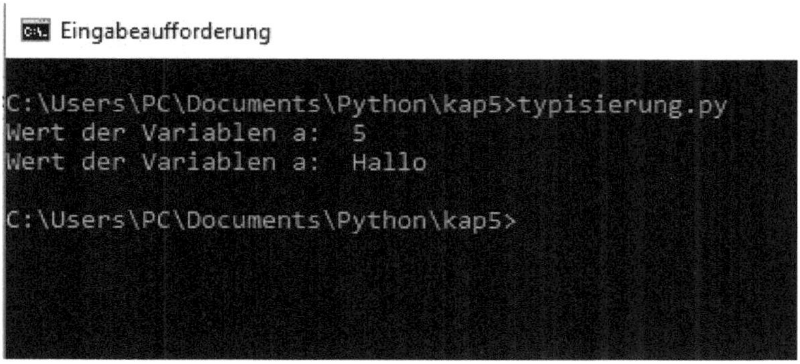

Screenshot 21 Die gleiche Variable kann Zahlen und Zeichenketten aufnehmen

5.5 Datentypen sind auch in Python von Bedeutung

Die dynamische Typisierung erleichtert das Programmieren, da es hierbei in der Regel nicht notwendig ist, sich um die Datentypen zu kümmern. Allerdings gibt es auch einige Ausnahmen, bei denen es dennoch notwendig ist, den Typ der Variablen im Auge zu behalten. Ein Beispiel hierfür ist das erste Programm aus Kapitel 5.3. Dieses forderte den Nutzer dazu auf, eine Zahl einzugeben. Danach verdoppelte es den Wert. Allerdings trat hierbei zunächst nicht das gewünschte Ergebnis auf. Da das Programm die Eingabe als Zeichenkette abspeicherte, verdoppelte es die einzelnen Ziffern der Zahl, nicht jedoch ihren Wert.

In diesem Beispiel wurde das Problem durch die Verwendung der `eval`-Funktion gelöst. Es ist jedoch auch möglich, die Umwandlung des Datentyps direkt vorzunehmen. Dazu ist es notwendig, den gewünschten Datentyp voranzustellen und anschließend die Variable innerhalb einer Klammer hinzuzufügen. Die folgende Tabelle zeigt häufig vorkommende Datentypen:

```
int         integer         ganze Zahlen
float       float           Fließkommazahlen
str         string          Zeichenketten (Einzelne
                            Buchstaben, Wörter, Sätze oder
                            Texte)
bool        boolean         Boolesche Variablen
                            / Wahrheitswerte
```

Wenn man nun die Zeichenkette aus dem Programm aus Kapitel 5.3 ohne die `eval`-Funktion in eine Zahl umwandeln will, wäre folgendes Programm notwendig:

```
inhalt = input("Geben Sie bitte eine Zahl ein: ")
inhalt = float(inhalt)*2
print ("Doppelter Wert: ",inhalt)
```

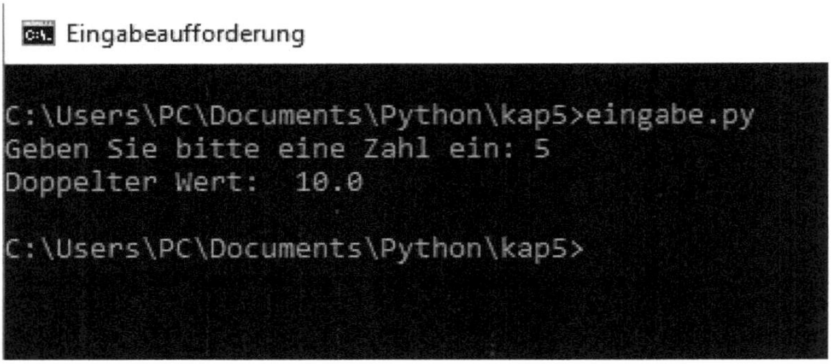

Screenshot 22 Die direkte Umwandlung des Datentyps

Wenn man davon ausgeht, dass der Anwender lediglich ganze Zahlen eingibt, wäre es auch möglich, anstatt des Datentyps `float` den Datentyp `int` zu wählen.

Darüber hinaus gibt es verschiedene Funktionen, die einen bestimmten Datentyp voraussetzen. Ein Beispiel hierfür ist die `upper`-Methode. Diese dient dazu, die Kleinbuchstaben in einem Text in Großbuchstaben umzuwandeln:

```
text = "hallo"
print("Wert der Variablen text vor der Veränderung: ", text)
text = text.upper()
print("Wert der Variablen text nach der Veränderung: ", text)
```

Diese Methode lässt sich selbstverständlich nur auf Variablen vom Typ `str` anwenden, die Text enthalten. Um das Verhalten des Programms auszuprobieren, ist es allerdings sinnvoll, anstatt eines Worts eine Zahl einzugeben – einmal in Anführungszeichen und einmal ohne.

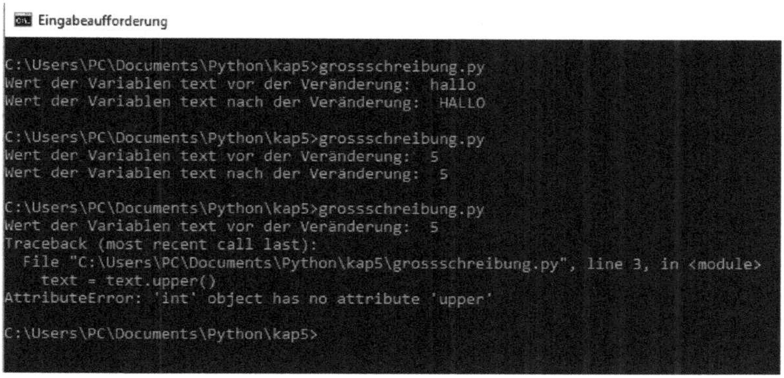

Screenshot 23 Der upper-Befehl mit verschiedenen Variablentypen

Bei der Verwendung eines Worts erledigt der Befehl seine Aufgabe wie geplant. Wenn man eine Zahl in Anführungszeichen eingibt, wird diese ebenfalls als `str`-Variable gespeichert. Das hat zur Folge, dass sich der `upper`-Befehl ausführen lässt. Da es zu einer Ziffer jedoch keinen zugehörigen Großbuchstaben gibt, findet keine Veränderung statt. Bei der letzten Ausführung wurde die Zahl ohne Anführungszeichen eingegeben, sodass sie als `int`-Variable abgespeichert wurde. Das führte jedoch zu einer Fehlermeldung, da der `upper`-Befehl nur für `str`-Variablen zulässig ist.

Diese Beispiele zeigen, dass bei vielen Befehlen der Variablentyp eine wichtige Rolle spielt. Aus diesem Grund ist es trotz der dynamischen Typisierung sinnvoll, sich beim Programmieren stets vor Augen zu halten, um welchen Datentyp es sich bei den verwendeten Variablen handelt.

Wenn man herausfinden will, welchen Datentyp eine Variablen beinhaltet, kann man den Befehl `type()` verwenden. Dieser gibt den entsprechenden Datentyp zurück. Das zeigt folgendes Programm:

```
a = 3
print ("Datentyp Variable a: ",type(a))
b = 3.563467
print ("Datentyp Variable b: ",type(b))
c = True
print ("Datentyp Variable c: ",type(c))
d = "Hallo"
print ("Datentyp Variable d: ",type(d))
e = (2, 4)
print ("Datentyp Variable e: ",type(e))
```

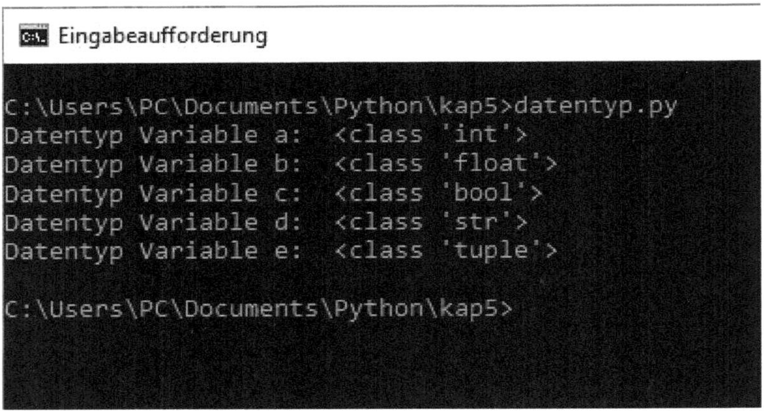

Screenshot 24 Die Ausgabe der verschiedenen Datentypen

5.6 Übungsaufgabe: Mit Variablen arbeiten

1. Schreiben Sie ein Programm, das den Anwender dazu auffordert, zwei Zahlen einzugeben. Speichern Sie diese in zwei unterschiedlichen Variablen. Das Programm soll danach die beiden Werte addieren und ausgeben.

2. Schreiben Sie ein Programm, das den Anwender dazu auffordert, einen beliebigen Inhalt einzugeben. Speichern Sie den Wert in einer Variablen und geben Sie anschließend ihren Datentyp aus.

Lösungen:

1.

```
x = eval(input("Geben Sie die erste Zahl ein: "))
y = eval(input("Geben Sie die zweite Zahl ein: "))
print ("Summe: ", x+y)
```

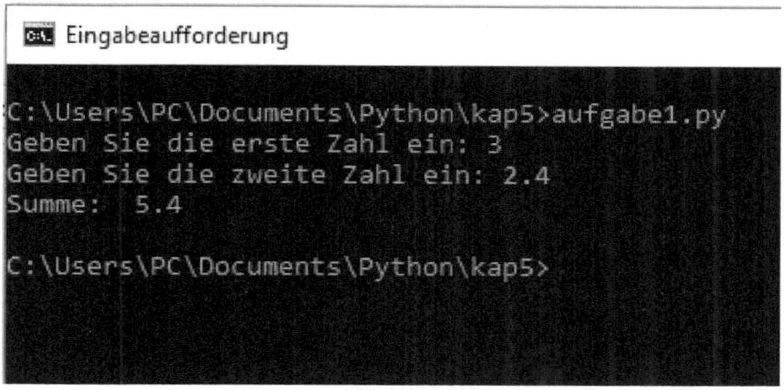

Screenshot 25 Die Ausführung des Programms zu Aufgabe 1

2.

```
inhalt = eval(input("Geben Sie einen Wert ein: "))
print ("Datentyp: ", type(inhalt))
```

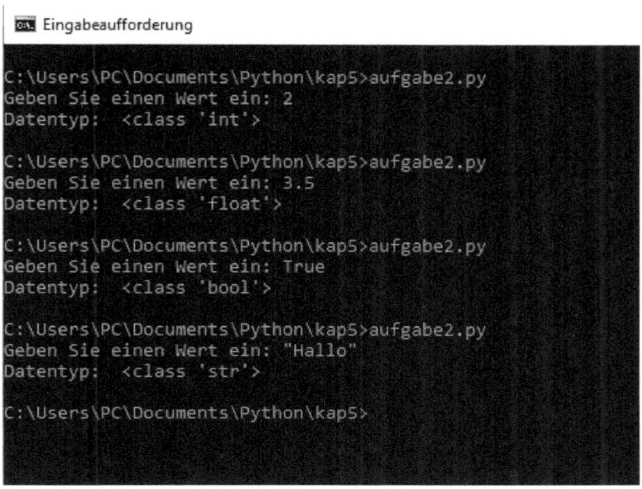

Screenshot 26 Die Ausführung des Programms mit verschiedenen Datentypen

Alle Programmcodes aus diesem Buch sind als PDF zum Download verfügbar. Dadurch müssen Sie sie nicht abtippen:
https://bmu-verlag.de/books/python/

Außerdem erhalten Sie die eBook Ausgabe zum Buch im PDF Format kostenlos auf unserer Website:

https://bmu-verlag.de/books/python/
Downloadcode: siehe Kapitel 15

Kapitel 6

Datenstrukturen in Python

In den Übungsaufgaben zu Kapitel 4 wurde das Beispiel eines Gebrauchtwagenhändlers angesprochen. Wenn man sich überlegt, welche Aufgaben das Verwaltungsprogramm erfüllen soll, dann kommt man sicherlich schnell zu dem Schluss, dass dieses die Eigenschaften eines bestimmten Fahrzeugs erfassen soll. Dabei ist es beispielsweise notwendig, die Marke, das Modell, das Baujahr und den Preis abzuspeichern. Sicherlich gibt es noch viele weitere Details, die bei einem realen Programm zu berücksichtigen wären. Für eine bessere Übersichtlichkeit soll sich dieses Beispiel jedoch auf diese vier Werte beschränken.

Selbstverständlich ist es möglich, für die Erfassung der vier Werte jeweils eine eigene Variable zu gestalten. Man könnte beispielsweise folgende Werte in das Programm eingeben:

```
marke = "VW"
modell = "Golf"
baujahr = 2011
preis = 5000
```

Für ein einfaches Programm, das nur die Werte eines einzelnen Fahrzeugs aufnimmt, wäre dies sicherlich ausreichend. Allerdings ist davon auszugehen, dass ein Gebrauchtwagenhändler nicht nur ein Fahrzeug anbietet. In diesem Fall wird es bereits deutlich schwieriger, die Werte zu erfassen. Für nur drei Autos wären bereits folgende Eingaben notwendig:

```
markeFahrzeug1 = "VW"
modellFahrzeug1 = "Golf"
baujahrFahrzeug1 = 2011
preisFahrzeug1 = 5000
markeFahrzeug2 = "Renault"
modellFahrzeug2 = "Clio"
```

```
baujahrFahrzeug2 = 2013
preisFahrzeug2 = 6000
markeFahrzeug3 = "Porsche"
modellFahrzeug3 = "Panamera"
baujahrFahrzeug3 = 2014
preisFahrzeug3 = 25000
```

Wenn man nun davon ausgeht, dass ein durchschnittlicher Gebrauchtwagenhändler nicht nur drei, sondern Dutzende Fahrzeuge anbietet, wird schnell deutlich, dass diese Form der Datenerfassung einen riesigen Aufwand mit sich bringt. Es kommt hinzu, dass auch der Zugriff auf die Daten schwierig ist. Jedes Mal, wenn man einen Wert abfragen will, ist es hierfür notwendig, den genauen Variablennamen einzugeben. Das macht eine Automatisierung sehr schwierig.

Wenn man die entsprechenden Werte auf Papier erfasst, verwendet man dafür eine bestimmte Ordnungsstruktur. Beispielsweise ist es üblich, für jedes einzelne Fahrzeug ein eigenes Blatt zu verwenden, um die Übersichtlichkeit zu erhöhen. Auf jedem einzelnen Blatt befindet sich nun eine Liste oder eine Tabelle, in der die Einzelheiten zu den einzelnen Autos vermerkt sind. Darüber hinaus ist es möglich, übergeordnete Strukturen zu verwenden – beispielsweise indem man Kleinwagen, Limousinen, Kombis, SUVs und andere Fahrzeug jeweils in einem eigenen Ordner zusammenfasst.

Python ermöglicht es ebenfalls, Daten zu strukturieren. Das sorgt für eine bessere Übersichtlichkeit und erleichtert den Umgang mit größeren Datensätzen deutlich. Diese Programmiersprache zeichnet sich dadurch aus, dass sie sehr vielfältige Datenstrukturen anbietet, die dem Programmierer viele Freiheiten lassen.

6.1 Listen: Mehrere Informationen zusammenfassen

Die Liste ist eine Datenstruktur, die in der analogen Welt häufig zum Einsatz kommt. Hierfür ist es lediglich notwendig, die entsprechenden Werte untereinander aufzuschreiben. Ähnlich einfach ist es, eine Liste in Python zu erstellen. Der einzige Unterschied besteht darin, dass die Liste – genau wie Variablen – einen Namen erhalten muss. Außerdem ist es notwendig, sie in eckige Klammern zu schreiben und die einzelnen Einträge durch Kommas voneinander zu trennen. Wenn man nun die Werte für das erste Fahrzeug in einer Liste zusammenfasst, sieht das wie folgt aus:

```
fahrzeug1 = ["VW", "Golf", 2011, 5000]
```


Daran wird bereits deutlich, dass eine Liste unterschiedliche Datentypen aufnehmen kann. In dieser Beispielliste handelt es sich etwa um zwei String- und um zwei Integer-Werte. Das ist ein wesentlicher Unterschied zu vielen anderen Programmiersprachen. Diese verwenden häufig Arrays. Diese wirken zwar auf den ersten Blick ähnlich wie Listen, allerdings können sie jeweils nur einen einzigen Datentyp aufnehmen.

Um mit Listen zu arbeiten, ist es notwendig, auf die einzelnen Werte zugreifen zu können. Hierfür ist es hilfreich, den interaktiven Python-Interpreter aufzurufen und zunächst die Liste mit oben genanntem Befehl zu erzeugen und anschließend folgende Befehle einzugeben:

```
fahrzeug1
fahrzeug1[0]
fahrzeug1[2]
fahrzeug1[-1]
fahrzeug1[-2]
fahrzeug1[0:2]
fahrzeug1[1:3]
fahrzeug1[:3]
fahrzeug1[2:]
fahrzeug1[:]
```

Darüber hinaus ist es möglich, noch weitere Werte auszuprobieren, um das Verhalten der Listen kennenzulernen.

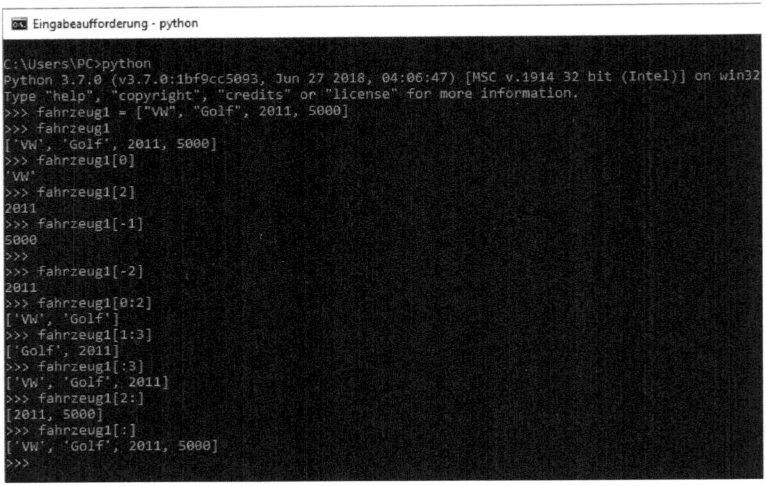

Screenshot 27 Die Abfrage verschiedener Inhalte der Liste

Vielen Lesern wird wahrscheinlich bereits beim Ausprobieren der verschiedenen Werte aufgefallen sein, wie die Abfrage der Werte einer Liste funktioniert. Dennoch soll dies nun nochmals explizit erklärt werden.

Wenn man einfach nur den Namen der Liste eingibt, wird diese stets vollständig mit allen vorhandenen Einträgen ausgegeben. Wenn man hingegen nur auf einzelne Werte zugreifen will, dann ist es notwendig, eine Index-Nummer in eckigen Klammern anzugeben. Dabei kann es sich einfach um eine gewöhnliche Zahl handeln. In diesem Fall gibt das Programm den Inhalt des entsprechenden Feldes der Liste zurück. Dabei ist es lediglich wichtig, zu beachten, dass der Index stets mit 0 beginnt. Wenn man auf das erste Feld zugreifen will, ist daher der Befehl `fahrzeug1[0]` notwendig, für das zweite Feld der Befehl `fahrzeug1[1]`.

Verwirrend erscheint an dieser Stelle eventuell, dass es auch möglich ist, negative Werte einzugeben. Selbstverständlich hat eine Liste keine negativen Felder. Das Minuszeichen hat eine andere Funktion: Es gibt an, dass die Zählung von hinten begonnen werden soll. Das letzte Feld der Liste hat den Index -1, das vorletzte -2 und so weiter. Hierbei ist es wichtig, zu beachten, dass der negative Index nicht mit -0 beginnt. Python interpretiert diese Eingabe als gleichbedeutend mit 0 und gibt daher das erste Feld zurück.

Es ist nicht nur möglich, ein einzelnes Feld abzurufen, sondern auch einen Teilbereich der Liste. Dafür ist es notwendig, den Start- und den Endpunkt von einem Doppelpunkt getrennt anzugeben. Um die Funktionsweise zu verstehen, ist es sinnvoll, sich den Befehl `fahrzeug1[0:2]` nochmals genauer anzuschauen. Dieser gibt das Feld 0 und das Feld 1 zurück, nicht jedoch das Feld 2. Daran wird deutlich, dass nur die Felder vor dem angegebenen Endpunkt ausgegeben werden. Wenn man beispielsweise eine Liste von Feld 4 bis Feld 8 ausgeben will, ist es notwendig, den Endpunkt um 1 zu erhöhen: `[4:9]`. Wenn der Startpunkt fehlt – wenn also der Eintrag mit einem Doppelpunkt beginnt – wird die Liste von Anfang an bis zum genannten Endpunkt ausgegeben. Fehlt hingegen der Endpunkt, erhält man die Liste ab dem angegebenen Startpunkt bis zu ihrem Ende. Wenn man nur einen Doppelpunkt eingibt – wenn also sowohl der Start- als auch der Endpunkt fehlt – erhält man demnach die komplette Liste zurück.

Dabei ist es auch jederzeit möglich, einem Feld einen neuen Wert zuzuweisen. Wenn der Händler beispielsweise den Preis senken will, geht das ganz einfach durch den Befehl `fahrzeug1[3] = 4500`.

Darüber hinaus ist es möglich, Listen zu addieren, zu multiplizieren und einen Teilbereich in eine neue Liste zu schreiben. Hierzu ist es sinnvoll, erneut den interaktiven Python-Interpreter zur Hand zu nehmen und folgende Befehle einzugeben:

```
fahrzeug1 = ["VW", "Golf", 2011, 5000]
fahrzeug2 = ["Renault", "Clio", 2013, 6000]
fahrzeug1+fahrzeug2
fahrzeug1*3
fahrzeug1+fahrzeug2*2
neueListe = fahrzeug1[1:3]
neueListe
```

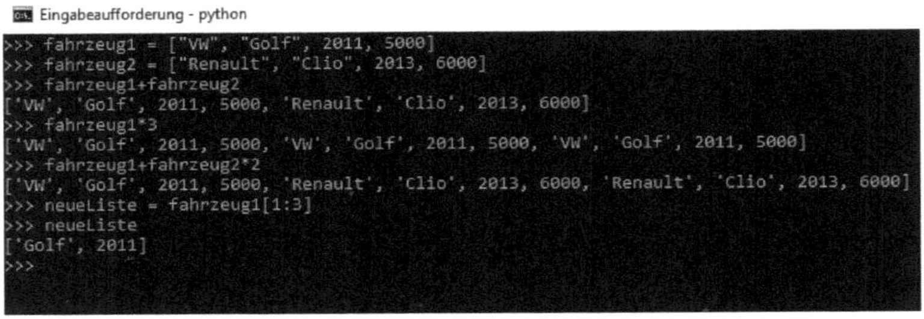

Screenshot 28 Additionen, Multiplikationen und Zuweisungen bei Listen

Bei der Addition einer Liste werden die Elemente beider Listen aneinandergefügt. Die Multiplikation wiederholt die Liste in der vorgegebenen Anzahl. Darüber hinaus ist es möglich, einen Teilbereich einer Liste zu definieren und diesen einer neuen Liste zuzuweisen.

Die Additions-Funktion ist beispielsweise sehr praktisch, wenn man ein neues Element in die Liste einfügen will. Wenn der Autohändler beispielsweise den Entschluss fasst, auch die Farbe des Fahrzeugs in seinen Datenbestand aufzunehmen, wäre das mit folgendem Befehl ganz einfach möglich, ohne eine neue Liste zu erstellen:

```
fahrzeug1 = fahrzeug1 + ["blau"]
```

Listen können nicht nur einzelne Variablen aufnehmen, sondern auch andere Listen. Damit ist es möglich, tabellenartige Strukturen zu erzeugen. Hierfür soll folgendes Beispiel dienen, das wiederum im Python-Interpreter ausprobiert werden soll:

```
fahrzeug1 = ["VW", "Golf", 2011, 5000]
fahrzeug2 = ["Renault", "Clio", 2013, 6000]
fahrzeug3 = ["Porsche", "Panamera", 2014, 25000]
listeFahrzeuge = [fahrzeug1, fahrzeug2, fahrzeug3]
listeFahrzeuge
listeFahrzeuge[0][0]
listeFahrzeuge[1][3]
```

```
listeFahrzeuge[0][1:3]
listeFahrzeuge[1]
```

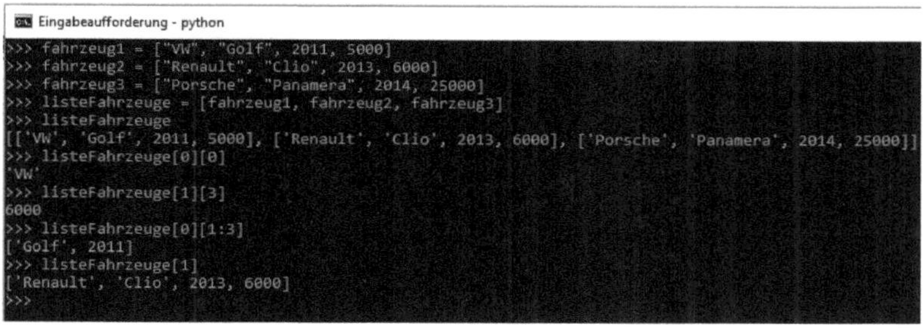

Screenshot 29 Die Verwendung zweidimensionaler Listen

Bei Listen mit zwei Dimensionen ist es notwendig, zwei Indexzahlen einzugeben, um einen bestimmten Wert abzurufen. Die erste gibt die untergeordnete Liste an, die zweite die entsprechende Position. Auch hierbei ist es möglich, Sequenzen zu verwenden. Wenn man nur eine Indexzahl eingibt, erhält man als Ergebnis die komplette untergeordnete Liste zurück.

6.2 Dictionaries: Zugriff über einen Schlüsselbegriff

Listen erleichtern die Erfassung der Daten zu einem Fahrzeug bereits erheblich. Ein Problem besteht jedoch darin, dass es hierbei stets notwendig ist, zu wissen, welches Feld der Liste sich auf welche Eigenschaft bezieht. Solange wie in den bisherigen Beispielen pro Auto nur vier oder fünf Eigenschaften erfasst werden, ist es recht einfach, sich die entsprechenden Positionen zu merken. Wenn bei einem realen Programm jedoch noch viele weiteren Eigenschaften hinzukommen, verliert man dabei leicht den Überblick.

Aus diesem Grund kann es sinnvoll sein, den Zugriff nicht über eine Index-Nummer, sondern über einen entsprechenden Schlüsselbegriff vorzunehmen. Wenn man beispielsweise auf den Preis zugreifen will, soll es nicht mehr notwendig sein `fahrzeug1[3]` einzugeben, sondern `fahrzeug1["preis"]`. Zu diesem Zweck kommen sogenannte Dictionaries zum Einsatz.

Um ein Dictionary zu erstellen, ist es notwendig, den Inhalt in eine geschweifte Klammer zu setzen. Darin stehen Paare aus Schlüssel und Wert, jeweils von einem Doppelpunkt getrennt. Zwischen den einzelnen Paaren muss ein Komma stehen. Wenn man die Liste `fahrzeug1` als Dictionary schreiben will, ist daher folgender Befehl notwendig:

```
fahrzeug1 =  {"marke": "VW", "modell": "Golf", "baujahr": 2012,
"preis": 5000}
```

Als Schlüssel kommen in der Regel Zeichenketten zum Einsatz. Diese müssen in Anführungszeichen stehen. Es ist jedoch auch möglich, Zahlen als Schlüssel zu verwenden. Um die Funktionsweise von Dictionaries kennenzulernen, ist es sinnvoll, wieder den interaktiven Python-Interpreter zu öffnen und zunächst mit der oben genannten Zeile das Dictionary zu erstellen und daraufhin folgende Befehle einzugeben:

```
fahrzeug1
fahrzeug1["marke"]
fahrzeug1["farbe"] = "blau"
fahrzeug1
del fahrzeug1["baujahr"]
fahrzeug1
list (fahrzeug1.keys())
sorted (fahrzeug1.keys())
```

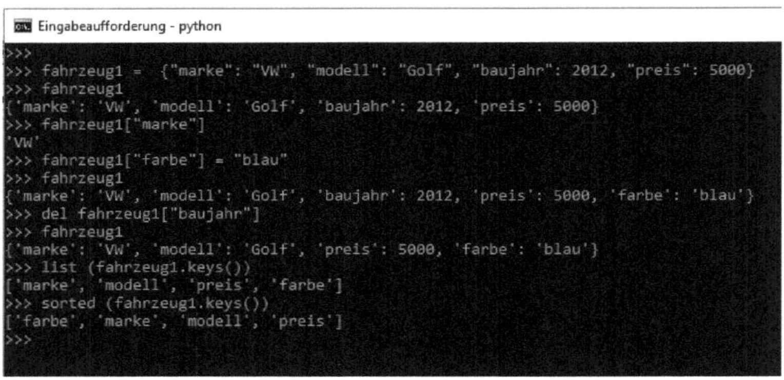
Eingabeaufforderung - python

```
>>>
>>> fahrzeug1 =  {"marke": "VW", "modell": "Golf", "baujahr": 2012, "preis": 5000}
>>> fahrzeug1
{'marke': 'VW', 'modell': 'Golf', 'baujahr': 2012, 'preis': 5000}
>>> fahrzeug1["marke"]
'VW'
>>> fahrzeug1["farbe"] = "blau"
>>> fahrzeug1
{'marke': 'VW', 'modell': 'Golf', 'baujahr': 2012, 'preis': 5000, 'farbe': 'blau'}
>>> del fahrzeug1["baujahr"]
>>> fahrzeug1
{'marke': 'VW', 'modell': 'Golf', 'preis': 5000, 'farbe': 'blau'}
>>> list (fahrzeug1.keys())
['marke', 'modell', 'preis', 'farbe']
>>> sorted (fahrzeug1.keys())
['farbe', 'marke', 'modell', 'preis']
>>>
```

Screenshot 30 Übungen zur Verwendung von Dictionaries

Genau wie bei Listen führt die einfache Nennung des Namens dazu, dass der komplette Inhalt ausgegeben wird. In diesem Fall zeigt der Interpreter jedoch nicht nur den Inhalt an, sondern auch den Schlüssel des entsprechenden Feldes. Um auf den Inhalt eines einzelnen Feldes zuzugreifen, ist es notwendig, den Schlüssel in eine eckige Klammer hinter den Namen des Dictionarys zu schreiben.

Ein Feld hinzuzufügen ist hierbei ganz einfach. Dafür ist es lediglich notwendig, den Name des Dictionarys sowie in einer eckigen Klammer den Schlüssel für das neue Feld zu schreiben und diesem dann den gewünschten Wert zuzuweisen. Dabei wird es automatisch in das Dictionary eingefügt. Um ein Feld zu löschen ist der Befehl `del` – gefolgt vom Namen des Dictionarys mit dem entsprechenden Schlüssel – notwendig.

Wenn man vergessen hat, welche Schlüssel für ein Dictionary zum Einsatz kamen, kann man diese mit dem Befehl list und anschließend einer Klammer mit dem Namen des Dictionarys, einem Punkt und dem Befehl `keys()` abfragen. Wenn man die Schlüssel alphabetisch ordnen will, ist es notwendig, anstelle des Befehls `list` den Befehl `sorted` zu verwenden.

Dictionaries lassen sich nicht nur mit einer geschweiften Klammer erstellen. Alternativ dazu dient die Funktion `dict`. Um den gleichen Inhalt wie oben zu erstellen, gibt es zwei Möglichkeiten:

```
fahrzeug1 =  dict ([("marke", "VW"), ("modell", "Golf"),
("baujahr", 2012), ("preis", 5000)])
fahrzeug1 =  dict (marke="VW", modell="Golf", baujahr=2012,
preis=5000)
```

Zu beachten ist dabei, dass bei der letztgenannten Möglichkeit die Schlüssel nicht in Anführungszeichen stehen. Hierbei wird der entsprechende Begriff stets als Zeichenkette gespeichert. Wenn man in diesem Fall eine Zahl als Schlüssel eingibt, führt das jedoch zu einem Fehler.

6.3 Tupel: unveränderliche Daten

Ein weiteres wichtiges Beispiel stellen Tupel dar. Tupel eignen sich in erster Linie für feststehende Werte, bei denen keine Veränderung möglich ist. Wenn man die bisherigen Beispiele betrachtet, dann fällt auf, dass die meisten Werte unveränderlich sind. Aus einem VW wird nicht plötzlich ein Porsche. Um unbeabsichtigte Veränderungen zu vermeiden, ist die Verwendung eines Tupels hierbei also sinnvoll.

Tupel bieten noch einige weitere Vorteile. Beispielsweise haben sie eine bessere Performance als Listen. Deshalb bieten sie sich für die Verarbeitung größerer Datenmengen an. Außerdem ist es möglich, sie als Schlüssel für Dictionaries zu verwenden. Das ist bei Listen beispielsweise nicht erlaubt, da es sich hierbei stets um unveränderliche Werte handeln muss. Um Tupel kennenzulernen, sollen folgende Befehle nacheinander in den interaktiven Python-Interpreter eingegeben werden:

```
fahrzeug1 = "VW", "Golf", 2011, 5000
fahrzeug1
fahrzeug1[0]
fahrzeug1[1:3]
fahrzeug1[-1]
```

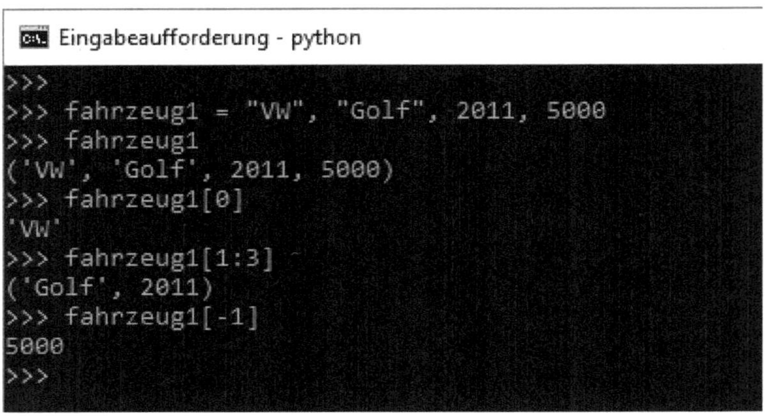

Screenshot 31 Die Verwendung von Tupeln

Die Erzeugung eines Tupels läuft ganz ähnlich wie bei einer Liste ab – mit dem Unterschied, dass die Werte hierbei nicht in einer eckigen Klammer stehen. Wenn man den Namen des Tupels eingibt, erfolgen die Ausgaben ebenfalls beinahe identisch wie bei einer Liste. Der einzige Unterschied besteht darin, dass die Werte in einer runden anstatt in einer eckigen Klammer stehen. Auch der Zugriff auf die einzelnen Felder oder auf einen Teilbereich des Tupels läuft vollkommen identisch ab wie bei einer Liste.

Dass es dennoch einen Unterschied zwischen den beiden Datenstrukturen gibt, bemerkt man, wenn man einen Wert ändern will. Bei einer Liste war es beispielsweise möglich, den Preis durch den Befehl `fahrzeug1[3] = 4500` zu ändern. Wenn man das nun bei einem Tupel versucht, führt das zu einer Fehlermeldung:

Eingabeaufforderung - python

```
>>>
>>> fahrzeug1 = "VW", "Golf", 2011, 5000
>>> fahrzeug1[3] = 4500
Traceback (most recent call last):
  File "<stdin>", line 1, in <module>
TypeError: 'tuple' object does not support item assignment
>>>
```

Screenshot 32 Bei Tupeln lassen sich die Inhalte nicht verändern

Das zeigt, worin der Unterschied zwischen Listen und Tupeln besteht: Bei Listen lassen sich die Werte verändern, bei Tupeln nicht. Wenn man versucht, einen bestimmten Wert eines Tupels zu verändern, kommt es zu einer Fehlermeldung.

Allerdings ist es auch bei einem Tupel möglich, einen Wert hinzuzufügen. Das geschieht wie bei Listen durch das Pluszeichen. Allerdings ist es wichtig, darauf zu achten, dass es sich beim Wert, der hinzugefügt werden soll, ebenfalls um ein Tupel handeln muss. Wenn man wie in den bisherigen Beispielen die Farbe ergänzen will, wäre es notwendig, ein Tupel mit diesem Inhalt zu erstellen. Um ein Tupel mit nur einem einzigen Wert zu gestalten, muss nach dessen Inhalt ein Komma hinzugefügt werden:

```
tu = "blau",
```

Danach ist es möglich, das ursprüngliche Tupel um den neuen Wert zu erweitern:

```
fahrzeug1 = fahrzeug1 + tu
```

Screenshot 33 Ein Tupel erweitern

Tupel sind zwar im Prinzip unveränderlich, doch können sie veränderliche Datenstrukturen aufnehmen. Wenn ein Tupel etwa eine Liste beinhaltet, ist es möglich, ein Feld derselben zu verändern. Sollte man beispielsweise eine Preisänderung ermöglichen wollen, lässt sich der Wert ganz einfach als eine Liste mit nur einem Feld (gekennzeichnet durch eckige Klammern) definieren. Daraufhin ist eine Veränderung des entsprechenden Werts möglich:

```
fahrzeug1 = "VW", "Golf", 2011, [5000]
fahrzeug1[3][0] = 4500
fahrzeug1
```

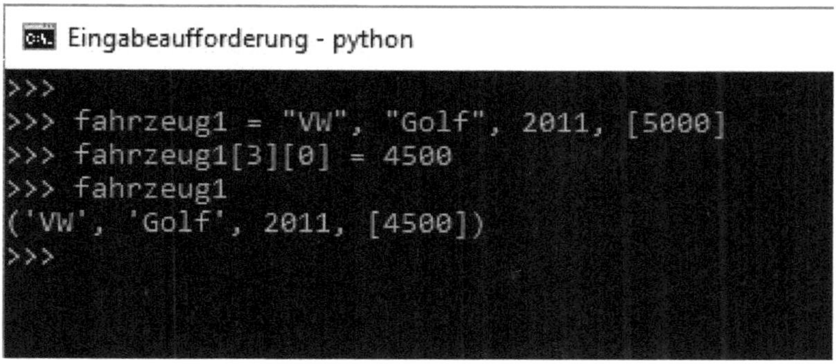

Screenshot 34 Den Inhalt einer Liste innerhalb eines Tupels verändern

Wie dieses Beispiel zeigt, ist für den Zugriff auf das entsprechende Feld sowohl der Index im Tupel als auch in der Liste notwendig, selbst wenn diese nur aus einem Feld besteht. Wenn in einem Tupel Werte abgeändert werden sollen, ist es jedoch wichtig, genau abzuwägen, ob der Vorteil der unveränderlichen Daten den Mehraufwand für die Verwendung einer zusätzlichen Liste rechtfertigt.

6.4 Übungsaufgabe: Mit Datenstrukturen arbeiten

1. Stellen Sie sich vor, Sie schreiben ein Programm für die Verwaltung der Bestände eines Buchhändlers. Zu jedem Buch sollen der Titel, der Autor, eine Artikelnummer und der Preis gespeichert werden. Schreiben Sie drei Programme, die jeweils eine Liste, ein Dictionary beziehungsweise ein Tupel verwenden. Jedes Programm soll die Werte für drei Bücher abspeichern und die Daten anschließend auf dem Bildschirm ausgeben. Die Ausgabe soll dabei nicht als komplette Liste erfolgen, sondern jeder Wert soll in einer eigenen Zeile stehen. Nach jedem Buch soll eine Leerzeile folgen. Dazu dient das Zeichen \n.

2. Wählen Sie aus der vorherigen Aufgabe eine Datenstruktur aus, die Ihnen als besonders geeignet erscheint. Speichern Sie nun die Bücher in einer übergeordneten Datenstruktur ab. Auch hier sollen bei der Ausgabe alle Werte in einer eignen Zeile stehen.

Lösungen:

1.

Mit einer Liste:

```
Buch1 = ["William Shakespeare", "Hamlet", 4223, 12.99]
Buch2 = ["Friedrich Schiller", "Die Räuber", 3229, 5.49]
Buch3 = ["Johann Wolfgang von Goethe", "Faust", 5444, 9.99]

print(Buch1[0])
print(Buch1[1])
print(Buch1[2])
print(Buch1[3], "\n")

print(Buch2[0])
print(Buch2[1])
print(Buch2[2])
print(Buch2[3], "\n")

print(Buch3[0])
print(Buch3[1])
print(Buch3[2])
print(Buch3[3], "\n")
```

Mit Tupeln:

```
Buch1 = "William Shakespeare", "Hamlet", 4223, 12.99
Buch2 = "Friedrich Schiller", "Die Räuber", 3229, 5.49
Buch3 = "Johann Wolfgang von Goethe", "Faust", 5444, 9.99

print(Buch1[0])
print(Buch1[1])
print(Buch1[2])
print(Buch1[3], "\n")

print(Buch2[0])
print(Buch2[1])
print(Buch2[2])
print(Buch2[3], "\n")
print(Buch3[0])
print(Buch3[1])
print(Buch3[2])
print(Buch3[3], "\n")
```

Mit Dictionaries:

```
Buch1 = {"Autor":"William Shakespeare", "Titel":"Hamlet",
"Artikelnr.":4223, "Preis:":12.99}
Buch2 = {"Autor":"Friedrich Schiller", "Titel":"Die Räuber",
"Artikelnr.":3229, "Preis:":5.49}
Buch3 = {"Autor":"Johann Wolfgang von Goethe", "Titel":"Faust",
"Artikelnr.":5444, "Preis:":9.99}

print(Buch1["Autor"])
print(Buch1["Titel"])
print(Buch1["Artikelnr."])
print(Buch1["Preis:"], "\n")

print(Buch2["Autor"])
print(Buch2["Titel"])
print(Buch2["Artikelnr."])
print(Buch2["Preis:"], "\n")

print(Buch3["Autor"])
print(Buch3["Titel"])
print(Buch3["Artikelnr."])
print(Buch3["Preis:"], "\n")
```


2.

```
Buecher = [{"Autor":"William Shakespeare", "Titel":"Hamlet",
"Artikelnr.":4223, "Preis:":12.99},
{"Autor":"Friedrich Schiller", "Titel":"Die Räuber",
"Artikelnr.":3229, "Preis:":5.49},
{"Autor":"Johann Wolfgang von Goethe", "Titel":"Faust",
"Artikelnr.":5444, "Preis:":9.99}]

print(Buecher[0]["Autor"])
print(Buecher[0]["Titel"])
print(Buecher[0]["Artikelnr."])
print(Buecher[0]["Preis:"], "\n")

print(Buecher[1]["Autor"])
print(Buecher[1]["Titel"])
print(Buecher[1]["Artikelnr."])
print(Buecher[1]["Preis:"], "\n")

print(Buecher[2]["Autor"])
print(Buecher[2]["Titel"])
print(Buecher[2]["Artikelnr."])
print(Buecher[2]["Preis:"], "\n")
```

Dieses Programm besteht aus einer übergeordneten Liste und einzelnen Dictionaries. Es wäre jedoch auch möglich, jede beliebige andere Kombination aus den bekannten Datenstrukturen zu verwenden.

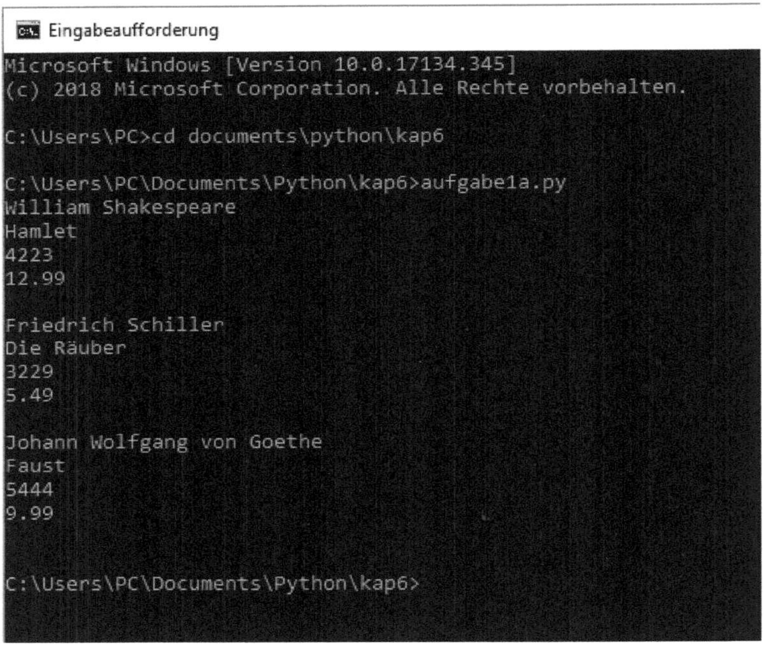

Screenshot 35 Die Ausgabe sieht bei allen Programmen aus Aufgabe 1 und 2 identisch aus.

Alle Programmcodes aus diesem Buch sind als PDF zum Download verfügbar. Dadurch müssen Sie sie nicht abtippen:
https://bmu-verlag.de/books/python/

Außerdem erhalten Sie die eBook Ausgabe zum Buch im PDF Format kostenlos auf unserer Website:

https://bmu-verlag.de/books/python/
Downloadcode: siehe Kapitel 15

Kapitel 7
Entscheidungen im Programm treffen

In den vorhergehenden Kapiteln wurden einfache Ausgabebefehle, Variablen und Datenstrukturen behandelt. Diese ermöglichen es, verschiedene Werte zu berechnen und auszugeben. Für derartige Aufgaben wäre es jedoch eigentlich nicht notwendig, ein eigenes Computerprogramm zu erstellen. Mit einem gängigen Tabellenkalkulationsprogramm wäre diese Aufgabe deutlich einfacher zu erledigen.

Eines der wesentlichen Merkmale eines Computerprogramms besteht darin, dass es auf bestimmte Ereignisse oder Eingabewerte reagieren kann. Das bedeutet, dass der Ablauf des Programms nicht immer gleich ist, sondern von den aktuellen Werten des Programms abhängt.

Um den Ablauf des Programms zu bestimmen, kommen `if`-Abfragen zum Einsatz. Diese beinhalten eine bestimmte Bedingung. Der Programmteil, der zur `if`-Abfrage gehört, wird nur dann ausgeführt, wenn die Bedingung erfüllt ist. Trifft das nicht zu, wird er übersprungen. Auf diese Weise lässt sich der Ablauf des Programms an bestimmte Werte koppeln. Die `if`-Abfrage stellt ein sehr wichtiges Instrument beim Programmieren dar und kommt in fast allen Programmen vor.

7.1 Der Schlüsselbegriff if

Beim Aufstellen einer Bedingung in der gewöhnlichen Sprache kommt normalerweise das Begriffspaar “wenn-dann” zum Einsatz. Ein Beispiel hierfür wäre: “Wenn der Schüler die Aufgabe richtig gelöst hat, dann erhält er eine gute Note.” Die Programmiersprache Python orientiert sich ebenfalls an dieser natürlichen Satzstruktur. An erster Stelle steht stets der Schlüsselbegriff `if` – also die englische Übersetzung für "wenn". Danach ist es notwendig, die Bedingung anzugeben. Anstelle des Begriffs "dann" folgt hingegen ein Doppelpunkt.

Die Befehle, die zu erledigen sind, stehen nach dem Doppelpunkt. Es ist möglich, einen Befehl direkt hinter den Doppelpunkt zu schreiben. Das ist jedoch nicht üblich und auch nicht zu empfehlen. Der Grund dafür liegt darin, dass oftmals nicht nur ein einzelner Befehl ausgeführt werden muss, sondern mehrere. Wenn der erste Befehl jedoch direkt hinter der Bedingung steht, ist es nicht möglich, weitere Befehle hinzuzufügen. Daher ist es sinnvoll, ihn stets in eine neue Zeile zu schreiben.

Wenn beim Eintreffen einer Bedingung mehrere Befehle ausgeführt werden sollen, dann ist es notwendig, den Anfangs- und den Endpunkt zu markieren. Nur so erkennt das Programm, welche Befehle mit dieser Bedingung verknüpft sind und welche nicht. Die meisten Programmiersprachen verwenden zu diesem Zweck eine geschweifte Klammer. Zusätzlich rücken die Programmierer den zusammengehörigen Block ein. Das ist für die Funktionalität des Programms bei der Mehrheit der Programmiersprachen zwar nicht notwendig, doch führt diese Vorgehensweise zu einem deutlich übersichtlicheren Code. Wie bereits in der Einleitung erwähnt, bestand ein Grundgedanke bei der Entwicklung von Python darin, möglichst auf Klammern zu verzichten. Daher wird hier ein anderes Prinzip verwendet: Hier markieren die Einrückungen, die in den meisten anderen Programmiersprachen keinen Einfluss auf die Funktion des Programms haben, den Anfang und das Ende des entsprechenden Blocks. Alle Befehle, die zur `if`-Abfrage gehören, müssen daher eingerückt werden. Wenn danach Befehle folgen, die unabhängig von der Bedingung ausgeführt werden sollen, müssen diese ohne Einrückung hinzugefügt werden. Daraus ergibt sich für die `if`-Abfrage folgende Struktur:

```
if Bedingung:
      Befehl 1
      Befehl 2
      .
      .
      .
      Befehl n

Befehle, die unabhängig von der Bedingung sind
```

Um eine Einrückung zu erzeugen, kommen verschiedene Möglichkeiten infrage. Sehr beliebt ist es, die Tabulatortaste zu verwenden. Diese erzeugt einen Freiraum, der stets eine identische Größe aufweist. Alternativ dazu ist es auch erlaubt, Leerzeichen zu verwenden. In der Regel kommen zu diesem Zweck vier Leerzeichen zum Einsatz. Dieser Wert ist jedoch nicht zwingend vorgegeben. Bei stark verzweigten Programmen mit vielen Einrückungen ist es beispielsweise sinnvoll, nur zwei Leerzeichen zu verwenden, damit der Code nicht zu stark auf die rechte Seite wandert. Manche Programmierer verwenden auch acht Leerzeichen, um die Einrückungen besonders deutlich zu machen.

Welche dieser Möglichkeiten zum Einsatz kommt, hängt von den Vorlieben des Programmierers ab. Es ist jedoch wichtig, sich zu Beginn für eine von ihnen zu entscheiden und diese dann konsequent beizubehalten. Wenn man die Form der Einrückungen mischt, kann das zu Fehlern führen.

7.2 Vergleiche: wichtig für das Aufstellen der Bedingung

Die grundlegende Struktur der `if`-Abfrage ist nun bekannt, doch ist es bislang noch nicht möglich, ein Programm mit diesem Element zu verfassen. Der Grund dafür liegt darin, dass noch nicht behandelt wurde, wie die Bedingung bei der `if`-Abfrage aufgestellt wird.

Die einfachste Möglichkeit besteht sicherlich darin, einen Wert auf Gleichheit zu einem anderen Wert zu überprüfen. Wenn man einen bestimmten Teil des Programms nur dann ausführen will, wenn der Wert der Variablen a der Zahl 5 entspricht, dann wäre hierfür folgende Bedingung notwendig:

```
a == 5
```

Auffällig ist, dass hierbei ein doppeltes Gleichheitszeichen zum Einsatz kommt. Das liegt daran, dass dem einfachen Gleichheitszeichen in Python bereits eine andere Funktion zukommt: als Zuweisungsoperator. Wenn man nur ein Gleichheitszeichen verwendet, dann würde das bedeuten, dass man der Variablen a den Wert 5 zuweist und nicht überprüft, ob er diesem Wert entspricht.

Mit diesen Informationen ist es bereits möglich, ein erstes Programm mit einer if-Abfrage zu gestalten:

```
a = eval(input("Geben Sie bitte die Zahl 5 ein: "))
if a == 5:
    print("Die Eingabe ist richtig.")
```

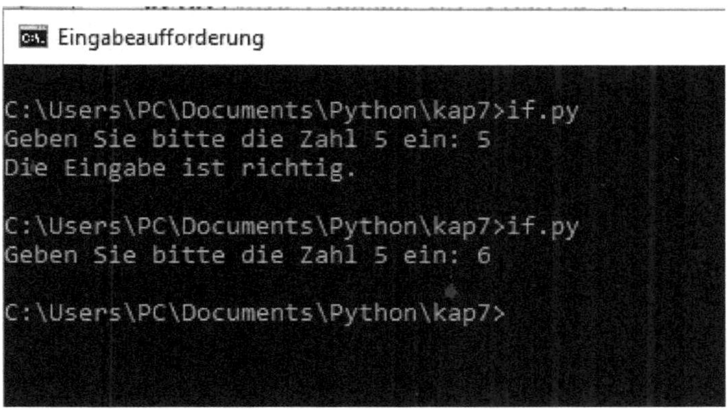

Screenshot 36 Die Ausführung mit einer richtigen und mit einer falschen Eingabe

Dieses Programm fordert den Anwender dazu auf, die Zahl 5 einzugeben und speichert den Wert in der Variablen a ab. Daraufhin überprüft es den Wert der Variablen und gibt eine Erfolgsmeldung aus, wenn der Nutzer den richtigen Wert eingegeben hat. Bei einem anderen Wert führt das Programm keine Aktion durch.

Die Überprüfung der Gleichheit funktioniert nicht nur bei Zahlen, sondern auch bei Zeichenketten. Es wäre genauso gut möglich, den Anwender dazu aufzufordern, ein Wort einzugeben und dieses dann auf die Gleichheit zu überprüfen:

```
a = input('Geben Sie bitte das Wort "Hallo" ein: ')
if a == "Hallo":
    print("Die Eingabe ist richtig.")
```

Anmerkung: In diesem Programm wird der `eval`-Befehl weggelassen, da davon auszugehen ist, dass der Anwender eine Zeichenkette eingibt. Mit dem `eval`-Befehl müsste er diese in Anführungszeichen setzen.

Häufig ist es nicht nur notwendig, zu überprüfen, ob eine Zahl gleich wie ein bestimmter Wert ist, sondern ob sie größer oder kleiner als dieser ist. Hierfür kommen folgende Vergleichsoperatoren zum Einsatz:

```
>     ist größer
<     ist kleiner
>=    ist größer oder gleich
<=    ist kleiner oder gleich
```

Mit diesen Operatoren ist es möglich, auch eine passende Ausgabe anzugeben, wenn der Anwender die Zahl nicht richtig eingibt. Hierfür sind zwei weitere `if`-Abfragen notwendig – eine die überprüft, ob der Wert größer als 5 ist und die andere, die ausgeführt wird, wenn der Wert kleiner als 5 ist:

```
a = eval(input("Geben Sie bitte die Zahl 5 ein: "))
if a == 5:
    print("Die Eingabe ist richtig.")
if a > 5:
    print("Falsche Eingabe!")
if a < 5:
    print("Falsche Eingabe!")
```

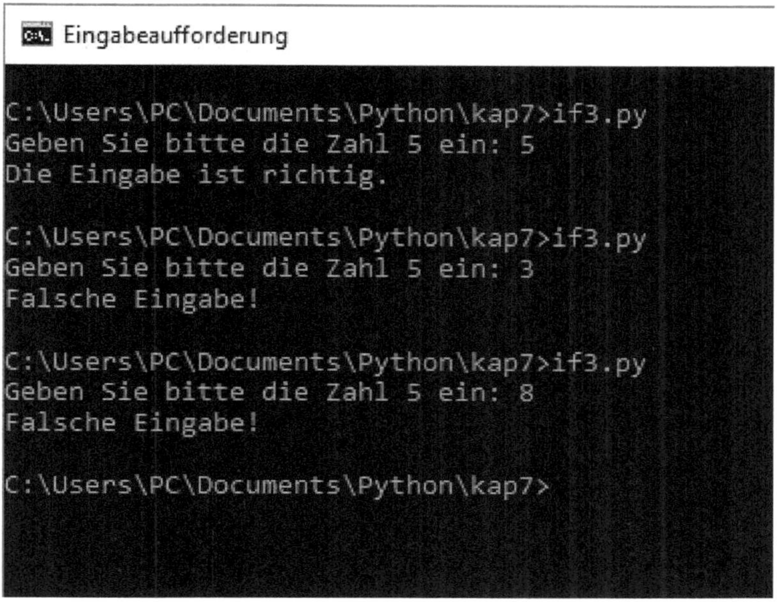

Screenshot 37 Jetzt erhält der Anwender auch bei einem falschen Wert eine Rückmeldung.

Drei verschiedene `if`-Abfragen in das Programm zu integrieren, ist relativ aufwendig. Es geht auch einfacher. Es gibt einen Vergleichsoperator, der die Werte auf Ungleichheit überprüft: `!=`. Mit diesem lassen sich die letzten beiden `if`-Abfragen zu einem Befehl zusammenfassen:

```
a = eval(input("Geben Sie bitte die Zahl 5 ein: "))
if a == 5:
    print("Die Eingabe ist richtig.")
if a != 5:
    print("Falsche Eingabe!")
```

Das Verhalten dieses Programms ist vollkommen identisch zum vorhergehenden Beispiel. Allerdings ist es deutlich kürzer.

Darüber hinaus gibt es noch eine weitere Möglichkeit, um eine Bedingung zu formulieren: mit booleschen Variablen. Diese geben wie bereits zuvor erläutert Wahrheitswerte wieder und können die Werte `True` und `False` annehmen. Sie können einfach in die Bedingung geschrieben werden: Wenn der Wert `True` ist, wird der anschließende Block ausgeführt, wenn er False ist, hingegen nicht.

```
a = True
if a:
    print("Der Wert der Variablen ist True.")
```

Darüber hinaus gibt es einen Verneinungsoperator. Dieser entspricht dem Begriff `not`. Die Bedingung ist in diesem Fall dann erfüllt, wenn das entsprechende Ereignis nicht eintritt. Er lässt sich auf boolesche Variablen (`if not a`) und auf Vergleiche (`if not a == 5`) anwenden.

7.3 Die Verknüpfung mehrerer Bedingungen

In vielen Fällen soll ein bestimmter Programmteil nur dann ausgeführt werden, wenn zwei Bedingungen gleichzeitig erfüllt sind. In diesem Fall wäre es selbstverständlich möglich, zwei `if`-Abfragen ineinander zu schachteln. Doch würde das die Struktur des Programms deutlich komplizierter gestalten. Daher ist es sinnvoll, die beiden Bedingungen direkt miteinander zu verknüpfen. Das ist mit dem Schlüsselbegriff and möglich:

```
a = eval(input("Geben Sie bitte die Zahl 5 ein: "))
b = eval(input("Geben Sie bitte die Zahl 10 ein: "))
if a == 5 and b == 10:
    print("Die Eingabe ist richtig.")
if not (a == 5 and b == 10):
    print("Falsche Eingabe!")
```

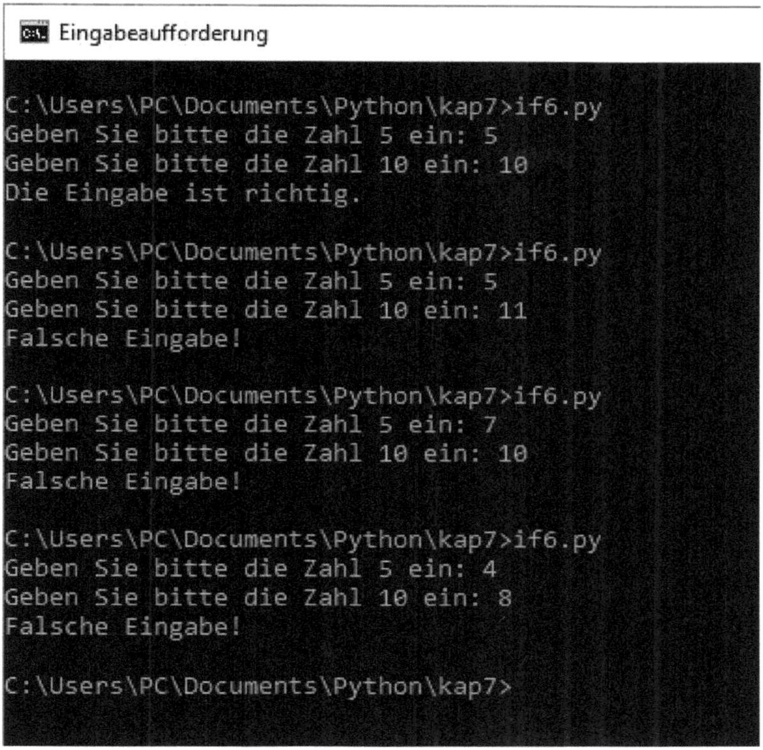

Screenshot 38 Die Bedingung ist nur dann erfüllt, wenn beide Zahlen richtig sind.

Um zu überprüfen, ob die Eingabe falsch ist, wird einfach der komplette Ausdruck durch `not` verneint. Dabei ist es wichtig, diesen in eine Klammer zu setzen, da sich dieser Operator sonst nur auf den ersten Teil des Ausdrucks bezieht.

In anderen Fällen ist es ausreichend, wenn eine von mehreren möglichen Bedingungen erfüllt wird. Auch hierfür gibt es einen passenden Operator: `or`. Dieser führt dazu, dass die Bedingung erfüllt ist, wenn eine der beiden Teilbedingungen oder alle beide erfüllt sind:

```
a = eval(input("Geben Sie bitte die Zahl 5 ein: "))
b = eval(input("Geben Sie bitte die Zahl 10 ein: "))
```

```
if a == 5 or b == 10:
    print("Mindestens eine Zahl wurde richtig eingegeben.")
if not (a == 5 or b == 10):
    print("Falsche Eingabe!")
```

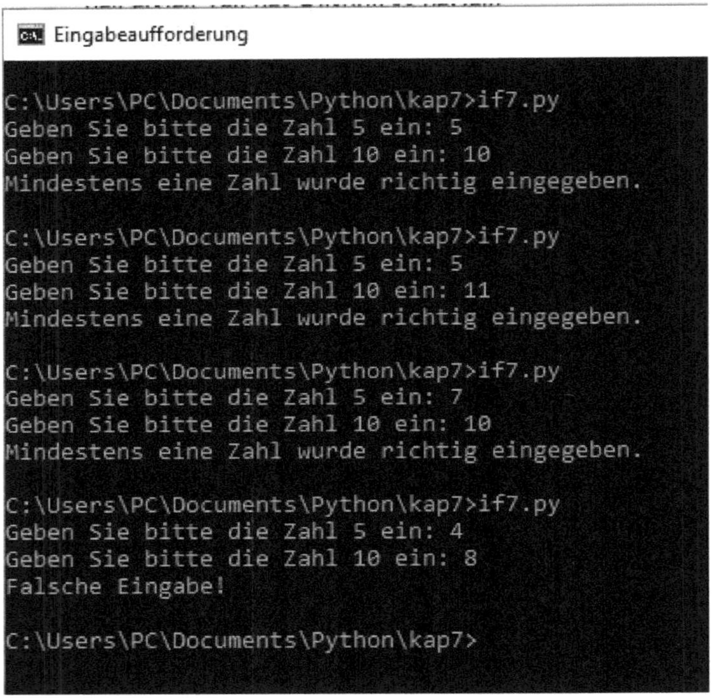

Screenshot 39 Bei der Verwendung von or ist es ausreichend, dass eine Bedingung erfüllt wird.

Es ist möglich, beliebig viele Teilbedingungen mit den Ausdrücken `and` und `or` zu kombinieren. Auf diese Weise lassen sich sehr komplexe Bedingungen definieren. Dabei ist es wichtig, auf die Klammersetzung zu achten. Wenn man keine Klammern setzt, arbeitet Python den Ausdruck einfach von links nach rechts ab.

7.4 Mit else und elif weitere Alternativen hinzufügen

In den vorhergehenden Abschnitten trat bereits mehrmals das Problem auf, dass das Programm eine bestimmte Aktion durchführen sollte, wenn die Bedingung erfüllt war und eine andere, wenn sie nicht zutraf. Um dieses Verhalten zu erreichen, war es im ersten Versuch notwendig, sich zu überlegen, wie das Gegenteil der entsprechenden Bedingung aussieht. Das ist insbesondere bei komplizierten Bedingungen nicht ganz einfach und bringt außerdem einen erheblichen Aufwand mit sich. Im zweiten Versuch wurde die Bedingung vollständig mit dem Begriff `not` verneint. Das gestaltete die Aufgabe zwar bereits etwas einfacher, doch brachte auch diese Alternative einigen Aufwand mit sich. Da eine derartige Anforderung jedoch bei unzähligen Programmen auftritt, bietet Python genau wie fast alle anderen Programmiersprachen noch eine weitere Möglichkeit: `else`. Mit diesem einfachen Schlüsselbegriff ist es möglich, einen weiteren Block einzufügen, der nur dann ausgeführt wird, wenn die Bedingung nicht zutrifft. Die Struktur sieht demnach folgendermaßen aus:


```
if Bedingung:
      Befehle, die ausgeführt werden, wenn die Bedingung
      zutrifft.
else:
      Befehle, die ausgeführt werden, wenn die Bedingung nicht
      zutrifft.
```

Mit diesem neuen Befehl lässt sich das Programm, das die Richtigkeit einer Eingabe überprüft, noch etwas einfacher gestalten:

```
a = eval(input("Geben Sie bitte die Zahl 5 ein: "))
if a == 5:
    print("Die Eingabe ist richtig.")
else:
    print("Falsche Eingabe!")
```

Häufig tritt auch der Fall auf, dass ein Programm mehr als 2 Optionen anbieten soll – je nachdem, welchen Wert eine Variable hat. Auch hierbei wäre es möglich, das Programm mit einfachen `if`-Abfragen zu gestalten. Doch wäre dies nicht nur sehr aufwendig. Darüber hinaus wäre es notwendig, die Abfragen ineinander zu schachteln. Das führt zu einer sehr komplizierten Struktur und damit zu einer erhöhten Fehleranfälligkeit. Daher bietet Python auch hierfür eine praktische Möglichkeit an: `elif`. Diese erlaubt es, einen weiteren Block hinzuzufügen und diesen an eine weitere Bedingung zu knüpfen. Der Inhalt wird ausgeführt, wenn die vorherigen Bedingungen alle nicht erfüllt sind, wenn die für diesen Block aufgestellte Bedingung hingegen zutrifft. Es ist dabei möglich, beliebig viele `elif`-Blöcke einzufügen. Anschließend kann ein `else`-Block stehen. Dieser wird ausgeführt, wenn keine der vorherigen Bedingungen zutrifft. Dieser Block ist jedoch nicht zwingend erforderlich. Die Struktur sieht wie folgt aus:

```
if Bedingung 1:
     Ausführung, wenn Bedingung 1 zutrifft
elif Bedingung 2:
     Ausführung, wenn Bedingung 2 zutrifft, die vorherigen
     Bedingungen jedoch nicht
elif Bedingung 3:
     Ausführung, wenn Bedingung 3 zutrifft, die vorherigen
     Bedingungen jedoch nicht

elif Bedingung N:
     Ausführung, wenn Bedingung N zutrifft, die vorherigen
     Bedingungen jedoch nicht
else:
     Ausführung, wenn keine der Bedingungen zutrifft
```

Als Anwendungsbeispiel für eine derartige Konstruktion könnte man sich einen Händler vorstellen, der seine Lagerbestände überprüft. Je nach Warenmenge soll eine bestimmte Aktion durchgeführt werden:

- Erfolgsmeldung, wenn Menge zwischen 10 und 100 liegt
- Warnmeldung, wenn Menge über 100 liegt: keine Lagerkapazitäten mehr vorhanden
- Warnmeldung, wenn der Bestand unter 10, aber mindestens bei 1 liegt: Waren nachbestellen
- Warnmeldung, wenn Bestand bei 0 liegt: Keine Artikel mehr vorhanden
- Fehlermeldung, bei anderen Werten (beispielsweise negative Werte): Ungültige Eingabe

Ein derartiges Programm lässt sich einfach mit mehreren `elif`-Blöcken umsetzen:

```
a = eval(input("Geben Sie bitte den Warenbestand ein: "))
if a >= 10 and a < 100:
    print("Die Warenbestände liegen bei", a,"Artikeln.")
elif a >= 100:
    print("Warnung: Keine Lagerkapazitäten mehr frei!")
elif a > 0:
    print("Nur noch ", a, "Artikel vorrätig. Bitte
    nachbestellen!")
elif a == 0:
    print("Warnung: Artikel nicht mehr verfügbar!")
else:
    print("Ungültige Eingabe!")
```


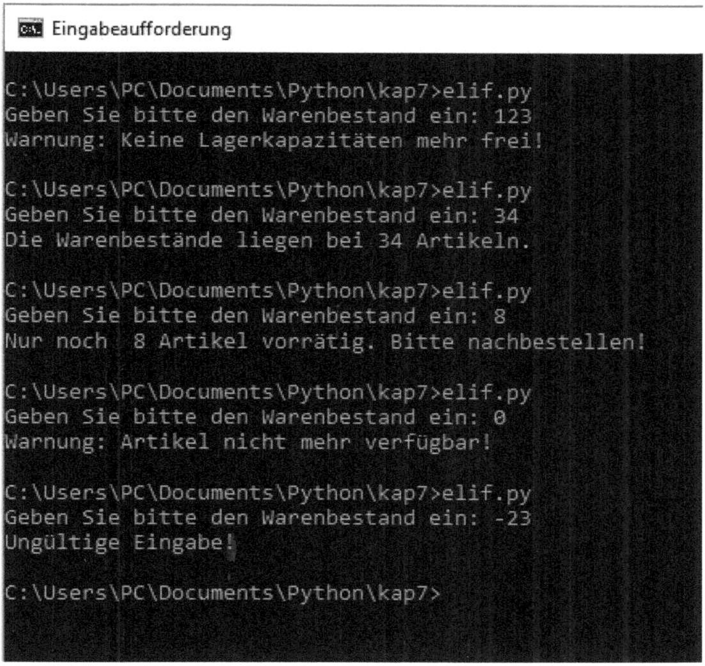

Screenshot 40 Die Ausführung des Programms mit unterschiedlichen Werten

Für ein besseres Verständnis der Abläufe ist es sinnvoll, sich die dritte Bedingung nochmals genau anzuschauen. Diese lautet `elif a > 0`. Das mag auf den ersten Blick verwirrend erscheinen, da dieser Bereich ausgeführt werden soll, wenn der Bestand zwischen 1 und 9 liegt. Dafür wäre eigentlich folgende Bedingung notwendig: `elif a < 10 and a > 0`. Das ist zwar richtig, in diesem Fall jedoch nicht notwendig. Wenn der eingegebene Wert mindestens 10 beträgt, dann trifft entweder die erste oder die zweite Bedingung zu. Das bedeutet, dass wenn das Programm die dritte Abfrage erreicht, der Wert zwingend kleiner als 10 ist. Daher ist es nur noch notwendig, zu überprüfen, ob er größer als 0 ist. Auf diese Weise lässt sich die Bedingung für diese Option etwas einfacher aufstellen.

Nach diesem Schema ist es auch möglich, das Programm weiter zu optimieren. Dafür ist es notwendig, die Positionen der ersten beiden Bedingungen zu tauschen. Für den Bereich zwischen 10 und 100 muss das Programm dann nur noch überprüfen, ob der Wert mindestens 10 beträgt – da für alle Zahlen größer als 100 bereits die erste Bedingung zutrifft. Die Funktionsweise bleibt dabei identisch. Der Code für dieses Programm sieht wie folgt aus:

```
a = eval(input("Geben Sie bitte den Warenbestand ein: "))
if a >= 100:
    print("Warnung: Keine Lagerkapazitäten mehr frei!")
elif a >= 10:
    print("Die Warenbestände liegen bei", a,"Artikeln.")
elif a > 0:
    print("Nur noch ", a, "Artikel vorrätig. Bitte
    nachbestellen!")
elif a == 0:
    print("Warnung: Artikel nicht mehr verfügbar!")
else:
    print("Ungültige Eingabe!")
```

7.5 Übungsaufgabe: eigene Abfragen erstellen

1. Erstellen Sie ein Programm für einen Gebrauchtwagenhändler, das eine Liste mit drei verschiedenen Fahrzeugen und deren Eigenschaften enthält (Vgl. Kapitel 6.1). Das Programm soll daraufhin den Anwender nach einem Maximalpreis fragen, den er höchstens für den Autokauf aufwenden

will. Das Programm soll nun alle Fahrzeuge mit ihren Eigenschaften ausgeben, deren Preis kleiner oder gleich wie der Maximalpreis ist.

2. Schreiben Sie ein Programm, das dem Anwender fünf einfache Rechenaufgaben stellt. Überprüfen Sie die Eingabe. Wenn das Ergebnis richtig ist, erhält der Anwender einen Punkt. Erstellen Sie nach dem Ende der Aufgaben eine Bewertung:

   Bei 0 Punkten: Dringend Nachhilfe benötigt!

   Bei 1 bis 2 Punkten: Viele Fehler: weitere Übung erforderlich!

   Bei 3 bis 4 Punkten: Gute Leistung!

   Bei 5 Punkten: Super! Alle Aufgaben richtig gelöst!

Um die richtige Bewertung auszugeben, sollen elif-Blöcke mit möglichst einfachen Bedingungen zum Einsatz kommen.

Lösungen:

1.

```
fahrzeug1 = ["VW", "Golf", 2011, 5000]
fahrzeug2 = ["Renault", "Clio", 2013, 6000]
fahrzeug3 = ["Porsche", "Panamera", 2014, 25000]
listeFahrzeuge = [fahrzeug1, fahrzeug2, fahrzeug3]

maxpreis = eval(input("Geben Sie bitte den Maximalpreis ein: "))

if listeFahrzeuge[0][3] <= maxpreis:
      print ("Marke: ",listeFahrzeuge[0][0])
      print ("Modell: ",listeFahrzeuge[0][1])
      print ("Baujahr: ",listeFahrzeuge[0][2])
      print ("Preis: ",listeFahrzeuge[0][3], "\n")

if listeFahrzeuge[1][3] <= maxpreis:
      print ("Marke: ",listeFahrzeuge[1][0])
      print ("Modell: ",listeFahrzeuge[1][1])
      print ("Baujahr: ",listeFahrzeuge[1][2])
      print ("Preis: ",listeFahrzeuge[1][3], "\n")

if listeFahrzeuge[2][3] <= maxpreis:
      print ("Marke: ",listeFahrzeuge[2][0])
      print ("Modell: ",listeFahrzeuge[2][1])
      print ("Baujahr: ",listeFahrzeuge[2][2])
      print ("Preis: ",listeFahrzeuge[2][3], "\n")
```

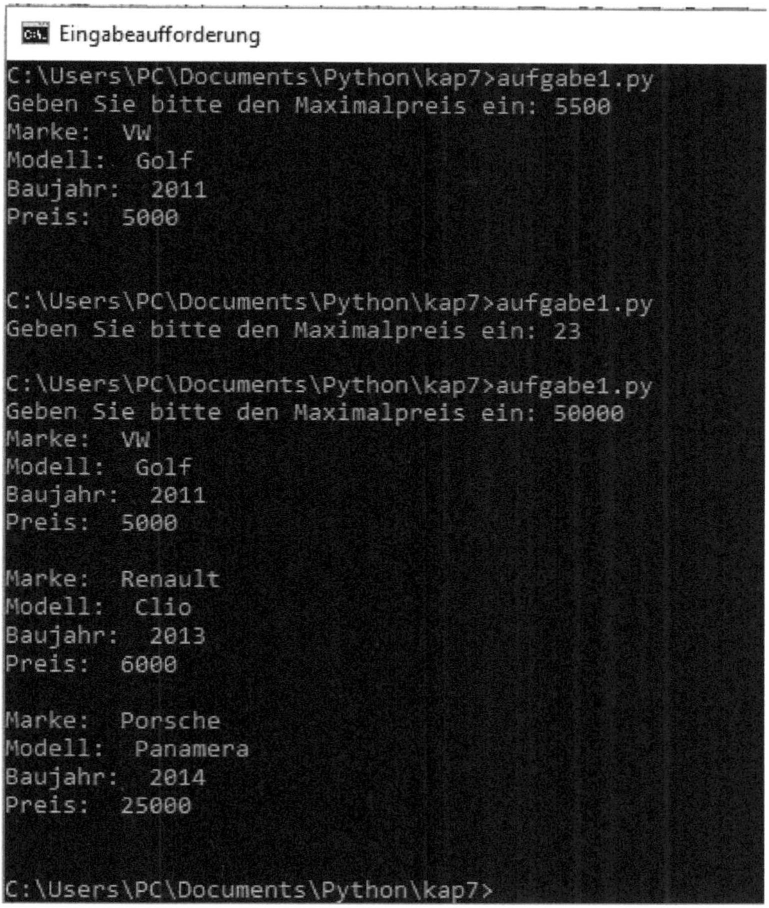

Screenshot 41 Das Verhalten des Programms bei unterschiedlichen Eingaben

2.

```
punkte = 0

ergebnis = eval(input("Aufgabe 1: Was ist das Ergebnis aus 6 +
7? "))
if ergebnis == 13:
     punkte = punkte + 1

ergebnis = eval(input("Aufgabe 2: Was ist das Ergebnis aus 12 -
4? "))
if ergebnis == 8:
     punkte = punkte + 1

ergebnis = eval(input("Aufgabe 3: Was ist das Ergebnis aus 4 *
5? "))
if ergebnis == 20:
     punkte = punkte + 1

ergebnis = eval(input("Aufgabe 4: Was ist das Ergebnis aus 24 /
6? "))
if ergebnis == 4:
     punkte = punkte + 1

ergebnis = eval(input("Aufgabe 5: Was ist das Ergebnis aus 5 +
9 + 24? "))
if ergebnis == 38:
     punkte = punkte + 1

if punkte == 0:
     print ("Dringend Nachhilfe benötigt!")
elif punkte < 3:
     print ("Viele Fehler: weitere Übung erforderlich!")
elif punkte < 5:
     print ("Gute Leistung!")
else:
     print ("Super! Alle Aufgaben richtig gelöst!")
```

```
Eingabeaufforderung

C:\Users\PC\Documents\Python\kap7>aufgabe2.py
Aufgabe 1: Was ist das Ergebnis aus 6 + 7? 13
Aufgabe 2: Was ist das Ergebnis aus 12 - 4? 8
Aufgabe 3: Was ist das Ergebnis aus 4 * 5? 20
Aufgabe 4: Was ist das Ergebnis aus 24 / 6? 4
Aufgabe 5: Was ist das Ergebnis aus 5 + 9 + 24? 38
Super! Alle Aufgaben richtig gelöst!

C:\Users\PC\Documents\Python\kap7>aufgabe2.py
Aufgabe 1: Was ist das Ergebnis aus 6 + 7? 6
Aufgabe 2: Was ist das Ergebnis aus 12 - 4? 8
Aufgabe 3: Was ist das Ergebnis aus 4 * 5? 22
Aufgabe 4: Was ist das Ergebnis aus 24 / 6? 4
Aufgabe 5: Was ist das Ergebnis aus 5 + 9 + 24? 38
Gute Leistung!

C:\Users\PC\Documents\Python\kap7>aufgabe2.py
Aufgabe 1: Was ist das Ergebnis aus 6 + 7? 56
Aufgabe 2: Was ist das Ergebnis aus 12 - 4? 23
Aufgabe 3: Was ist das Ergebnis aus 4 * 5? 11
Aufgabe 4: Was ist das Ergebnis aus 24 / 6? 5
Aufgabe 5: Was ist das Ergebnis aus 5 + 9 + 24? 33
Dringend Nachhilfe benötigt!

C:\Users\PC\Documents\Python\kap7>
```

Screenshot 42 Die Bewertung orientiert sich am erreichten Punktestand.

Alle Programmcodes aus diesem Buch sind als PDF zum Download verfügbar. Dadurch müssen Sie sie nicht abtippen:
https://bmu-verlag.de/books/python/

Außerdem erhalten Sie die eBook Ausgabe zum Buch im PDF Format kostenlos auf unserer Website:

https://bmu-verlag.de/books/python/
Downloadcode: siehe Kapitel 15

Kapitel 8
Schleifen für die Wiederholung bestimmter Programmteile

Computerprogramme sind nur dazu in der Lage, relativ einfache Rechenaufgaben zu verrichten. Für komplexe Aufgaben, wie sie das menschliche Gehirn durchführen kann, sind sie hingegen nicht geeignet. Viele Leser mögen an dieser Stelle einwenden, dass der Computer sehr wohl dazu in der Lage ist, schwierige Aufgaben zu lösen. Das trifft zwar zu, doch ist dies nur möglich, indem das Problem durch einfachere Aufgaben ausgedrückt wird. Durch eine vielfache Wiederholung derselben erzielt der Computer auch für komplexe Sachverhalte eine hinreichende Lösung. An dieser Stelle wird einer der größten Vorteile der Geräte deutlich: ihre enorme Geschwindigkeit. Sie können einfache Rechenaufgaben innerhalb weniger Sekunden Tausende Male wiederholen. Das führt dazu, dass der Anwender den Eindruck erhält, als lösen sie selbst komplexe Aufgaben direkt. Anstatt dessen führen sie jedoch viele einfache Rechenschritte durch, die in ihrer Gesamtheit das gewünschte Ergebnis hervorrufen.

Wenn der Programmierer nun für jeden einzelnen Rechenschritt einen eigenen Befehl einfügen muss, dann wird dieser Vorteil jedoch zunichtegemacht. Das würde bei vielen Tausend Wiederholungen einen so hohen Aufwand mit sich bringen, dass es einfacher wäre, das Ergebnis von Hand zu berechnen. Aus diesem Grund kommen Schleifen zum Einsatz. Diese ermöglichen es, bestimmte Vorgänge automatisch wiederholen zu lassen. Auf diese Weise kann der Computer seine Geschwindigkeitsvorteile voll ausspielen. Schleifen stellen daher einen wichtigen Bestandteil fast aller Programme dar.

8.1 Die while-Schleife: der grundlegende Schleifentyp

Der grundlegende Schleifentyp wird durch den Schlüsselbegriff `while` eingeleitet. Die Struktur der `while`-Schleife ist sehr ähnlich wie bei einer `if`-Abfrage

```
while Bedingung:
    Befehle werden ausgeführt, solange die Bedingung zutrifft.
```

Die `if`-Abfrage überprüft jedoch nur ein einziges Mal, ob die Bedingung erfüllt ist. Trifft das zu, führt sie den entsprechenden Block aus. Ist die Bedingung nicht erfüllt, überspringt sie diesen Teil. Danach wird in jedem Fall der nächste Programmteil ausgeführt. Der Vorgang bei der `while`-Schleife ist zunächst genau gleich: Sie überprüft die Bedingung und führt die Befehle aus, wenn diese zutrifft. Der Unterschied zur `if`-Abfrage besteht jedoch darin, dass die `while`-Schleife nach der Ausführung zum Anfang zurückspringt und die Bedingung erneut überprüft. Trifft sie immer noch zu, führt sie den Schleifenkörper erneut aus – so lange, bis die Bedingung nicht mehr erfüllt ist.

Ein kleines Beispielprogramm soll die Zahlen von 1 bis 100 mit einer `while`-Schleife ausgeben:

```
n = 1
while n <= 100:
    print (n)
    n = n + 1
```

Screenshot 43 Die Ausgabe der Zahlen

Zunächst ist es notwendig, einen Startwert zu definieren. Danach folgt die `while`-Schleife mit der Bedingung, dass der entsprechende Wert kleiner oder gleich 100 sein muss. Danach steht der `print`-Befehl für die Ausgabe des Werts. Anschließend wird dieser um 1 erhöht. Die Schleife führt diese Aufgabe so lange durch, bis der Wert 100 erreicht hat. Danach ist die Bedingung nicht mehr erfüllt, sodass es zu einem Abbruch kommt. Wenn man sich überlegt, wie viel Zeit man benötigen würde, um diese Zahlen von Hand zu schreiben, wird deutlich, welchen Geschwindigkeitsvorteil der Computer bei diesen einfachen Aufgaben hat.

Bei einer `while`-Schleife ist es wichtig, dass sie zu einem bestimmten Zeitpunkt beendet wird. Sonst kommt es zu einer Endlosschleife. Dafür sollte in der Regel mindestens eine Variable, die für die Bedingung zum Einsatz kommt, auch im Schleifenkörper auftauchen. Dabei muss ihr Wert so verändert werden, dass es möglich ist, dass sie die Bedingung nicht mehr erfüllt. In diesem Beispiel ist dies der Fall: Die Bedingung bezieht sich auf die Variable n, die im Schleifenkörper bei jedem Durchlauf erhöht wird. So ist sichergestellt, dass sie nach einer bestimmten Anzahl an Durchläufen größer als 100 ist, was zum Abbruch der Schleife führt.

Da es gerade bei Schleifen sehr häufig notwendig ist, einen Wert um eine fest vorgegebene Zahl zu erhöhen, gibt es hierfür auch einen einfacheren Ausdruck. Anstatt `n = n + 1` zu schreiben, wäre es auch möglich, `n + = 1` zu verwenden. Die Funktion wird durch diese kürzere Schreibweise nicht verändert.

Bei diesem Beispiel steht die Anzahl der gewünschten Durchläufe bereits von Anfang an fest. Es gibt jedoch auch Programme, bei denen die Anzahl der Durchläufe von den Eingaben des Nutzers abhängt. Das folgende Programm soll den Anwender zur Eingabe einer Zahl auffordern und daraufhin das Doppelte des Werts berechnen. Nachdem es diese Aufgabe durchgeführt hat, soll es den Nutzer jedoch fragen, ob er eine weitere Berechnung durchführen will. Gibt er “ja” ein, wiederholt es die Ausführung. Gibt er “nein” (oder einen anderen Wert) ein, bricht es die Schleife ab:

```
weiter = "ja"
while weiter == "ja":
	zahl = eval(input("Welche Zahl möchten Sie verdoppeln? "))
	print("Doppelter Wert: ", zahl * 2)
	weiter = input ("Möchten Sie fortfahren? (ja/nein)")
```

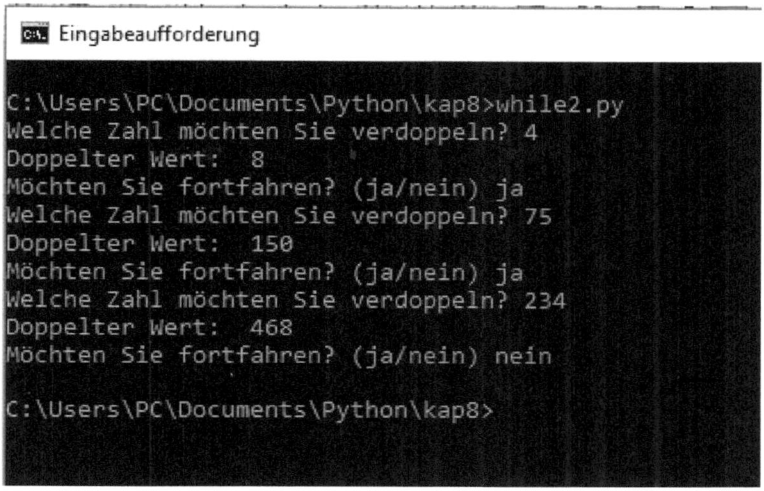

Screenshot 44 Die Ausführung der Schleife hängt von den Eingaben des Anwenders ab.

8.2 Die for-Schleife: ein mächtiges Instrument in Python

Die `while`-Schleife stellt den grundlegenden Schleifentyp in Python dar, da es hierbei möglich ist, die Bedingungen und die Veränderung der Variablen vollkommen frei zu bestimmen. Auf diese Weise ist es möglich, den Ablauf individuell genau an die Vorgaben anzupassen. Es gibt jedoch viele Anforderungen an eine Schleife, die immer wieder vorkommen – beispielsweise eine komplette Liste auszugeben oder eine Schleife mit einer fest vorgegebenen Anzahl an Durchläufen auszuführen. Diese Aufgaben lassen sich auch mit einer `while`-Schleife erfüllen. Doch gibt es auch noch eine weitere Möglichkeit, die den Aufwand in der Regel deutlich reduziert: die `for`-Schleife.

Um das zu verdeutlichen, soll ein Programm erstellt werden, das eine Liste komplett ausgibt. Wenn man hierfür eine `while`-Schleife verwendet, muss man zunächst einen Zähler definieren und diesen auf 0 setzen. Die Bedingung muss so gestaltet werden, dass die Schleife ausgeführt wird, solange der Zähler kleiner als die Größe der Liste ist. Wenn man genau weiß, wie viele Elemente die Liste beinhaltet, ist das eine relativ einfache Aufgabe. Das ist jedoch häufig nicht der Fall. Wenn die Länge der Liste unbekannt ist, muss man diese zunächst mit der Funktion `len()` ermitteln. Danach ist es notwendig, den Inhalt mit dem Index des Zählers auszugeben. Anschließend muss der Zähler erhöht werden:

```
liste = [3, 6, 123, 54, 927]
i = 0
while i < len(liste):
     print (liste[i])
     i += 1
```

Mit einer `for`-Schleife lässt sich das Ganze etwas abkürzen. Hierfür ist es lediglich notwendig, den Schlüsselbegriff `for` zu verwenden, anschließend eine Variable für die Aufnahme des entsprechenden Feldes der Liste einzufügen und daraufhin den Schlüsselbegriff `in` und den Namen der Liste einzufügen. Im Schleifenkörper ist der Zugriff dann ganz einfach über die soeben definierte Variable möglich:

```
liste = [3, 6, 123, 54, 927]
for inhalt in liste:
     print (inhalt)
```

Besonders praktisch ist die `for`-Schleife bei der Verwendung von Dictionaries. Hierbei ist es für den Zugriff notwendig, den entsprechenden Schlüssel zu kennen. Daher ist es nicht wie bei einer Liste möglich, einfach nummerische Werte zu verwenden. Das macht die Verwendung einer `while`-Schleife in diesem Fall sehr kompliziert. Eine `for`-Schleife lässt sich hingegen beinahe genauso einfach anwenden wie bei einer Liste:

```
dic = {"Marke":"VW","Modell":"Golf","Baujahr":2011,"Preis":5000}
for inhalt in dic:
     print (inhalt, dic[inhalt])
```

Dabei ist es lediglich wichtig, zu beachten, dass die entsprechende Variable den Schlüsselbegriff aufnimmt und nicht den Inhalt des Felds. Um auf diesen zuzugreifen ist es daher notwendig, das entsprechende Feld des Dictionarys mit den ausgegebenen Schlüsselbegriff als Index zu bestimmen.

Die `for`-Schleife ist für die Ausgabe von Listen zwar ausgesprochen praktisch, doch birgt sie auch ein kleines Problem. Das wird deutlich, wenn man die Inhalte der Liste verändern will. Das folgende Programm soll auf jedes einzelne Feld einer Liste zugreifen und es verdoppeln. Daraufhin soll es den Inhalt der Liste – die zu diesem Zeitpunkt bereits überarbeitet sein und daher die doppelten Werte aufweisen sollte – erneut ausgeben.

```
liste = [3, 6, 123, 54, 927]
print (liste)
for inhalt in liste:
    inhalt = inhalt * 2
print (liste)
```


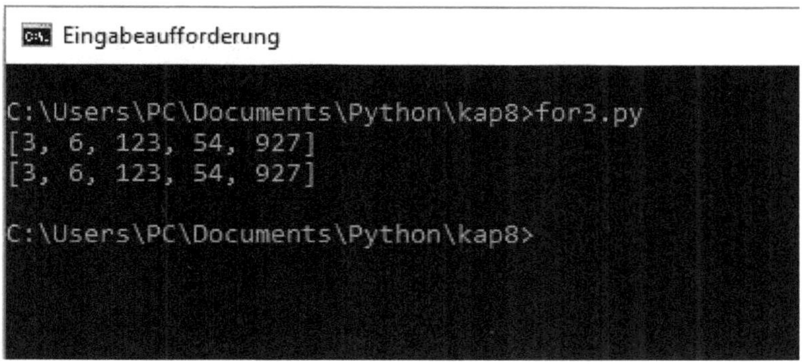

Screenshot 45 Der Inhalt der Liste bleibt unverändert.

Wenn man dieses Programm ausführt, wird sofort deutlich, dass es die gewünschte Funktion nicht ausführt. Die Liste bleibt unverändert. Der Grund hierfür besteht darin, dass die `for`-Schleife keinen direkten Zugriff auf das entsprechende Feld der Liste bietet. Anstatt dessen erstellt es eine Kopie von dessen Inhalt. Wenn man lediglich die Werte ausgeben will, dann stellt das kein Problem dar, da die Kopie identisch ist. Wenn man hingegen den Wert verändern möchte, ändert das Programm lediglich den Wert der Kopie. Die ursprüngliche Liste bleibt hingegen unverändert.

Wenn man die Werte der Felder innerhalb der Liste verändern will, ist es notwendig, direkt auf diese zuzugreifen. Das ist mit einer `while`-Schleife relativ einfach möglich. Wenn man jedoch eine `for`-Schleife verwenden will, ist es notwendig, den `enumerate`-Befehl zu nutzen. Dieser gibt eine Liste zurück, die Tupels enthält. Diese bestehen wiederum aus der Indexnummer eines Feldes und dem zugehörigen Inhalt. Wenn man nur auf den Index zugreifen will, muss man das Feld 0 des Tupels verwenden, der Inhalt steht im Feld 1:

```
liste = [3, 6, 123, 54, 927]
print (liste)
for inhalt in enumerate(liste):
     liste[inhalt[0]] = inhalt[1] * 2
print (liste)
```

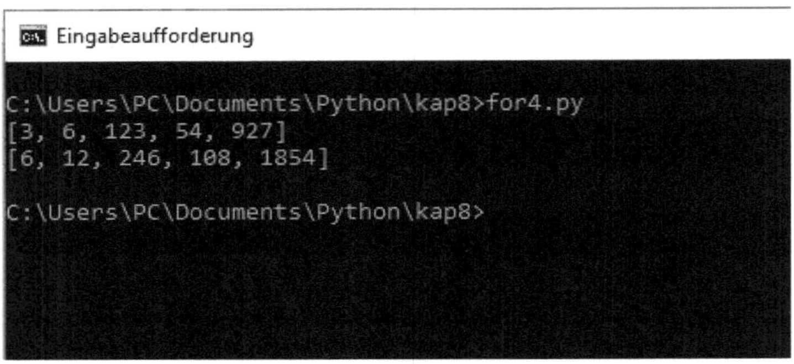

Screenshot 46 Jetzt wird der Inhalt der Liste verändert.

Dieses Beispiel zeigt deutlich, dass es nicht immer sinnvoll ist, eine `for`-Schleife zu verwenden. Insbesondere wenn man die Inhalte einer Liste oder einer anderen Datenstruktur verändern will, ist es häufig einfacher, eine `while`-Schleife für das Programm zu nutzen.

Ein weiterer Anwendungsfall, in dem die Verwendung der `for`-Schleife sehr sinnvoll ist, stellt die Wiederholung eines Vorgangs mit einer fest vorgegebenen Anzahl dar. Ein Beispiel hierfür wäre die erste `while`-Schleife aus Kapitel 8.1. Diese lässt sich mit einer `for`-Schleife deutlich kürzer gestalten, ohne die Funktion zu verändern:

```
for n in range(100):
      print (n+1)
```

Die `range`-Funktion gibt eine Liste zurück, die die Werte von 0 bis zur letzten Zahl vor dem angegebenen Wert enthält. Da jedoch nicht die Werte von 0 bis 99 sondern von 1 bis 100 ausgegeben werden sollen, ist es im `print`-Befehl notwendig, den Wert jeweils um 1 zu erhöhen.

Alternativ dazu ist es möglich, die `range`-Funktion anzupassen. Wenn man hierbei innerhalb der Klammer nicht nur eine Zahl, sondern zwei durch ein Komma getrennte Werte angibt, dann gibt die Funktion alle Werte von der ersten Zahl bis zur letzten Zahl vor dem zweiten Wert aus. Um eine Liste von 1 bis 100 zu erstellen, wäre demnach folgender Befehl notwendig: `range (1, 101)`.

Darüber hinaus ist es möglich, einen dritten Wert anzugeben. Dieser bestimmt die Schrittgröße. Wenn man beispielsweise nur jede zweite Zahl ausgeben will, wäre folgender Befehl notwendig: `range (1, 101, 2)`. Dabei ist es auch möglich, negative Werte zu verwenden. In diesem Fall zählt die Funktion rückwärts. Dabei ist es wichtig, darauf zu achten, dass in diesem Fall die erste Zahl größer sein muss als die zweite – sonst kommt es zu einem Fehler.

8.3 break und continue: weitere Werkzeuge für die Steuerung von Schleifen

Es gibt Programme, bei denen eine Schleife nicht immer komplett ausgeführt werden soll. Wenn ein bestimmtes Ereignis eintritt, soll sie vorzeitig beendet werden. Beispielsweise ist es möglich, zu überprüfen, ob eine Liste einen gewünschten Wert enthält. Sobald dieser gefunden wurde, ist es nicht mehr notwendig, die Schleife fortzuführen. Daher soll sie abgebrochen werden. Hierzu dient der Befehl `break`:

```
liste = [12, 18, 3, 6, 46, 234, 23]

wert = eval(input("Welcher Wert soll gesucht werden? "))
for n in liste:
     if n == wert:
          print ("Die Zahl wurde gefunden.")
          break
     print (n)
```

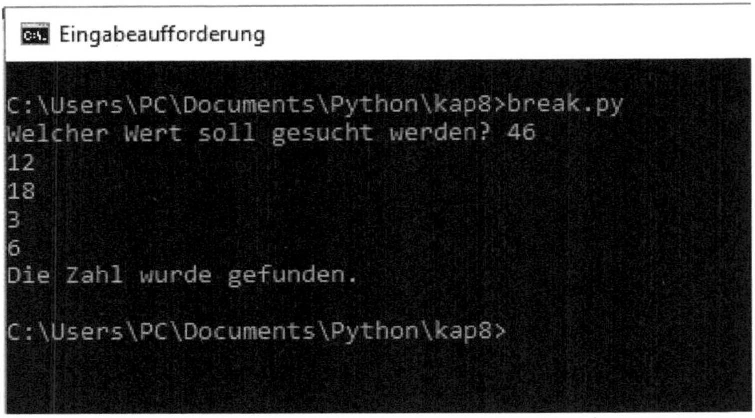

Screenshot 47 Sobald die gewünschte Zahl gefunden wurde, wird das Programm beendet.

Dieses Programm gleicht die Werte in der Liste mit der Eingabe des Nutzers ab. Stimmen sie nicht überein, gibt es den Inhalt einfach aus. Wenn die Zahl gefunden wurde, gibt es eine Erfolgsmeldung aus und beendet die Schleife vorzeitig. Die Zahlen, die auf das entsprechende Feld folgen, werden daher nicht mehr ausgegeben.

In manchen Fällen ist es erwünscht, dass das Programm eine bestimmte Aktion durchführt, wenn der `break`-Befehl nicht ausgelöst wird. In diesem Fall wäre es beispielsweise sinnvoll, dem Nutzer anzuzeigen, dass die entsprechende Zahl nicht gefunden wurde, wenn sie nicht in der Liste enthalten ist. Hierfür kommt ein `else`-Block zum Einsatz. Dieser wird dann ausgeführt, wenn die komplette Liste durchlaufen wurde, ohne dass der `break`-Befehl ausgelöst wurde.

```
liste = [12, 18, 3, 6, 46, 234, 23]

wert = eval(input("Welcher Wert soll gesucht werden? "))
for n in liste:
    if n == wert:
        print ("Die Zahl wurde gefunden.")
        break
    print (n)
else:
    print("Die Zahl ist nicht in der Liste enthalten")
```

Eine weitere Möglichkeit, um die Ausführung einer Schleife zu beeinflussen, stellt die `continue`-Anweisung dar. Diese bewirkt, dass die übrigen Befehle im Schleifenkörper nicht mehr ausgeführt werden. Anstatt dessen springt das Programm wieder zum Beginn der Schleife zurück und führt den nächsten Durchgang durch.

Als Beispiel hierfür soll ein Programm dienen, das eine vom Benutzer eingegebene Zahl durch alle Werte einer Liste teilt. Das ist jedoch nur möglich, wenn der Wert in der Liste ungleich 0 ist. Daher soll das Programm zunächst überprüfen, ob das entsprechende Feld der Zahl 0 entspricht. Ist dies der Fall, soll es eine Benachrichtigung über diesen Fehler ausgeben und mit dem nächsten Durchlauf fortfahren:

```
liste = [12, 18, 3, 6, 0, 46, 234, 23]
wert = eval(input("Welcher Wert soll dividiert werden? "))
for n in liste:
    if n == 0:
    print ("Fehler: Zahlen dürfen nicht durch 0 geteilt
    werden")
    continue
    print (wert/n)
```

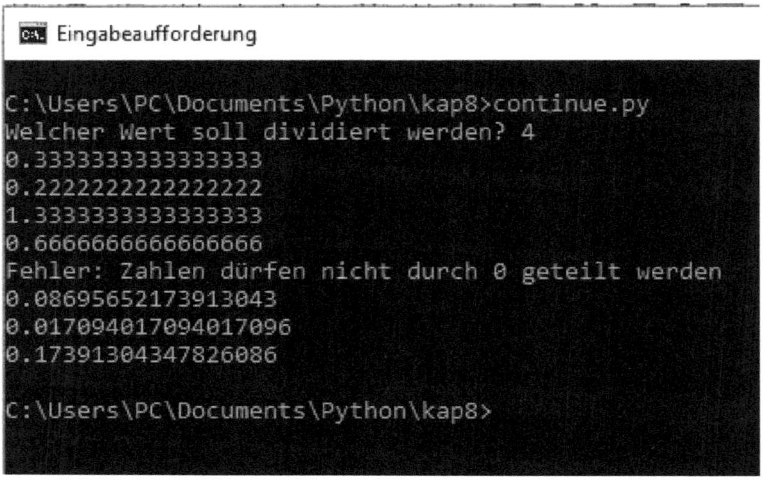

Screenshot 48 Die continue-Anweisung springt wieder zum Beginn der Schleife.

8.4 Übungsaufgabe: mit verschiedenen Schleifen arbeiten

1. Erstellen Sie ein Programm, das die Quadratzahlen von 1 bis 10 ausgibt. Verwenden Sie hierfür einmal eine `while`-Schleife und einmal eine `for`-Schleife.

2. Erstellen Sie eine Liste mit 10 Städten. Geben Sie den gesamten Inhalt der Liste einmal mit einer `while`- und einmal mit einer `for`-Schleife aus.

3. Betrachten sie nochmals das Programm aus Kapitel 8.1., das eine durch den Anwender eingegebene Zahl verdoppelt. Schreiben Sie ein Programm, das genau die gleiche Funktion erfüllt, das als Bedingung jedoch den Ausdruck "True" verwendet. Dieser trifft immer zu. Verwenden Sie einen `break`-Befehl, um die Ausführung abzubrechen, wenn der Anwender dies wünscht.

Lösungen:

1.

Mit while-Schleife:

```
n = 1
while n <= 10:
     print("Quadrat von ", n, ": ", n * n)
     n += 1
```

Mit for-Schleife:

```
for n in range(1, 11):
     print("Quadrat von ", n, ": ", n * n)
```


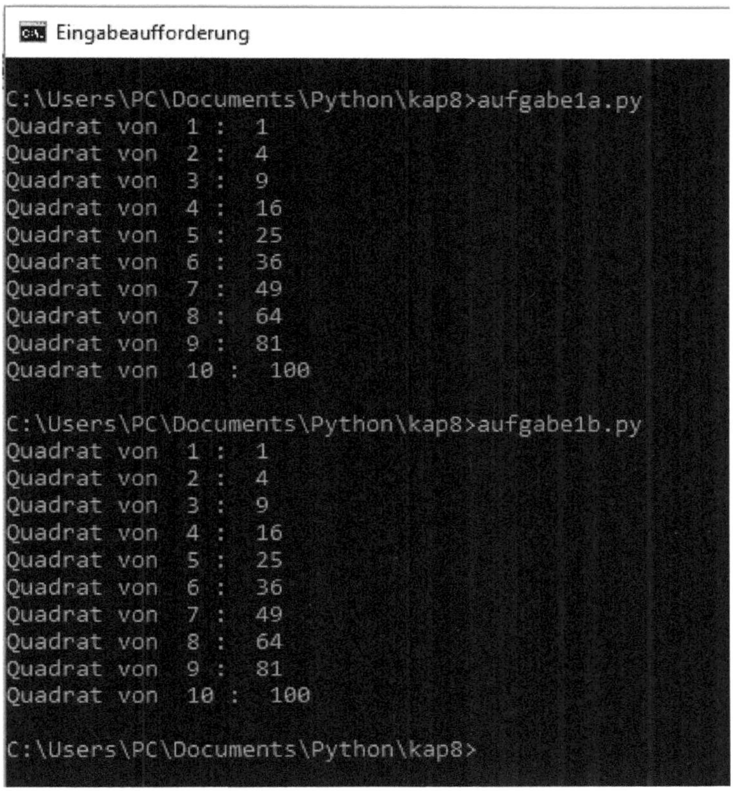

Screenshot 49 Identische Ausgabe bei beiden Schleifenarten

2.

Mit while-Schleife:

```
staedte = ["Berlin", "Hamburg", "Köln", "Stuttgart",
"Düsseldorf",
"Frankfurt", "München", "Bremen", "Hannover", "Dresden"]
i = 0
while i < 10:
      print(staedte[i])
      i += 1
```

Mit for-Schleife:

```
staedte = ["Berlin", "Hamburg", "Köln", "Stuttgart",
"Düsseldorf",
"Frankfurt", "München", "Bremen", "Hannover", "Dresden"]
for stadt in staedte:
      print(stadt)
```

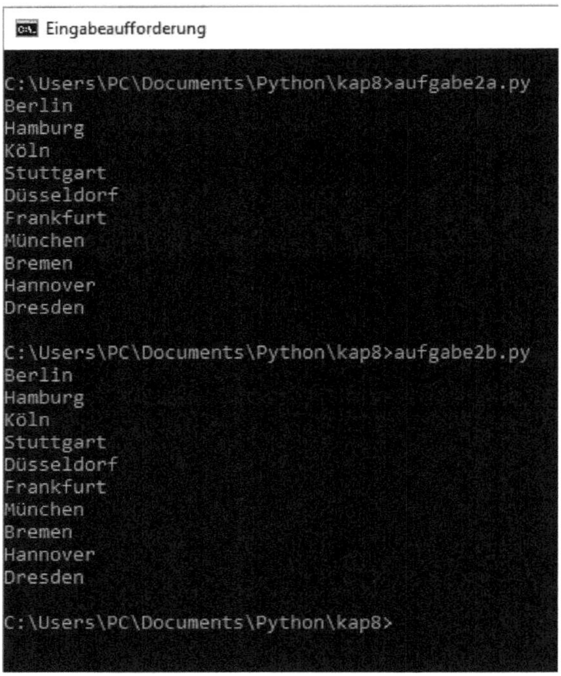

Screenshot 50 Auch hier sieht man keine Unterschiede zwischen den beiden Schleifen.

3.

```
while True:
      zahl = eval(input("Welche Zahl möchten Sie verdoppeln? "))
      print("Doppelter Wert: ", zahl * 2)
      weiter = input ("Möchten Sie fortfahren? (ja/nein) ")
      if weiter != "ja":
            break
```

Screenshot 51 Die Schleife wird so lange wiederholt, wie der Anwender "ja" eingibt.

Alle Programmcodes aus diesem Buch sind als PDF zum Download verfügbar. Dadurch müssen Sie sie nicht abtippen:
https://bmu-verlag.de/books/python/

Außerdem erhalten Sie die eBook Ausgabe zum Buch im PDF Format kostenlos auf unserer Website:

https://bmu-verlag.de/books/python/
Downloadcode: siehe Kapitel 15

Kapitel 9
Funktionen in Python

In vielen Computerprogrammen ist es notwendig, die gleiche oder eine sehr ähnliche Aufgabe mehrmals durchzuführen. Der Code, der dafür zum Einsatz kommt, ist jedes Mal beinahe identisch. Diese Ähnlichkeit führt dazu, dass es nicht jedes Mal aufs Neue notwendig ist, die einzelnen Befehle einzutippen. Anstatt dessen ist es möglich, den entsprechenden Abschnitt in eine Funktion auszulagern. Daraufhin muss man nur noch den Funktionsnamen in das Hauptprogramm schreiben, um diesen Programmteil auszuführen. Funktionen sind ausgesprochen nützlich und stellen einen wichtigen Bestandteil vieler Computerprogramme dar.

9.1 Die Vorteile einer Funktion

Einer der wesentlichen Vorteile einer Funktion wurde bereits im vorherigen Abschnitt angesprochen: Sie spart viel Arbeit beim Programmieren. Umfangreiche Programme rufen manche Funktionen mehrere Hundert Male auf. Wenn man den Code anstatt dessen jedes Mal von Hand eingeben müsste, wäre der zusätzliche Aufwand enorm.

Das ist jedoch nicht der einzige Vorteil, den die Verwendung von Funktionen bietet. Darüber hinaus trägt sie zu einem übersichtlichen Programmcode bei. Wenn man alle notwendigen Befehle einfach ins Hauptprogramm schreibt, wird der Code sehr lang. Das macht es schwierig, ihn zu überblicken. Darüber hinaus teilen die Funktionen das Programm in funktionale Einheiten ein. In der Regel kommen dabei Namen zum Einsatz, die den Zweck der Funktion wiedergeben. Wenn man dann im Hauptprogramm den Aufruf der Funktion sieht, weiß man daher bereits auf den ersten Blick, wozu diese dient – ohne dass es dafür notwendig ist, alle einzelnen Befehle durchzulesen. Auf diese Weise ist es deutlich einfacher, die Struktur und den grundsätzlichen Ablauf des Programms zu verstehen.

Darüber hinaus erleichtert die Verwendung von Funktionen die Teamarbeit erheblich. Bei größeren Projekten arbeiten häufig mehrere Programmierer zusammen. Wenn dabei lediglich ein zentrales Hauptprogramm verwendet wird, müssten alle Team-Mitglieder am gleichen Code arbeiten. Das würde jedoch große Probleme mit sich bringen, da die Arbeit eines Programmierers die Tätigkeit eines anderen beeinflussen kann. Daher ist es sinnvoll, die Arbeit in einzelne Funktionen zu unterteilen. Bei einer Teambesprechung wird definiert, welche Funktionen das Programm aufrufen soll und welche Aufgabe diese zu verrichten haben. So kann sich jeder Mitarbeiter seiner eigenen Funktion widmen, ohne dass dabei Probleme entstehen.

Schließlich vereinfachen Funktionen die Wartung eines Programms. Wenn ein bestimmter Ablauf angepasst werden muss, ist es dafür lediglich notwendig, die entsprechende Funktion anzupassen. Wenn die Befehle hingegen alle im Hauptprogramm wiederholt werden, wäre der Aufwand für diese Anpassung deutlich höher. Aufgrund der genannten Vorteile ist es beim Programmieren sehr zu empfehlen, Funktionen zu verwenden.

9.2 Eine Funktion selbst erstellen

Vorerst wird die Funktion in die gleiche Datei wie das Hauptprogramm geschrieben. Bei umfangreicheren Programmen ist dies jedoch nicht zu empfehlen. Hierbei sollte jede Funktion in einer eigenen Datei stehen. Für den Beginn ist es jedoch einfacher, sie einfach in die gleiche Datei zu schreiben. Um eine Funktion zu erstellen, ist der Schlüsselbegriff def notwendig. Dieser zeigt an, dass es sich hierbei um eine Funktion handelt, die nicht zum Hauptprogramm gehört. Der Interpreter überspringt diesen Bereich daher zunächst und steigt direkt im Hauptprogramm ein.

Nach dem Begriff `def` folgt der Name der Funktion. Dieser ist im Prinzip frei wählbar. Die Regel für die Namensvergabe sind dabei die gleichen wie bei Variablen. Es ist wichtig, dass jeder Funktionsname nur ein einziges Mal vergeben wird. Es ist empfehlenswert, den Namen so zu wählen, dass die Aufgabe der Funktion bereits auf den ersten Blick ersichtlich wird. Das sorgt für einen übersichtlichen und leicht zu verstehenden Programmcode.

Danach folgt eine runde Klammer. Diese ist bei einfachen Funktionen leer. Über den Inhalt der Klammer ist es jedoch auch möglich, der Funktion Werte aus dem Hauptprogramm zu übermitteln. Wie das funktioniert, wird in Kapitel 9.3. beschrieben. Es ist jedoch wichtig, zu beachten, dass diese Klammer einen elementaren Bestandteil der Funktion darstellt. Daher ist es immer notwendig, sie einzufügen – selbst wenn keine Werte übergeben werden. In diesem Fall bleibt die Klammer einfach leer. Fehlt sie jedoch vollständig, führt das zu einer Fehlermeldung. Nach der Klammer muss ein Doppelpunkt stehen.

Danach folgt der Körper der Funktion. Dieser muss genau wie bei Schleifen oder `if`-Abfragen eingerückt sein. Dabei ist es möglich, beliebig viele Befehle einzufügen. Wenn man die Funktion beenden und das Hauptprogramm beginnen will, ist es lediglich notwendig, die nächsten Befehle ohne die Einrückung zu schreiben. Die Struktur einer Funktion sieht demnach wie folgt aus:

```
def funktionsname (evtl. Übergabewerte):
    Befehle
```

Diese Struktur soll nun in einem einfachen Beispiel in die Praxis umgesetzt werden. Die Funktion, die entstehen soll, gibt lediglich eine einfache Begrüßungsfloskel aus. In einem realen Programm kommen solche Begrüßungsfloskeln häufig an mehreren Stellen zum Einsatz. Indem man sie in eine Funktion auslagert, muss man sie nicht jedes Mal erneut schreiben.

Der Name der Funktion soll dazu passend `begruessung` lauten. Die Übergabe eines Werts aus dem Hauptprogramm ist dabei nicht erforderlich. Daher bleibt die Klammer leer.

Um die Funktion aus dem Hauptprogramm aufzurufen, ist es lediglich notwendig, ihren Namen zu nennen und anschließend eine leere Klammer zu setzen. Das Programm sieht daher wie folgt aus:

```
def begruessung ():
     print ("Herzlich Willkommen")

begruessung ()
```

Bei der Ausführung kommt es lediglich zur Ausgabe der Begrüßungsfloskel auf dem Bildschirm.

9.3 Argumente für Funktionen verwenden

Funktionen wie im vorherigen Abschnitt, die stets eine vollkommen identische Aufgabe durchführen, kommen relativ selten vor. Häufig sollen sie einen bestimmten Wert aus dem Hauptprogramm verwenden und den Ablauf an diesen anpassen. Nun könnte man auf die Idee kommen, einfach eine Variable im Hauptprogramm zu erstellen und auf diese dann innerhalb der Funktion zuzugreifen. Das ist in Python – im Gegensatz zu vielen anderen Programmiersprachen – zwar möglich, allerdings nicht zu empfehlen. Das kann leicht zu Fehlern führen. Wenn man nämlich innerhalb der Funktion eine Variable mit dem gleichen Namen definiert oder lediglich versucht, ihren Wert zu ändern, entstehen zwei unterschiedliche Variablen: Eine davon ist nur innerhalb der Funktion gültig und die andere im Hauptprogramm. Zum anderen ist es bei dieser Vorgehensweise schwierig, die Funktion in eine eigene Datei auszulagern. In diesem Fall stehen die Variablen aus dem Hauptprogramm nämlich nicht mehr zur Verfügung. Schließlich wäre es auf diese Weise problematisch, die Funktion in anderen Programmteilen zu verwenden, die eventuell andere Bezeichnungen verwenden. Aus diesem Grund ist es empfehlenswert, auf diese Vorgehensweise zu verzichten.

Anstatt dessen ist es sinnvoll, die Klammer zu verwenden, die bislang leer geblieben ist. Diese dient genau dem Zweck, einen Wert aus dem Hauptprogramm an die Funktion zu überreichen. Bei der Definition der Funktion ist es lediglich notwendig, einen neuen Variablennamen in die Klammer zu schreiben. Unter dieser Bezeichnung ist es daraufhin möglich, auf den Wert zuzugreifen. Wenn man die Funktion dann im Hauptprogramm aufruft, ist es erforderlich, den entsprechenden Wert in die Klammer zu schreiben.

Um dies zu veranschaulichen, soll ein Programm entstehen, das eine ähnliche Begrüßungsfloskel ausgibt wie im vorherigen Abschnitt. Diese soll nun jedoch eine personalisierte Anrede enthalten, die das Hauptprogramm an die Funktion übermittelt:

```
def begruessung (name):
    print ("Herzlich Willkommen,", name)

begruessung ("Tobias")
```

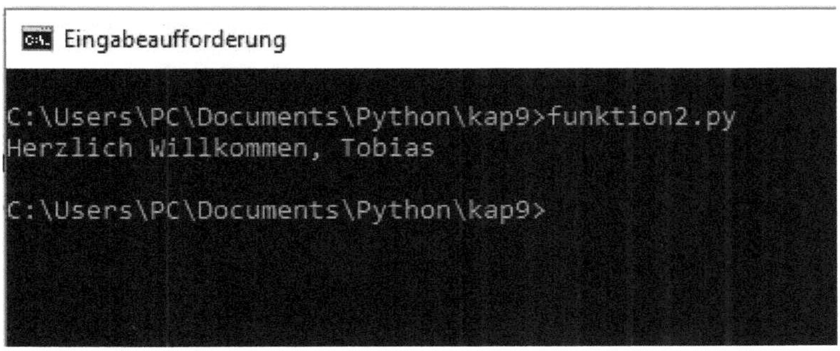

Screenshot 52 Jetzt gibt die Funktion eine personalisierte Begrüßung aus.

Wenn man die Funktion aus dem Hauptprogramm aufruft, erhält sie den String-Wert "Tobias". Die erste Zeile der Funktion weist diesen Wert der Variablen `name` zu. Daraufhin ist es ganz einfach, die entsprechende Begrüßung mit einem `print`-Befehl auszugeben.

In den meisten Fällen wird beim Aufruf der Funktion nicht ein konkreter Wert angegeben, sondern eine Variable. Auf diese Weise lässt sich der Ablauf an die Werte der Variablen im Hauptprogramm anpassen. So ist es beispielsweise ganz einfach möglich, den Benutzer nach seinem Namen zu fragen und anschließend eine personalisierte Begrüßung auszugeben:

```
def begruessung (name):
    print ("Herzlich Willkommen,", name)

eingabe = input("Geben Sie bitte Ihren Namen ein: ")
begruessung (eingabe)
```

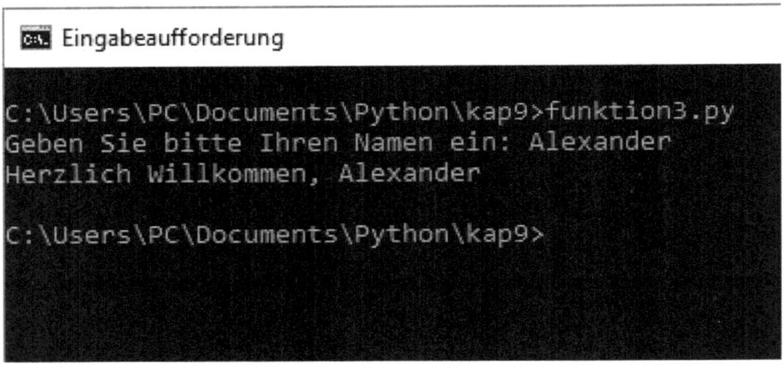

Screenshot 53 Jetzt orientiert sich die persönliche Begrüßung an der Eingabe des Anwenders.

In den bisherigen Beispielen handelte es sich bei den Übergabewerten stets um Zeichenketten. Darüber hinaus kommen jedoch noch viele weitere Möglichkeiten infrage: Zahlenwerte der Typen integer oder float, Listen, Tupel, Dictionaries und alle weiteren Datentypen und -strukturen, die Python unterstützt.

Darüber hinaus ist es nicht nur möglich, mit einem einzelnen Übergabewert zu arbeiten. Es ist auch möglich, mehrere Werte an die Funktion zu übergeben. Dazu ist es lediglich notwendig, sie durch ein Komma zu trennen. Die Werte werden den Variablen in der Funktionsdefinition dann in der gleichen Reihenfolge zugewiesen, wie beim Aufruf der Funktion:

```
def begruessung (name, zahl):
      print ("Herzlich Willkommen,", name)
      print ("Die eingegebne Zahl lautet", zahl)

eingabe1 = input("Geben Sie bitte Ihren Namen ein: ")
eingabe2 = eval(input("Geben Sie eine Zahl ein: "))
begruessung (eingabe1, eingabe2)
```

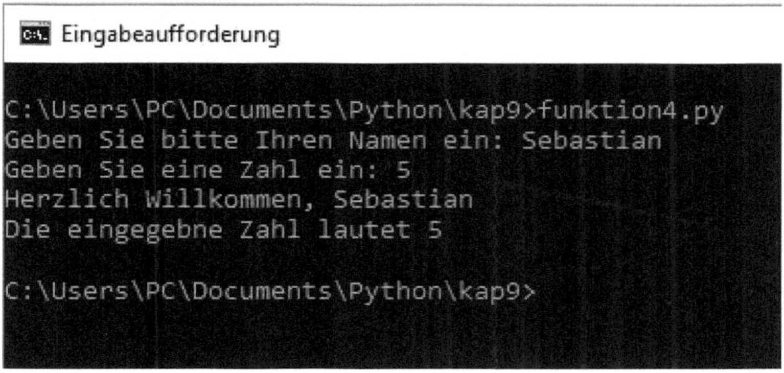

Screenshot 54 In diesem Programm erhält die Funktion zwei Übergabewerte

Bei diesem Beispiel ist es notwendig, der Funktion genau zwei Werte zu übergeben – genau so viele Werte, wie in der Funktionsdefinition innerhalb der Klammer angegeben sind. Übergibt man hierbei nur einen Wert, führt das zu einem Fehler.

Allerdings gibt es auch Funktionen, die mit einer variablen Anzahl an Übergabewerten arbeiten können. Dazu ist es lediglich notwendig, in der Funktionsdefinition direkt hinter den Variablennamen ein Gleichheitszeichen zu setzen und einen Standardwert vorzugeben. Wenn das Hauptprogramm ein entsprechendes Argument übergibt, nimmt die Variable dessen Wert an. Tut es das nicht, verwendet sie den Standardwert:

```
def personendaten (name = "unbekannt", wohnort = "unbekannt",
alter = "unbekannt"):
      print ("Name:", name)
      print ("Wohnort:", wohnort)
      print ("Alter:", alter)
```

```
personendaten ()
personendaten ("Herbert Müller")
personendaten ("Herbert Müller", "Frankfurt")
personendaten ("Herbert Müller", "Frankfurt", 57)
personendaten (wohnort = "Frankfurt")
```

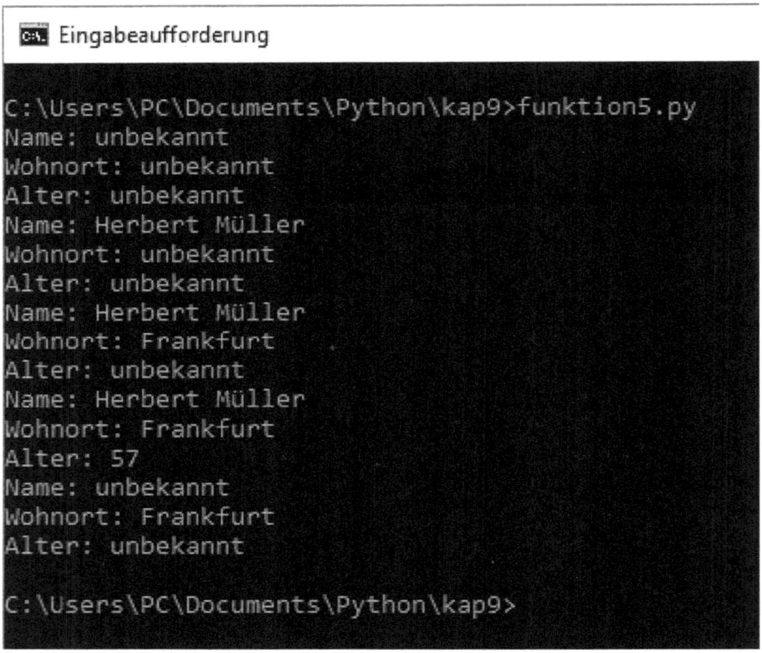

Screenshot 55 Eine Funktion mit Standardwerten

In diesem Fall ist es möglich, der Funktion einen, zwei, drei oder überhaupt keinen Wert zu übergeben. Die Werte, die nicht angegeben werden, werden automatisch durch den Standardwert ersetzt. Wenn man einfach Werte ohne weitere Angaben eingibt, verwendet die Funktion diese in der entsprechenden Reihenfolge. Wenn man allerdings keinen Wert für den Namen, jedoch einen Wert für den Wohnort eingeben will, wird die Reihenfolge durcheinandergebracht. Daher ist es notwendig, beim Aufruf der Funktion anzugeben, auf welchen Parameter sich die Eingabe bezieht – in diesem Fall durch `wohnort = "Frankfurt"`, wie dies beim letzten Beispiel der Fall ist.

Es ist auch möglich, beide Formen zu kombinieren. Wenn man beispielsweise die Eingabe des Namens verbindlich gestalten will, muss man bei der ersten Angabe einfach den Standardwert löschen. Wenn man keinen Wert eingibt, kommt es daher zu einem Fehler. Wenn man jedoch einen, zwei oder drei Werte eingibt lässt sich die Funktion ausführen.

9.4 Einen Rückgabewert verwenden

Häufig ist es nicht nur erwünscht, dass die Funktion eine bestimmte Aufgabe durchführt und das Ergebnis dann direkt auf dem Bildschirm ausgibt. Darüber hinaus ist es oftmals notwendig, dass sie einen Wert berechnet und diesen dann an das Hauptprogramm zurückgibt, damit es mit dem Ergebnis weiterarbeiten kann. Im folgenden Beispiel soll ein Programm entstehen, das den Wert einer quadratischen Formel berechnet, sodass das Hauptprogramm mit diesem Ergebnis weiterarbeiten kann.

Wie bereits bei der Übergabe der Werte wäre es eine nahe liegende Überlegung, einfach eine Variable zu definieren und diese dann sowohl in der Funktion als auch im Hauptprogramm zu verwenden. Um zu zeigen, was in diesem Fall passiert, soll folgendes Programm dienen:

```
def formel (x):
	wert = 2 * x * x + 4 * x + 9

formel (4)
print (wert)
```

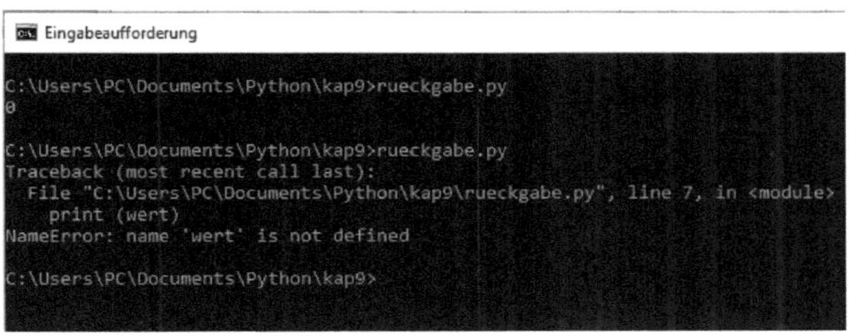

Screenshot 56 Fehler bei der Ausführung des Programms

Wenn man dieses Programm ausführt, kommt es jedoch zu einer Fehlermeldung. Der Interpreter gibt an, dass der Name `wert` in Zeile 7 nicht definiert ist. Um dies zu verstehen, ist es sinnvoll, den Ablauf des Programms etwas genauer zu untersuchen. Der Einstieg erfolgt zu Beginn des Hauptprogramms. Dieses ruft direkt die Funktion formel auf und übergibt ihr den Wert 4. Die Funktion weist der Variablen daraufhin das Ergebnis der quadratischen Formel zu. Das bedeutet, dass die Variable zu diesem Zeitpunkt eigentlich bereits definiert ist. Erst nachdem die Funktion beendet ist, ruft das Hauptprogramm die Variable `wert` auf. Da diese ja bereits innerhalb der Funktion definiert wurde, sollte das eigentlich kein Problem darstellen. Dennoch kommt es zu einer Fehlermeldung.

Der Grund für dieses Verhalten besteht darin, dass Python mit verschiedenen Gültigkeitsbereichen arbeitet. Eine Variable, die innerhalb einer Funktion definiert wird, ist auch nur in dieser gültig. Daher kann das Hauptprogramm nicht auf sie zugreifen.

Aus diesem Grund ist es notwendig, mit einem Rückgabewert zu arbeiten. Dieser wird durch den Schlüsselbegriff `return` gekennzeichnet. Danach folgt der Wert, der zurückgegeben werden soll. Um diesen Rückgabewert aufzunehmen, ist es möglich, den Funktionswert durch das Gleichheitszeichen einer Variablen zuzuweisen:

```
def formel (x):
      wert = 2 * x * x + 4 * x + 9
      return wert
ergebnis = formel (4)
print (ergebnis)
```

Nun wird das richtige Ergebnis auf dem Bildschirm ausgegeben. Der angegebene Code ist zwar korrekt, doch lässt er sich noch etwas kürzer gestalten. Zum einen ist es nicht notwendig, den Rückgabewert über eine Variable anzugeben. Alternativ dazu lässt sich hier auch direkt die Rechenoperation einfügen. Das macht die Variable wert überflüssig. Auch die Variable ergebnis wird eigentlich nicht benötigt. Die Funktion lässt sich auch direkt in den print-Befehl einfügen. Dadurch wird der Code noch etwas kürzer, ohne dass sich dabei die Funktionsweise des Programms ändert:

```
def formel (x):
    return 2 * x * x + 4 * x + 9
print (formel (4))
```

Manchmal tritt der Fall auf, dass eine Funktion nicht nur einen Wert, sondern zwei Werte an das Hauptprogramm übermitteln soll. Der return-Befehl kann jedoch nur einen Wert übermitteln. Dennoch ist es dafür nicht notwendig, zwei separate Funktionen zu schreiben. Denn bei dem Wert, den die Funktion zurückgibt, muss es sich nicht zwingend um eine einfache Variable handeln. Auch Datenstrukturen kommen infrage. Indem man eine Liste, ein Dictionary oder ein Tupel verwendet, kann man beliebig viele einzelne Werte übermitteln:


```
def formel (x):
    wert1 = 2 * x * x + 4 * x + 9
    wert2 = 3 * x * x + 2 * x - 7
    return [wert1, wert2]
aergebnisse = formel (4)
print ("Ergebnis der ersten Formel:",ergebnisse[0])
print ("Ergebnis der zweiten Formel:",ergebnisse[1])
```

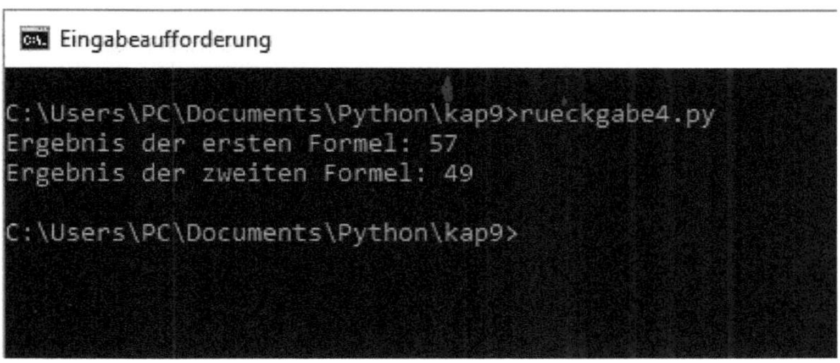

Screenshot 57 Die Übergabe von zwei Werten durch eine Liste

Wenn eine Funktion den `return`-Befehl durchführt, wird sie automatisch beendet. Das führt dazu, dass es eigentlich nicht sinnvoll ist, Funktionen mit mehreren `return`-Befehlen zu gestalten. Allerdings gibt es auch Ausnahmen. Man kann beispielsweise verzweigte Strukturen erstellen, die zu unterschiedlichen Rückgabewerten führen. Um das zu verdeutlichen, soll das vorhergehende Programm etwas abgewandelt werden. Es soll nun zunächst den Anwender nach einer Zahl fragen und anschließend die Funktion aufrufen. Diese soll nun jedoch nicht die Werte für beide Formeln zurückgeben. Anstatt dessen soll es zunächst überprüfen, ob der Wert der ersten Formel kleiner als 50 ist. Trifft dies zu, soll es deren Ergebnis zurückgeben. Trifft das hingegen nicht zu, soll es die zweite Formel verwenden:

```
def formel (x):
    if 2 * x * x + 4 * x + 9 < 50:
        return 2 * x * x + 4 * x + 9
    else:
        return 3 * x * x + 2 * x - 7

eingabe = eval(input("Geben Sie eine Zahl ein: "))
print (formel(eingabe))
```

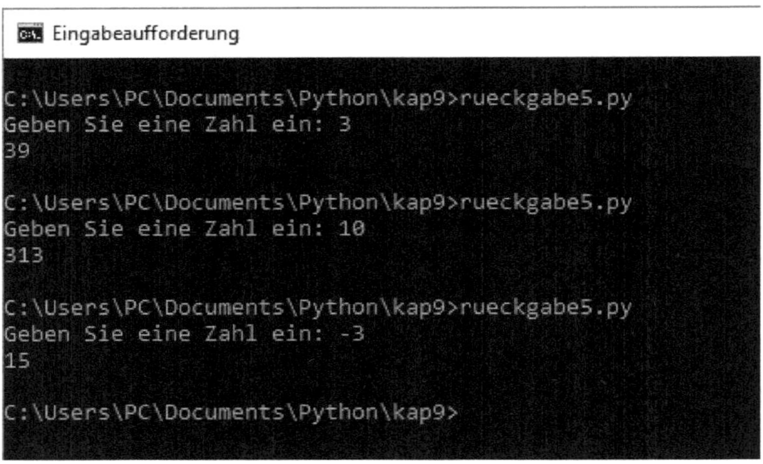

Screenshot 58 Welcher return-Befehl durchgeführt wird, hängt von den eingegebenen Werten ab.

9.5 Funktionen in einer eigenen Datei abspeichern

Wie bereits zu Beginn dieses Kapitels erwähnt, ist es nicht nur möglich, eine Funktion in die Datei des Hauptprogramms zu schreiben. Darüber hinaus lässt sie sich auch in eine eigene Datei auslagern. Das verbessert nicht nur die Übersichtlichkeit des Programms, sondern vereinfacht auch die Zusammenarbeit mehrerer Programmierer, da jedes Team-Mitglied in Ruhe an seiner eigenen Datei arbeiten kann. Aufgrund dieser Vorteile ist es empfehlenswert, sich diese Vorgehensweise von Anfang an anzugewöhnen und auch kleinere Programme in einzelne Dateien aufzuteilen. Die folgenden Abschnitte stellen vor, wie das funktioniert.

Wenn man eine Python-Funktion in eine separate Datei schreibt, spricht man von einem Modul. Um ein Modul zu erstellen, sind genau die gleichen Schritte wie bei einem gewöhnlichen Programm notwendig. Genau genommen handelte es sich auch bei den bisherigen Programmen um Module, die jedoch für sich alleine standen. Um dies an einem Beispiel zu verdeutlichen, soll die Funktion aus dem letzten Beispiel in eine neue Datei geschrieben werden. Diese enthält ausschließlich den folgenden Code:

```
def formel (x):
    if 2 * x * x + 4 * x + 9 < 50:
        return 2 * x * x + 4 * x + 9
    else:
        return 3 * x * x + 2 * x - 7
```

Sie soll unter dem Namen modul_bsp.py abgespeichert werden. Um die Funktion im Hauptprogramm zu verwenden, ist es notwendig, sie zu importieren. Dafür ist der `import`-Befehl notwendig. Danach folgt der Dateiname des Moduls – allerdings ohne die Endung. In diesem Fall müsste der `import`-Befehl wie folgt aussehen: `import modul_bsp`.

Nun steht die Funktion auch im Hauptprogramm zur Verfügung. Wenn man sie jedoch wie bisher aufruft, führt das zu einem

Fehler. Um dem Interpreter zu zeigen, dass er die Funktion aus dem Modul `modul_bsp` aufrufen soll, ist es notwendig, dessen Namen mit einem Punkt vor den Funktionsnamen zu stellen: `modul_bsp.formel(eingabe).` Das komplette Hauptprogramm sieht wie folgt aus:

```
import modul_bsp

eingabe = eval(input("Geben Sie eine Zahl ein: "))
print (modul_bsp.formel(eingabe))
```

Um eine korrekte Ausführung zu gewährleisten, ist es wichtig, darauf zu achten, dass diese Datei im gleichen Ordner wie das Modul steht. Die Ausführung läuft dann identisch ab wie beim Programm im vorherigen Abschnitt (vgl Screenshot 58).

Wenn ein Programm mehrere Module verwendet, ist es sinnvoll, diese in einen eigenen Ordner zu schreiben, um die Übersichtlichkeit aufrechtzuerhalten. In diesem Fall ist es sowohl beim Importbefehl als auch beim Aufruf der Funktion notwendig, den Pfadnamen anzugeben. Dafür ist es erforderlich, den Namen des entsprechenden Ordners durch einen Punkt getrennt vor den Namen des Moduls zu schreiben. Wenn man das vorherige Modul nun in einen eigenen Ordner mit der Bezeichnung module schreibt, müsste der Code für das Hauptprogramm wie folgt aussehen:

```
import module.modul_bsp

eingabe = eval(input("Geben Sie eine Zahl ein: "))
print (module.modul_bsp.formel(eingabe))
```

Das Voranstellen des Pfadnamens macht den Code jedoch etwas kompliziert. Es ist allerdings auch möglich, die Funktion einmal für das Hauptprogramm zu definieren. Danach ist es möglich, ohne die Angabe des Pfades und des Modulnamens darauf zuzugreifen. Für diese Definition ist es lediglich notwendig, einen Namen anzugeben, der die Funktion wiedergeben soll und diesem durch das Gleichheitszeichen die entsprechende Funktion zuzuweisen. In der Regel kommt hierfür der gleiche Name wie für die Funktion innerhalb des Moduls zum Einsatz:

```
import module.modul_bsp
formel = module.modul_bsp.formel
eingabe = eval(input("Geben Sie eine Zahl ein: "))
print (formel(eingabe))
```

9.6 Übungsaufgabe: Funktionen selbst gestalten

1. Schreiben Sie ein Programm, das zwei Zahlen vom Anwender abfragt. Dieses soll nun eine Funktion aufrufen, die die Werte zwischen der ersten und der zweiten Zahl in Zweierschritten ausgibt. Für diese Ausgabe müssen zwei verschiedene Optionen bestehen – je nachdem, ob die erste oder die zweite Zahl größer ist.

2. Schreiben Sie ein Programm, das den Anwender dazu auffordert, einen Nutzernamen und ein Passwort einzugeben. Nehmen Sie diese Werte auf und leiten Sie sie an eine Funktion weiter. Erfinden Sie einige Kombinationen aus Nutzernamen und Passwörtern. Schreiben Sie diese zu Beginn der Funktion in eine Liste, die wiederum aus Tupeln mit den entsprechenden Kombinationen besteht. Die Funktion soll nun die Liste durchgehen und überprüfen, ob das entsprechende Paar aus Nutzername und Passwort darin enthalten ist. Trifft dies zu, soll es eine Erfolgsmeldung ausgeben. Trifft das nicht zu, soll es dem Anwender mitteilen, dass die Registrierung fehlgeschlagen ist.

Darüber hinaus soll es dem Hauptprogramm eine boolesche Variable zurückgeben, damit dieses weiß, ob die Registrierung erfolgreich war.

Lösungen:

1.

```
def zweierschritte (a, b):
     if a < b:
          for x in range (a, b + 1, 2):
               print (x)
     else:
          for x in range (a, b - 1, -2):
               print (x)


wert1 = eval(input("Geben Sie bitte die erste Zahl ein: "))
wert2 = eval(input("Geben Sie bitte die zweite Zahl ein: "))
zweierschritte(wert1, wert2)
```

Screenshot 59 Das Abzählen in Zweierschritten in beiden Richtungen

2.

```
def registrierung (nutzername, passwort):
      logindaten = [("karl01", "abcde"), ("*susi*",
      "qedX01"),("00xyz00", "a7r9f3"), ("martin.mueller",
      "martin")]

      for zugang in logindaten:
      if zugang[0]==nutzername and zugang[1]==passwort:
               print ("Login erfolgreich!")
               return True
      print ("Nutzernamen und Passwort stimmen nicht überein!")
      return False
wert1 = input("Geben Sie bitte Ihren Nutzernamen ein: ")
wert2 = input("Geben Sie bitte Ihr Passwort ein: ")
angemeldet = registrierung(wert1, wert2)
```

Screenshot 60 Die Ausgaben bei richtigen und falschen Kombinationen

Alle Programmcodes aus diesem Buch sind als PDF zum Download verfügbar. Dadurch müssen Sie sie nicht abtippen: https://bmu-verlag.de/books/python/

Außerdem erhalten Sie die eBook Ausgabe zum Buch im PDF Format kostenlos auf unserer Website:

https://bmu-verlag.de/books/python/
Downloadcode: siehe Kapitel 15

Kapitel 10

Mit Modulen aus der Standardbibliothek arbeiten

Im letzten Kapitel wurde vorgestellt, wie man in Python ein Modul erstellt und wie man dieses in ein eigenes Programm einbauen kann. Viele Aufgaben kehren beim Programmieren jedoch häufig wieder. Daher ist es sinnvoll, die Module zu speichern. Auf diese Weise entsteht eine eigene kleine Bibliothek, die auch für weitere Programme zur Verfügung steht. Das reduziert den Arbeitsaufwand erheblich.

Diese Vorgehensweise ist nicht nur für einzelne Programmierer sinnvoll. Es gibt nämlich auch Funktionen, die von allgemeinem Interesse sind. Diese sind nicht nur für ein ganz spezifisches Programm nützlich, sondern für viele verschiedene Anwendungen. Damit nicht jeder Programmierer sein eigenes Modul entwerfen muss, haben die Python-Entwickler wichtige Funktionen zusammengefasst und allen Anwendern zur Verfügung gestellt. Diese Sammlung trägt den Namen Standardbibliothek. Sie enthält unzählige Funktionen, die das Programmieren deutlich einfacher gestalten.

10.1 Was ist die Standardbibliothek und welche Module enthält sie?

In den bisherigen Programmen wurden in erster Linie die Kern-Funktionen der Programmiersprache verwendet – beispielsweise mathematische Operatoren oder die Zuweisung eines Werts an eine Variable. Diese sind stets verfügbar und können einfach im Programm verwendet werden. Neben diesen Kern-Funktionen bietet Python jedoch noch unzählige weitere Möglichkeiten. Diese sind in der Standardbibliothek zusammengefasst. Diese stellt ein wichtiges Instrument bei der Arbeit mit Python dar.

Sie enthält zum einen sogenannte Built-in-Funktionen. Dabei handelt es sich um spezielle Funktionen, die direkt in den Python-Interpreter eingebaut sind. Daher stehen Sie ebenfalls unmittelbar zur Verfügung. Einige dieser Funktionen wurden bereits in den bisherigen Beispielen verwendet: `enumerate()`, `eval()` und `range()`. Darüber hinaus gibt es jedoch noch viele weitere Built-in-Funktionen. Eine Übersicht über die Möglichkeiten bietet folgende Webseite: https://docs.python.org/3/library/functions.html

Darüber hinaus gibt es eine kleine Zahl an Built-in-Konstanten. Beispiele hierfür sind die Werte `True` und `False`, die für boolesche Variablen zum Einsatz kommen. Des Weiteren gibt es Built-in-Typen. Hierzu zählen beispielsweise Listen, Tupel und Dictionaries, die in diesem Buch ebenfalls bereits verwendet wurden.

Der größte Teil der Standardbibliothek besteht jedoch aus Modulen. Diese sind ganz ähnlich aufgebaut, wie die eigenen Module, deren Verwendung im vorherigen Kapitel vorgestellt wurde. Sie lassen sich ebenfalls über den `import`-Befehl in ein beliebiges Programm einbinden. Der einzige Unterschied besteht darin, dass es hierbei nicht notwendig ist, die Funktion selbst zu schreiben und sie in einer eigenen Datei abzuspeichern. Sie werden hingegen bereits bei der Installation des Python-Interpreters auf dem Computer installiert. Durch die Verwendung der Module der Standardbibliothek lässt sich viel Arbeit beim Programmieren sparen.

Die Themen, zu denen die Standardbibliothek passende Funktionen bereithält, sind sehr vielfältig. Beispielsweise gibt es viele verschiedene Module, die sich mit dem Datentyp String befassen. Diese bieten zahlreiche Funktionen, mit denen sich Zeichenketten bearbeiten lassen. Damit ist es möglich, den Wert eines bestimmten Feldes der Zeichenkette zu ermitteln, eine Zeichenkette in einzelne Wörter zu zerlegen und vieles mehr.

Andere Module ermöglichen es, Daten in Dateien zu schreiben, komplizierte mathematische Operationen durchzuführen oder formatierte Datums- und Zeitangaben zu verwenden. Die Möglichkeiten sind ausgesprochen vielfältig, sodass es für viele Programme sinnvoll ist, Module aus der Standardbibliothek zu verwenden.

Da die Module der Standardbibliothek so umfangreich sind, ist es in diesem Buch nicht möglich, alle Bestandteile zu erläutern. Es soll lediglich ein Beispiel behandelt werden. Allerdings ist es auch für Anfänger wichtig, zu wissen, dass diese Bibliothek existiert und, dass sie sehr nützlich sein kann Wenn einmal eine etwas kompliziertere Aufgabe ansteht, lohnt es sich in jedem Fall, einen Blick in die Standardbibliothek zu werfen. Häufig enthält sie eine passende Funktion, mit der sich das gewünschte Programm ganz einfach erstellen lässt. Folgende Seite bietet einen Überblick über die Inhalte: https://docs.python.org/2/library/.

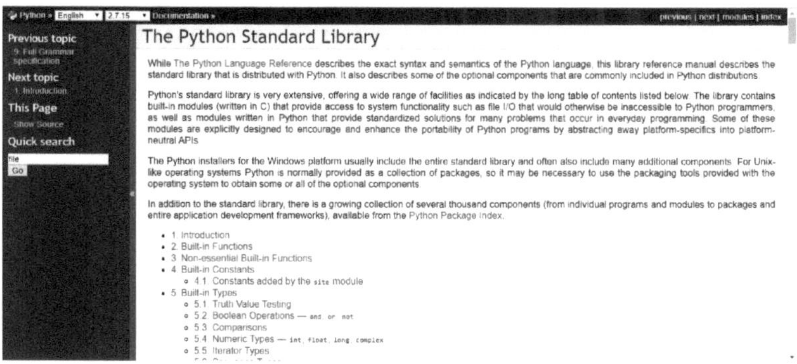

Screenshot 61 Die Python-Standardbibliothek im Internet

10.2 Die Referenz für die Standardbibliothek

Der oben genannte Link führt zu einer Referenz für die Standardbibliothek dar. Wenn man mit diesem Hilfsmittel arbeiten will, ist dieses Nachschlagewerk unverzichtbar. Hier sind alle Funktionen enthalten und außerdem wird angegeben, wie diese zu verwenden sind. Ohne diese Informationen ist es nicht möglich, die entsprechenden Funktionen zu nutzen. Selbstverständlich wissen erfahrene Programmierer nach einiger Zeit auswendig, wie die Funktionen, die häufig in ihren Programmen vorkommen, anzuwenden sind. Hin und wieder tritt aber dennoch ein Problem auf, für dessen Lösung sie dieses Nachschlagewerk verwenden müssen. Für Anfänger ist diese Aufgabe alltäglich. Dieses Kapitel stellt kurz vor, wie man vorgehen kann, um eine passende Funktion zu finden.

Wenn man eine bestimmte Aufgabe erledigen will, dann lohnt es sich, zunächst die Inhaltsangabe auf der verlinkten Seite zu betrachten. Diese gibt einen guten Überblick über die vorhandenen Themen. Oftmals wird es dabei bereits auf den ersten Blick klar, in welchem Bereich eine entsprechende Funktion zu erwarten ist. In diesem Fall muss man lediglich den Link anklicken und wird zum passenden Modul weitergeleitet.

In anderen Fällen ist es nicht ganz so offensichtlich, wo man eine geeignete Funktion für die Lösung des Problems entdecken könnte. In diesem Fall ist die Suchfunktion sehr nützlich, die sich links auf der Seite befindet. Wenn man hier passende Begriffe eingibt, werden zahlreiche Module präsentiert, die zu diesem Thema hilfreich sein könnten. Da die Referenz auf Englisch abgefasst ist, ist es selbstverständlich notwendig, die entsprechenden Begriffe ebenfalls auf Englisch einzugeben.

Wenn man nun eine passende Funktion gefunden hat, ist es wichtig, die Beschreibung genau durchzulesen. Darin wird erklärt, welche Aufgabe sie erfüllt. Sehr wichtig ist auch die Angabe zu den Argumenten und Rückgabewerten der entsprechenden Funktion. Diese sind notwendig, um sie korrekt im Programm zu verwenden.

Im nächsten Schritt kann man die Funktion dann in das Programm einbauen. Dafür ist es zunächst notwendig, das entsprechende Modul durch einen `import`-Befehl zu importieren. Danach ist die Funktion verfügbar. Nun kann man sie bereits ausprobieren, um zu überprüfen, ob sie die gewünschte Aufgabe zufriedenstellend erfüllt.

10.3 Beispiel für ein häufig verwendetes Modul: math

Der nächste Abschnitt soll ein als kleines Beispiel dafür dienen, wie man mit den Modulen der Standardbibliothek arbeiten kann. Dafür soll ein Programm entstehen, das vom Anwender zwei Zahlen abfragt. Daraufhin soll das Programm den Logarithmus der ersten Zahl berechnen. Die zweite Zahl soll dabei als Basis dienen.

Wenn man dieses Programm verwirklichen will, besteht das Problem, dass innerhalb der Kernfunktionen von Python lediglich die Grundrechenarten vorkommen. Nun ist es selbstverständlich möglich, einen Algorithmus zu entwickeln, der mit den Grundrechenarten durch unzählige Wiederholungen in Schleifen einen Näherungswert für den Logarithmus liefert. Allerdings ist diese Aufgabe aus mathematischer Sicht sehr anspruchsvoll, sodass für die Entwicklung viel Zeit notwendig wäre. Außerdem ist diese Vorgehensweise anfällig gegenüber Fehlern. Daher ist es sinnvoll, einen Blick in die Standardbibliothek zu werfen, um zu überprüfen, ob nicht bereits ein anderer Programmierer diese Aufgabe übernommen hat.

Dazu ist es zunächst notwendig, den oben genannten Link aufzurufen. Wenn man nun das Inhaltsverzeichnis durchliest, entdeckt man unter 9.2. das Kapitel `math` – Mathematical functions. Das klingt für eine Logarithmus-Funktion sehr vielversprechend. Daher ist es sinnvoll, dieses Kapitel aufzurufen.

Um nun die passende Funktion zu finden, ist es zum einen möglich, das gesamte Kapitel zu überfliegen und dabei zu überprüfen, ob ein geeigneter Befehl für den Logarithmus darin enthalten ist. Alternativ dazu wäre es möglich, die Seite automatisch zu durchsuchen. Dazu ist die Tastenkombination Strg + F notwendig. Wenn man nun einen Begriff wie logarithmic oder logarithm eingibt, entdeckt man in Sekundenschnelle ein passendes Ergebnis.

Dabei stößt man auf die Funktion `math.log(x[, base])`. Die Beschreibung darunter gibt an, dass diese den natürlichen Logarithmus von e wiedergibt, wenn man nur ein Argument verwendet. Wenn man hingegen zwei Argumente eingibt, dient die zweite Zahl als Basis. Das ist genau die Funktionsweise, die für dieses Programm benötigt wird. Auf diese Weise kann man bereits mit dem Programmieren beginnen. Wichtig ist es, dabei zu beachten, dass das Modul `math` mit einem entsprechenden `import`-Befehl eingebunden werden muss:

```
import math

x = eval(input("Geben Sie die Zahl ein, deren Logarithmus Sie 
berechnen wollen: "))
basis = eval(input("Geben Sie die Basis ein: "))

ergebnis = math.log(x, basis)
print("Der Logarithmus von", x, "zur Basis", basis, "ist", 
ergebnis)
```

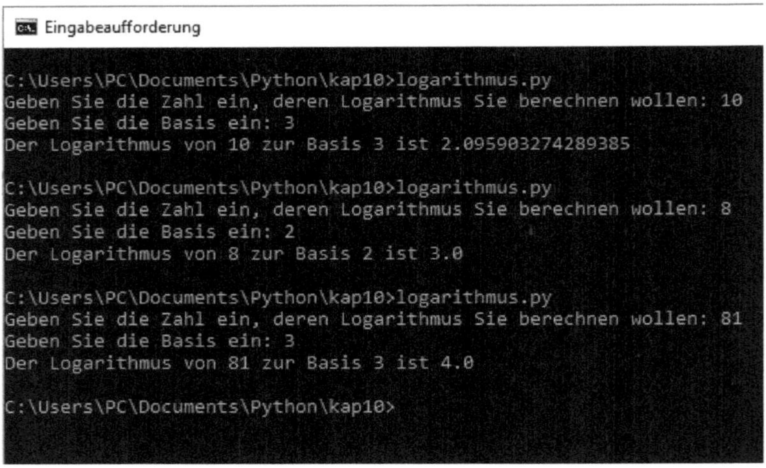

Screenshot 62 Die Berechnung verschiedener Logarithmen

Dieses Beispiel zeigt, wie einfach es ist, in der Standardbibliothek Lösungen für komplizierte Aufgaben zu finden. Wenn man ein Programm erstellen soll, für das schwierige Funktionen notwendig sind, ist die Python-Standardbibliothek daher sehr hilfreich. In vielen Fällen hält sie ein passendes Modul bereit, das die Arbeit deutlich erleichtert.

Exkurs: Wenn man sich das Programm nochmals genau anschaut, fällt auf, dass hinter der Ausgabe kein Satzzeichen folgt. Das ist zwar nur ein kleines Detail, doch lohnt es sich, dieses nochmals genauer zu betrachten. Wenn man nun nach einem Komma eine weitere Zeichenkette einfügt, die lediglich aus einem Punkt besteht, tritt das Problem auf, dass durch das Komma auch ein Leerzeichen eingefügt wird. Daher wäre die Darstellung nicht ansprechend. Eine Verbindung der Werte durch das Pluszeichen ist an dieser Stelle nicht möglich, da diese Form nur dann zulässig ist, wenn es sich um zwei Zeichenketten handelt. In diesem Beispiel sollen jedoch eine Zeichenkette und eine Zahl miteinander verbunden werden. Daher ist es an dieser Stelle sinnvoll, eine neue Form für die Ausgabe innerhalb des Print-Befehls einzuführen, die insbesondere dann sinnvoll ist, wenn Variablen und Textabschnitte gemischt werden. Dazu ist es lediglich notwendig, die Stelle, an der eine Variable stehen soll durch `%s`, `%d` oder `%f` zu markieren – je nachdem, ob es sich dabei um eine Zeichenkette, um eine ganze Zahl oder um eine Fließkommazahl handelt. Nach dem Text muss man dann das Prozentzeichen hinzufügen und innerhalb einer Klammer – jeweils von einem Komma getrennt – die Variablen in der richtigen Reihenfolge auflisten. Wenn nur eine Variable im Text vorhanden ist, kann man die Klammer auch weglassen. Um den abschließenden Punkt zur Ausgabe hinzuzufügen, ist es notwendig, die letzte Zeile des Programms durch folgenden Code zu ersetzen: 10

```
print("Der Logarithmus von %d zur Basis %d ist %f."%(x, basis,
ergebnis))
```

10.4 Übungsaufgabe: mit der Standardbibliothek arbeiten

1. Stellen Sie sich vor, Sie möchten ein Spiel programmieren. Dieses soll einen Würfel enthalten, der zufällig eine Zahl zwischen 1 und 6 ausgibt. Suchen Sie in der Standardbibliothek nach einer passenden Funktion für Zufallszahlen und erstellen Sie ein Programm das in der Funktion `wuerfeln` den entsprechen-

den Wert ermittelt. Das Hauptprogramm soll lediglich das Ergebnis ausgeben.

2. Suchen Sie eine Funktion, die das aktuelle Datum und die Uhrzeit wiedergibt. Lesen Sie in der Standardbibliothek nach, wie der Wert, den die Funktion zurückgibt, aufgebaut ist und geben Sie Datum und Uhrzeit nach deutscher Schreibweise aus.

Lösungen:

1.

```
import random

def wuerfeln():
    return random.randrange(1,7)

print ("Ergebnis:", wuerfeln())
```

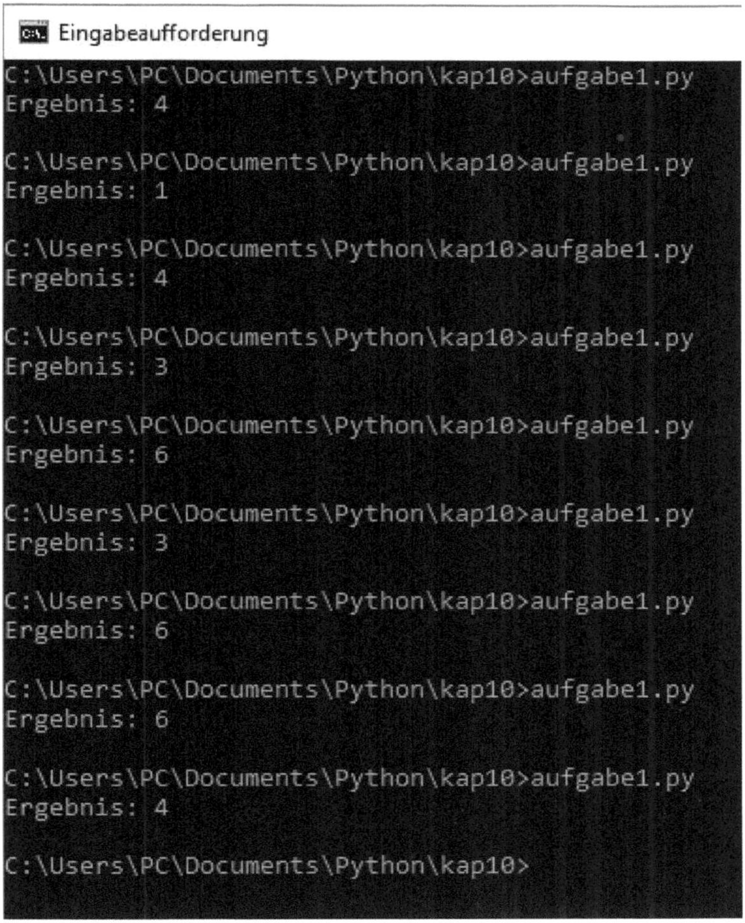

Screenshot 63 Bei der Ausgabe entstehen zufällige Werte

2.

```
import time

zeit = time.localtime()
print ("Datum: %d.%d.%d"%(zeit[2], zeit[1], zeit[0]))
print ("Uhrzeit: %d:%d:%d"%(zeit[3], zeit[4], zeit[5]))
```

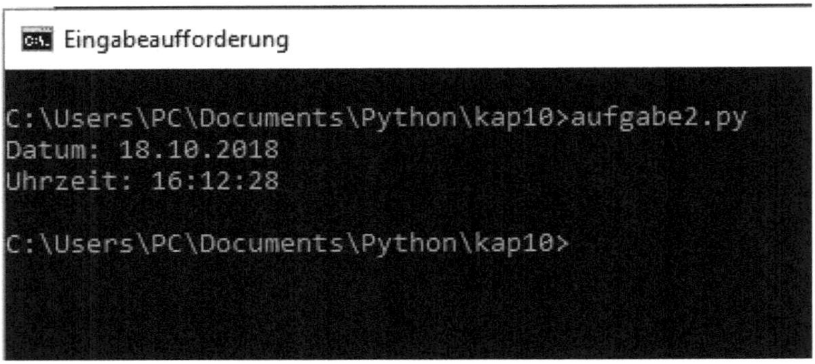

Screenshot 64 Das Programm gibt das aktuelle Datum und die Uhrzeit aus.

Alle Programmcodes aus diesem Buch sind als PDF zum Download verfügbar. Dadurch müssen Sie sie nicht abtippen:
https://bmu-verlag.de/books/python/

Außerdem erhalten Sie die eBook Ausgabe zum Buch im PDF Format kostenlos auf unserer Website:

https://bmu-verlag.de/books/python/
Downloadcode: siehe Kapitel 15

Kapitel 11

Objektorientierung in Python

Der Begriff Objektorientierung ist im Bereich der Programmierung im Moment von großer Bedeutung. Er bezeichnet eine bestimmte Technik, die versucht, reale Objekte auf der Ebene eines Programms wiederzugeben. Das soll es zum einen einfacher machen, einen Bezug zwischen der realen Welt und dem Programm herzustellen. Zum anderen ermöglicht die objektorientierte Programmierung eine sehr effiziente Arbeitsweise. Genau wie die große Mehrheit aller neueren Programmiersprachen unterstützt auch Python diese Technik. Aus diesem Grund ist es sinnvoll, die Grundzüge der objektorientierten Programmierung kennenzulernen. Die folgenden Abschnitte stellen vor, was sich hinter diesem Begriff versteckt und auf welche Weise sich objektorientierte Programme erstellen lassen.

11.1 Objektorientierung: Was ist das?

Die reale Welt ist voll von verschiedenen Objekten. Der Leser dieses Buchs hält beispielsweise gerade eines dieser Objekte in der Hand: das Buch selbst. Darüber hinaus befinden sich wahrscheinlich im direkten Umfeld noch viele weitere Objekte – etwa ein Stuhl, ein Tisch oder ein Regal. Wenn er zu Fenster hinaus blickt, kommen weitere Objekte hinzu: Häuser, Bäume, Blumen, Autos und viele weitere. Objekte haben daher einen prägenden Einfluss auf den Alltag.

Die Computerprogramme, die in diesem Buch bisher geschrieben wurden, bestehen hingegen vorwiegend aus einzelnen Werten, die in Variablen erfasst wurden. Oftmals beziehen sich diese Werte zwar ebenfalls auf ein Objekt – beispielsweise der Preis eines Buchs oder die Marke eines Autos. Die Programme behandelten dabei jedoch ausschließlich die einzelnen Variablen und nicht die Objekte, die dahinter stehen.

Der Grundgedanke der objektorientierten Programmierung besteht darin, Objekte in den Programmen nachzubilden. Dabei handelt es sich um feste Strukturen, die erstellt werden, um einen bestimmten Typ von Objekten zu beschreiben.

Um die Welt wahrzunehmen, teilt der Mensch die Objekte in seinem Umfeld in verschiedene Gruppen ein. Wenn man beispielsweise ein Bücherregal betrachtet, dann sind darin unzählige verschiedene Objekte enthalten. Diese weisen zwar alle einige Unterschiede auf, aber auch viele Gemeinsamkeiten. Ein Buch besteht beispielsweise aus einzelnen Seiten, die wiederum aus Papier hergestellt sind. Diese Eigenschaften sind bei allen Objekten, die ein Buch darstellen, einheitlich. Darüber hinaus gibt es jedoch auch viele Eigenschaften, die veränderlich sind: der Titel, der Autor, die Größe, die Seitenzahl und viele weitere. Doch auch diese veränderlichen Eigenschaften zeugen von einer gewissen Gemeinsamkeit. Während ein Buch eine Seitenzahl aufweisen kann, ist das bei vielen anderen Objekten nicht der Fall. Die Gemeinsamkeit besteht daher in der Existenz einer Seitenzahl, der Unterschied hingegen in deren genauer Ausprägung. Die Einteilung verschiedener Objekte in Gruppen erleichtert es dem Menschen erheblich, seine Umwelt wahrzunehmen. So kann er auch neue Objekte, die er noch nie gesehen hat, schnell einordnen und weiß sofort, wozu sie dienen.

Die objektorientierte Programmierung teilt Objekte ebenfalls in verschiedene Gruppen ein. Sie erzeugt hierfür eine Struktur, die jedes Objekt dieser Gruppe erfüllen muss. Diese Struktur wird als Klasse bezeichnet und stellt eine der wichtigsten Grundlagen aller objektorientierter Programme dar. In der Klasse sind in erster Linie die veränderlichen Eigenschaften eines Objekts enthalten. Bei jedem Objekt, das zu dieser Klasse gehört, können diese jedoch unterschiedliche Werte annehmen.

Dass diese Art der Strukturierung sehr hilfreich ist, haben einige Beispielprogramme in diesem Buch bereits gezeigt. Das Programm des Gebrauchtwagenhändlers hat beispielsweise einige Eigenschaften definiert, die für die Beschreibung eines Autos von

Bedeutung sind. Das entspricht bereits der Grundidee der objektorientierten Programmierung. Allerdings wurden diese Eigenschaften bislang in einer Liste definiert, die keine feste Struktur hat. Bei der objektorientierten Programmierung definiert man hingegen eine Klasse für die Autos, die genau diese Eigenschaften festschreibt.

Bei der Einordnung in Gruppen ist es möglich, weitere Differenzierungen vorzunehmen oder übergeordnete Einheiten zu bilden. Hinsichtlich der Autos könnte man beispielsweise weiter differenzieren, indem man diese in Limousinen, Kombis, SUVs und Kleinwagen unterteilt. Jede dieser Untergruppen weist die Eigenschaften eines Autos auf. Hinzu kommen jedoch weitere Details, die nur auf die jeweilige Untergruppe zutreffen. In der anderen Richtung wäre es möglich, die übergeordnete Gruppe Fahrzeuge zu erstellen. Das wäre beispielsweise sinnvoll, wenn der Händler auch Motorräder verkauft. Die Klasse Fahrzeuge müsste dann alle Eigenschaften zusammenfassen, die sowohl Autos als auch Motorräder aufweisen. Dieses Prinzip von über- und untergeordneten Kategorien ist im Alltag allgegenwärtig. Die objektorientierte Programmierung greift es ebenfalls auf.

In der realen Welt lassen sich verschiedene Aktionen mit einem Objekt durchführen. Bei einem Auto ist es beispielsweise möglich, es zu beschleunigen, abzubremsen, zu waschen oder neu zu lackieren. Bei all diesen Aktionen ändern sich die Eigenschaften des Objekts – in diesen Fällen die Geschwindigkeit, die Sauberkeit und die Farbe. Auch dieses Prinzip wird in der objektorientierten Programmierung aufgegriffen. Diese Aktionen werden hier als Methoden bezeichnet. Es ist möglich, Methoden auf ein Objekt anzuwenden, um dessen Eigenschaften abzufragen oder um sie zu verändern.

11.2 Klassen: die Grundlage der objektorientierten Programmierung

Der erste Schritt, um eine Klasse zu gestalten, besteht darin, sich zu überlegen, welche Eigenschaften diese erfassen soll. In der realen Welt hat jedes Objekt unzählige verschiedene Eigenschaften. Wenn man wieder zum Beispiel des Gebrauchtwagenhändlers zurückkommt, dann wurden dabei bereits vier wichtige Eigenschaften aufgeführt: die Marke, das Modell, das Baujahr und der Preis. In einem weiteren Beispiel wurde noch die Farbe hinzugefügt. Darüber hinaus gibt es jedoch noch unzählige weitere Aspekte: die aktuelle Geschwindigkeit, die Höchstgeschwindigkeit, die Beschleunigung, das Material, die Abnutzung, der Luftwiderstand, der Hubraum, der Kraftstoffverbrauch und viele mehr. Alle Eigenschaften in das Programm aufzunehmen, ist praktisch unmöglich. Daher ist es stets notwendig, eine Auswahl zu treffen. Diese sollte sich stets am Zweck des Programms orientieren. Wenn man eine Klasse für ein Auto erstellen will, dann kann die Auswahl ganz unterschiedlich aussehen – je nachdem, ob man ein Programm für einen Autohändler oder für einen Rennveranstalter zur Überwachung der Rennen schreibt. Im ersten Fall sind Aspekte wie die Farbe, das Baujahr und der Preis beispielsweise von großer Bedeutung, während diese für den Rennveranstalter keine Rolle spielen. Dieser interessiert sich hingegen für die aktuelle Geschwindigkeit, die Höchstgeschwindigkeit und weitere Aspekte, die die Performance des Wagens auf der Rennstrecke beschreiben. In diesem Beispiel soll die Klasse Auto für einen Gebrauchtwagenhändler erstellt werden. Diese nutzt die gleichen Eigenschaften, die in den Beispielen in den vorherigen Kapiteln in einer Liste erfasst wurden: die Marke, das Modell, das Baujahr und den Preis.

Nach dieser Vorüberlegung ist es möglich, die Klasse zu erstellen. Genau wie bei den Funktionen gibt es auch hier wieder zwei Möglichkeiten: Sie kann entweder über dem Hauptprogramm oder in einer eigenen Datei stehen. Wenn man sich für die zweite Alternative entscheidet, ist es wichtig, darauf zu achten, das entsprechende Modul anschließend zu importieren.

Um mit der Definition der Klasse zu beginnen, kommt der Schlüsselbegriff `class` zum Einsatz. Danach folgt der Klassennamen. Dieser ist wie bei Variablen und Funktionen frei wählbar. Es ist jedoch empfehlenswert, einen Namen zu verwenden, der das Objekt gut beschreibt. Außerdem ist es üblich, die Namen von Klassen mit einem Großbuchstaben zu beginnen. Auf diese Weise entsteht eine optische Abgrenzung von Variablen und Funktionen. Nach dem Klassennamen folgt ein Doppelpunk:

```
class Auto:
```

Nach dieser Definition folgt der Körper der Klasse. Bei vielen anderen Programmiersprachen ist es üblich, zunächst die Variablen einzuführen, die die Eigenschaften des Objekts bestimmen. In Python ist es jedoch nicht möglich, Variablen zu deklarieren, ohne ihnen einen Wert zuzuweisen. Wenn man beispielsweise die Variable marke einführen will, muss man dieser bereits einen konkreten Wert zuweisen – beispielsweise "VW". Das würde bedeuten, dass alle Objekte, die aus dieser Klasse erzeugt werden, zunächst diesen Wert erhalten. Zwar ist es möglich, diesen später noch zu ändern, doch wäre dieses Verhalten sehr seltsam. Die Klasse soll nur als Grundgerüst dienen, um den Objekten eine Struktur zu geben. Aus diesem Grund ist es in Python üblich, die Variablen erst in einem sogenannten Konstruktor einzuführen. Dabei erhalten sie gleich den richtigen Wert für das entsprechende Objekt. Eine einfache Variablendefinition im Körper der Klasse kommt normalerweise nur dann zum Einsatz, wenn diese Eigenschaft auf alle Objekte dieser Klasse zutrifft. Wenn man beispielsweise angeben will, dass es sich hierbei um ein Fortbewegungsmittel handelt, dann könnte man an dieser Stelle `fortbewegungsmittel = True` einfügen – was ja auf alle Autos zutrifft. Eine derartige Festlegung wäre beispielsweise sinnvoll, wenn man später die Autos mit Objekten anderer Klassen vergleicht, bei denen diese Eigenschaft eventuell nicht gegeben ist.

Die spezifischen Eigenschaften des Autos, die sich bei den verschiedenen Objekten dieser Klasse unterscheiden, stehen hingegen im Konstruktor. Dabei handelt es sich um eine Funktion. Daher wird dieser mir dem Begriff def eingeleitet. Um deutlich zu machen, dass es sich hierbei um den Konstruktor handelt, muss als Funktionsnamen stet der Ausdruck `__init__` Verwendung finden. Danach folgt eine Klammer, in der an erster Stelle der Begriff `self` stehen muss. Wie bei Funktionen üblich, stehen in der Klammer die Werte, die ihr übergeben werden sollen. Der Ausdruck self steht dafür, dass ihr ein Objekt ihrer eigenen Klasse übergeben wird. Das ist notwendig, damit die Zuweisungen auf dieses Objekt angewendet werden. Danach können weitere Werte stehen, die das Hauptprogramm an den Konstruktor übergibt. In der Regel handelt es sich hierbei um die Eigenschaften, die das konkrete Objekt annehmen soll. In diesem Fall wären das die Marke, das Modell, das Baujahr und der Preis. Die erste Zeile des Konstruktors muss demnach wie folgt aussehen:

```
def __init__(self, ma, mo, bj, pr):
```

Nun ist es möglich, die einzelnen Variablen der Klasse – die auch als Member bezeichnet werden – zu definieren. Dazu ist es notwendig, zunächst den Ausdruck `self` und einen Punkt voranzustellen. Das zeigt an, dass sich die Zuweisung auf das eigene Objekt beziehen soll, das gerade im Konstruktor entsteht. Danach folgt ein frei gewählter Name für die Member-Variable. Dieser wird anschließend der Wert zugewiesen, den der Konstruktor bei seinem Aufruf übermittelt bekommen hat. Die Definition einer einfachen Klasse könnte demnach wie folgt aussehen:


```
class Auto:
    def __init__(self, ma, mo, bj, pr):
        self.Marke = ma
        self.Modell = mo
        self.Baujahr = bj
        self.Preis = pr
```

Die Klasse ist nun bereits voll funktionsfähig. Allerdings ist es üblich, einen sogenannten Docstring einzufügen. Dabei handelt es sich um einen Kommentar, der keine Auswirkungen auf den Ablauf des Programms hat. Er soll jedoch kurz den Zweck Klasse erklären. Auch im Konstruktor steht in der Regel ein Docstring. Dieser gibt beispielsweise an, welche Argumente übergeben werden müssen. Docstrings stehen innerhalb von drei doppelten Anführungszeichen. Es gibt spezielle Werkzeuge, um Docstrings auszulesen. Auf diese Weise erkennen auch Programmierer, die die entsprechende Klasse nicht selbst erstellt haben, welchen Zweck sie hat und wie sie anzuwenden ist. Mit den entsprechenden Docstrings sieht die Klasse dann wie folgt aus:

```
class Auto:
    """
    Erstellt das Objekt Auto für einen Gebrauchtwagenhändler.
    """
    def __init__(self, ma, mo, bj, pr):
        """
        Initialisiert ein neues Objekt Auto

        Argumente:
        * Marke (string): Marke des Gebrauchtwagens
        * Modell (string): Modell des
        Gebrauchtwagens
        * Baujahr (int): Baujahr des Fahrzeugs
        * Preis (int): Angestrebter Verkaufspreis
        """

        self.Marke = ma
        self.Modell = mo
        self.Baujahr = bj
        self.Preis = pr
```

11.3 Objekte: Instanzen der Klassen

Im vorherigen Abschnitt wurde vorgestellt, wie eine Klasse erzeugt wird. Doch was ist nun eigentlich ein Objekt? Bei einem Objekt handelt es sich in der realen Welt um einen ganz konkreten Gegenstand. Dieser gehört zu einer bestimmten Kategorie, die mehrere ähnliche Objekte enthält. Analog dazu gibt die Klasse die Struktur für ein Objekt vor. Anhand dieses Bauplans ist es nun möglich, ein konkretes Objekt zu erzeugen, das einen realen Gegenstand abbildet. Wenn der Autohändler die Daten für sein Sortiment einstellt, muss er für jedes einzelne Fahrzeug ein eigenes Objekt erzeugen – unabhängig davon, ob diese unterschiedliche Eigenschaften aufweisen oder vollkommen baugleich sind. Die Klasse gibt dabei vor, welche Details er bei jedem Fahrzeug erfassen muss. In der Informatik spricht man davon, dass ein Objekt eine Instanz der Klasse darstellt.

Wenn man nun ein Programm schreibt und dabei ein Objekt nutzen will, muss man dieses zunächst erzeugen. Es ist hierfür notwendig, jedem Objekt einen eigenen Namen zu geben – genau wie bei Variablen, Listen und anderen Daten. Genau genommen handelt es sich hierbei ebenfalls um eine Datenstruktur. Im Gegensatz zu den bisher verwendeten Typen lassen sich die Inhalte hierbei jedoch individuell anpassen und an realen Objekten ausrichten.

Nach der Nennung des Namens, den das neue Objekt erhalten soll, folgen das Gleichheitszeichen und der Name der Klasse, der es entsprechen soll. Anschließend ist es notwendig, die Werte einzugeben, die der Konstruktor erhalten soll. Um ein neues Objekt der Klasse Auto zu erzeugen, dient der folgende Befehl:

```
auto1 = Auto("VW","Golf",2011, 5000)
```

Obwohl der Konstruktor fünf verschiedene Werte enthält, sind bei der Erzeugung des Objekts nur vier Werte notwendig. Das liegt daran, dass der wert für `self` – also für das konkrete Objekt, das gerade erzeugt wird – automatisch übergeben wird.

Ein Programm kann beliebig viele Objekte einer Klasse erzeugen. Wenn man auch die übrigen beiden Fahrzeuge, die in den bisherigen Beispielen verwendet wurden, hinzufügen will, ist das ganz einfach möglich:

```
auto2 = Auto("Renault","Clio",2013, 6000)
auto3 = Auto("Porsche","Panamera",2014, 25000)
```

Will man auf eine Member-Variable eines Objekts zugreifen, sind dafür der Objektname, ein Punkt und schließlich der Namen des Members notwendig. So lassen sich verschiedenen Werte ausgeben:

```
print (auto1.Marke, auto2.Marke, auto3.Marke)
print (auto1.Preis, auto2.Preis, auto3.Preis)
```

Der folgende Code gibt ein vollständiges Programm wieder, das eine Klasse definiert, einige Objekte dieser Klasse erzeugt und anschließend mehrere Werte dafür ausgibt:

```
class Auto:
    """
    Erstellt das Objekt Auto für einen Gebrauchtwagenhändler.
    """
    def __init__(self, ma, mo, bj, pr):
        """
        Initialisiert ein neues Objekt Auto

        Argumente:
        * Marke (string): Marke des Gebrauchtwagens
        * Modell (string): Modell des Gebrauchtwagens
        * Baujahr (int): Baujahr des Fahrzeugs
        * Preis (int): Angestrebter Verkaufspreis
        """

        self.Marke = ma
        self.Modell = mo
        self.Baujahr = bj
        self.Preis = pr

auto1 = Auto("VW","Golf",2011, 5000)
auto2 = Auto("Renault","Clio",2013, 6000)
auto3 = Auto("Porsche","Panamera",2014, 25000)

print (auto1.Marke, auto2.Marke, auto3.Marke)
print (auto1.Preis, auto2.Preis, auto3.Preis)
```

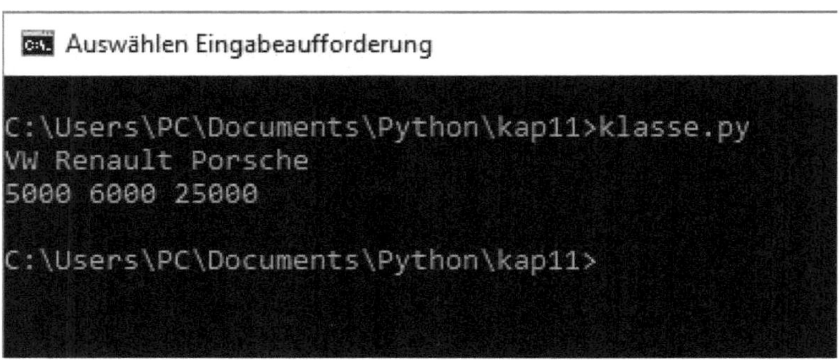

Screenshot 65 Die Ausgabe einiger Werte der Objekte

11.4 Die Kapselung der Daten

Die Datenkapselung stellt ein wichtiges Prinzip der objektorientierten Programmierung dar. Dieser Ausdruck bedeutet, dass er Zugriff auf die Werte innerhalb einer Klasse nicht immer möglich ist. Das dient dazu, die Inhalte zu schützen. Der Programmierer hat dabei die Möglichkeit, selbst zu entscheiden, welche Werte er schützen will und welche nicht.

Um den Zweck dieser Maßnahme zu erklären, soll nochmals ein Blick auf das vorherige Programm geworfen werden. Dabei wurde der Wert der einzelnen Member des Objekts einfach aus dem Hauptprogramm abgerufen – durch die Nennung der Namen des Objekts und der Variablen. Genauso einfach ist es, einer Variablen einen neuen Wert zuzuweisen. Das wird deutlich, wenn man in das Hauptprogramm nach der Initialisierung der Objekte folgende Befehle einfügt:

```
auto1.Marke = "Mercedes-Benz"
print (auto1.Marke)
```


Wenn man das Programm nun ausführt, wird deutlich, dass das bereits erstellte Objekt, bei dem es sich eigentlich um einen VW handelte, plötzlich zu einem Mercedes-Benz geworden ist. Dass diese Aktion keinen Sinn ergibt, ist offensichtlich. Die Marke eines Fahrzeugs ist eine Eigenschaft, die nicht veränderbar ist.

Um eine ungewollte Änderung derartiger Daten zu vermeiden, ist es möglich, diese zu kapseln. Das bedeutet, dass ein direkter Zugriff auf die Werte nur innerhalb der Klasse möglich ist. Von außerhalb – also aus dem Hauptprogramm oder aus einer anderen Klasse – ist es nicht möglich, sie zu verändern. Das schützt die Daten vor versehentlichen Veränderungen. Durch die Datenkapselung wird nicht nur der schreibende Zugriff unterbunden, sondern auch der lesende. Diese Aktion birgt zwar wesentlich weniger Risiken, doch gibt es auch viele Werte, die der Anwender nicht erkennen soll.

Um die Attribute des Objekts zu kapseln, ist es notwendig, dem Variablennamen zwei Unterstriche voranzustellen. Dann ist der Zugriff aus dem Hauptprogramm nicht mehr gestattet. Demnach müsste die Zuweisung der Attribute im Konstruktor für die Klasse `Auto` wie folgt aussehen:

```
self.__Marke = ma
self.__Modell = mo
self.__Baujahr = bj
self.__Preis = pr
```

Wenn man nun im Hauptprogramm den Befehl `print (auto1.__Marke)` einfügt, führt das zu einem Fehler. Das Objekt ist außerhalb der Klasse nicht bekannt. Der Interpreter behandelt den Zugriffsversuch daher so, als würde man versuchen, auf ein nicht existierendes Attribut zuzugreifen.

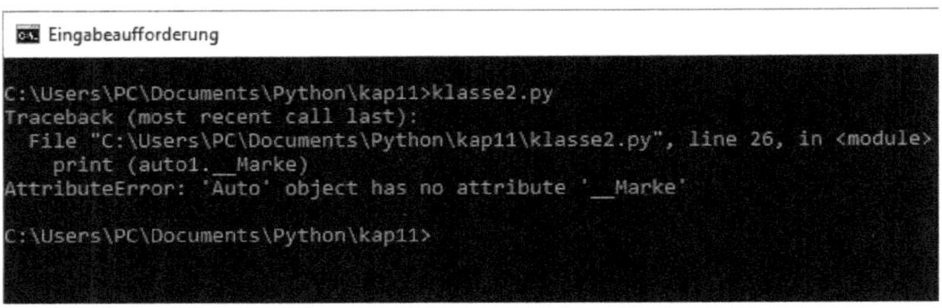

Screenshot 66 Die Fehlermeldung beim Zugriff auf ein gekapseltes Attribut.

Wenn man die Daten auf diese Weise kapselt, entstehen zwei Probleme. Zum einen gibt es Werte, die sich auch bei einem Auto hin und wieder ändern können. Der Preis wird beispielsweise immer wieder an die aktuelle Marktlage angepasst. Wenn kein Zugriff möglich ist, bleibt jedoch auch dieser Wert unveränderlich. Zum anderen ist auch kein lesender Zugriff mehr möglich. Das bedeutet, dass man das Objekt eigentlich überhaupt nicht mehr nutzen kann.

Da dieses Verhalten des Programms selbstverständlich nicht gewünscht ist, ist es notwendig, die Definition der Klasse zu erweitern. Sie muss dem Programmierer Möglichkeiten geben, um die Werte abzurufen und bei Bedarf zu ändern. Man könnte jetzt einwenden, dass auf diese Weise die Kapselung wieder aufgehoben wird. Das wäre jedoch nur der Fall, wenn man alle Werte beliebig lesen und schreiben könnte. Durch eine durchdachte Gestaltung ist es jedoch möglich, zu bestimmen, welche Werte nur ausgelesen, aber nicht verändert werden dürfen und bei welchen Werten überhaupt kein Zugriff möglich sein soll. Darüber hinaus lässt sich festlegen, bei welchen Werten eine Veränderung möglich sein soll und auf welche Weise diese ablaufen soll. Dadurch wird die Kontrolle über die Daten deutlich erhöht. Um mit den Attributen eines Objekts zu arbeiten, kommen Methoden zum Einsatz. Wie diese aufgebaut sind, wird im nächsten Abschnitt vorgestellt.

11.5 Methoden: Funktionen für Objekte

Methoden sind sehr ähnlich aufgebaut wie Funktionen. Der einzige Unterschied besteht darin, dass sie sich nur auf Objekte anwenden lassen. Deshalb stehen sie auch innerhalb der Definition einer Klasse. Die Einführung einer Methode erfolgt genau gleich wie bei einer Funktion: durch den Schlüsselbegriff `def`.

Im vorherigen Abschnitt wurde erläutert, dass es üblich ist, die Attribute zu kapseln. Das bedeutet, dass ein Zugriff von außerhalb der Klasse nicht möglich ist. Methoden stehen jedoch innerhalb der Klasse. Daher haben sie vollen Zugriff. So ist es möglich, sie als Verbindungsstück zwischen den Attributen und den Programmteilen außerhalb der Klasse zu verwenden.

Eine sehr oft verwendete Methode dient dazu, den Wert eines Attributs abzufragen. Auch bei Methoden ist der Name frei wählbar, doch ist es üblich, ihn in diesem Fall mit dem Begriff `get` zu beginnen. Danach steht der Name des Attributs. Eine Methode, um die Marke abzufragen, trägt daher üblicherweise den Namen `getMarke`. Sie benötigt keinen Übergabewert. In der Definition ist es jedoch notwendig, den Ausdruck `self` anzugeben, um Zugriff auf das eigene Objekt zu erhalten. Der Rückgabewert entspricht dabei dem entsprechenden Attribut:

```
def getMarke(self):
    """
    Gibt die Marke des Autos zurück.
    """
    return self.__Marke
```

Nach diesem Muster ist es möglich, `get`-Methoden für alle weiteren Attribute zu schreiben.

Methoden dienen auch dazu, Attribute zu verändern. Wie bereits erklärt, ist dies jedoch nicht bei allen Attributen gewünscht. Bei diesem Objekt sind beispielsweise die ersten drei Attribute unveränderlich. Daher ist hierbei auch keine entsprechende Methode notwendig. Nur der Preis soll verändert werden können. Die Bezeichnung dieser Methoden verwendet in der Regel den Begriff `set` gefolgt vom Namen des Attributs. In diesem Fall ist es notwendig, einen Übergabewert zu verwenden, um den Preis festzulegen:

```
def setPreis(self, preis_neu):
    """
    Ändert den Preis des Autos
    """
    self.__Preis = preis_neu
```

Methoden geben die Möglichkeit, genaue Regeln für den Umgang mit den Daten innerhalb des Objekts zu erstellen. Das sorgt für einen zusätzlichen Schutz. Bei Gebrauchtwagen ist es etwa nicht üblich, dass es zu sehr großen Preisänderungen kommt. Wenn der Anwender jedoch nur noch die Hälfte des bisherigen Preises angibt, dann ist das ein Hinweis darauf, dass es sich um einen Fehler handeln könnte. Daher wäre es möglich, die Methode so zu schreiben, dass nur Preisänderungen in einem Bereich von maximal 5 Prozent direkt vorgenommen werden. Sind die Abweichungen größer, soll das Programm eine Meldung ausgeben und eine zusätzliche Bestätigung vom Anwender einfordern:

```
def setPreis(self, preis_neu):
      """
      Ändert den Preis des Autos
      """

      if abs(self.__Preis - preis_neu)<self.__Preis*0.05:
            self.__Preis = preis_neu
      else:
            print("Die Abweichung zum vorherigen Preis ist sehr
            groß.")
            bestaetigung = input("Soll %d als neuer Preis"%preis_
            neu +
            "festgelegt werden?(ja/nein)")
            if bestaetigung == "ja":
                  self.__Preis = preis_neu
```

Anmerkung: Diese Methode verwendet den abs-Befehl, der den Betrag eines Werts zurückgibt.

Nun kann man im Hauptprogramm den Anwender nach einem neuen Preis fragen und diesen im Objekt speichern. Je nach Größe der Abweichung wird die Aktion direkt durchgeführt oder erst nach einer weiteren Bestätigung. Das Programm mit allen Methoden sieht dann wie folgt aus:


```
class Auto:
      """
Erstellt das Objekt Auto für einen Gebrauchtwagenhändler.
      """
      def __init__(self, ma, mo, bj, pr):
            """
            Initialisiert ein neues Objekt Auto

            Argumente:
            * Marke (string): Marke des Gebrauchtwagens
            * Modell (string): Modell des Gebrauchtwagens
            * Baujahr (int): Baujahr des Fahrzeugs
            * Preis (int): Angestrebter Verkaufspreis
            """

            self.__Marke = ma
            self.__Modell = mo
            self.__Baujahr = bj
            self.__Preis = pr

      def getMarke(self):
```

```
        """
        Gibt die Marke des Autos zurück.
        """
        return self.__Marke

    def getModell(self):
        """
        Gibt das Modell des Autos zurück.
        """
        return self.__Modell
    def getBaujahr(self):
        """
        Gibt das Baujahr des Autos zurück.
        """
        return self.__Baujahr

    def getPreis(self):
        """
        Gibt den Preis des Autos zurück.
        """
        return self.__Preis


    def setPreis(self, preis_neu):
        """
        Ändert den Preis des Autos
        """

        if abs(self.__Preis - preis_neu)
        < self.__Preis * 0.05:
            self.__Preis = preis_neu
        else:
            print("Die Abweichung zum vorherigen Preis ist
            sehr groß.")
            bestaetigung = input("Soll %d als neuer
            Preis"%preis_neu +
            "festgelegt werden?(ja/nein)")
            if bestaetigung == "ja":
                self.__Preis = preis_neu
auto1 = Auto("VW","Golf",2011, 5000)
auto2 = Auto("Renault","Clio",2013, 6000)
auto3 = Auto("Porsche","Panamera",2014, 25000)

wert = eval(input("Geben Sie den neuen Preis ein: "))
auto1.setPreis(wert)

print ("Neuer Preis:",auto1.getPreis())
```

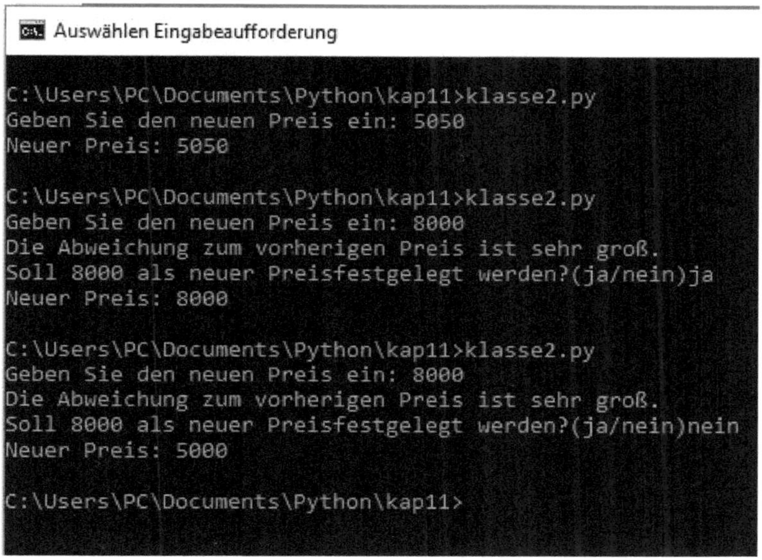

Screenshot 67 Die Eingabe eines neuen Preises mit verschiedenen Abweichungen

11.6 Klassen- und Objektvariablen

Die bisherigen Variablen, die innerhalb der Klasse verwendet wurden, haben nur Gültigkeit innerhalb dieses Objekts. Die Variable `__Marke` hat bei `auto1`, `auto2` und bei `auto3` jeweils einen ganz anderen Wert. Dabei besteht keinerlei Abhängigkeit. Wenn man eine derartige Variable ändert, hat das nur Auswirkungen auf das jeweilige Objekt. Die anderen Objekte sind davon nicht betroffen. Diese Member werden als Objektvariablen bezeichnet.

Im nächsten Beispiel gehen wir davon aus, dass der Autohändler in dieser Klasse auch abspeichern will, wie viele Autos sich gerade in seinem Sortiment befinden. Dazu ist es einfach möglich, eine neue Variable für die Anzahl einzufügen. Diese soll dann bei jeder Initialisierung eines neuen Objekts um 1 erhöht werden. Wenn man dabei jedoch wie bisher vorgeht, dann hat die Änderung des Werts nur Einfluss auf das aktuelle Objekt. Wenn man ein neues Objekt hinzufügt, behalten alle übrigen Objekte den bisherigen Wert bei.

Aus diesem Grund ist es auch möglich, eine Klassenvariable zu definieren. Diese steht vor dem Konstruktor. Wenn man den Wert nun beim Erzeugen eines neuen Objekts im Konstruktor ändern will, dann ist es möglich, durch die Bezeichnung der Klasse, gefolgt von einem Punkt und dem Namen der Variablen, darauf zuzugreifen. So wird der Wert für alle Objekte geändert.

Um auf den Wert der Variablen zuzugreifen, gibt es mehrere Möglichkeiten. Sie lässt sich direkt über den Klassennamen oder über den Namen eines beliebigen Objekts der entsprechenden Klasse aufrufen.

Es ist nicht nur möglich, ein Auto hinzuzufügen, sondern auch zu verkaufen. In diesem Fall ist es nicht nur notwendig, das Objekt zu löschen. Darüber hinaus muss der Bestand wieder reduziert werden. Dazu dient die Funktion `__del__`. Diese wird automatisch ausgeführt, wenn man ein Objekt löscht oder wenn es nicht mehr im Programm auftaucht. Hier ist es eigentlich nur notwendig, den Bestand um 1 zu reduzieren. Zur Verdeutlichung soll sie jedoch noch eine kurze Nachricht ausgeben:

```
class Auto:
    """
    Erstellt das Objekt Auto für einen Gebrauchtwagenhändler.
    """
    anzahl = 0
    def __init__(self, ma, mo, bj, pr):
        """
        Initialisiert ein neues Objekt Auto

        Argumente:
        * Marke (string): Marke des Gebrauchtwagens
        * Modell (string): Modell des Gebrauchtwagens
        * Baujahr (int): Baujahr des Fahrzeugs
        * Preis (int): Angestrebter Verkaufspreis
        """
```

```
        self.__Marke = ma
        self.__Modell = mo
        self.__Baujahr = bj
        self.__Preis = pr

        Auto.anzahl += 1

    def __del__(self):
        """
        Löscht das Objekt Auto.
        """
        Auto.anzahl -=1
        print("Auto wurde gelöscht")
        print("Es sind noch %d Autos verfügbar"%Auto.anzahl)

    def getMarke(self):
        """
        Gibt die Marke des Autos zurück.
        """
        return self.__Marke

    def getModell(self):
        """
        Gibt das Modell des Autos zurück.
        """
        return self.__Modell

    def getBaujahr(self):
        """
        Gibt das Baujahr des Autos zurück.
        """
        return self.__Baujahr

    def getPreis(self):
        """
        Gibt den Preis des Autos zurück.
        """
        return self.__Preis

    def setPreis(self, preis_neu):
        """
        Ändert den Preis des Autos
        """

        if abs(self.__Preis - preis_neu) < self.__Preis *
        0.05:
             self.__Preis = preis_neu
        else:
```

11

```
                print("Die Abweichung zum vorherigen Preis ist
                sehr groß.")
                bestaetigung = input("Soll %d als neuer
                Preis"%preis_neu +
                "festgelegt werden?(ja/nein)")
                if bestaetigung == "ja":
                    self.__Preis = preis_neu

print (Auto.anzahl)
auto1 = Auto("VW","Golf",2011, 5000)
print (Auto.anzahl, auto1.anzahl)
auto2 = Auto("Renault","Clio",2013, 6000)
print (Auto.anzahl, auto1.anzahl, auto2.anzahl)
auto3 = Auto("Porsche","Panamera",2014, 25000)
print (Auto.anzahl, auto1.anzahl, auto2.anzahl, auto3.anzahl)
del auto1
print (Auto.anzahl, auto2.anzahl, auto3.anzahl)
```

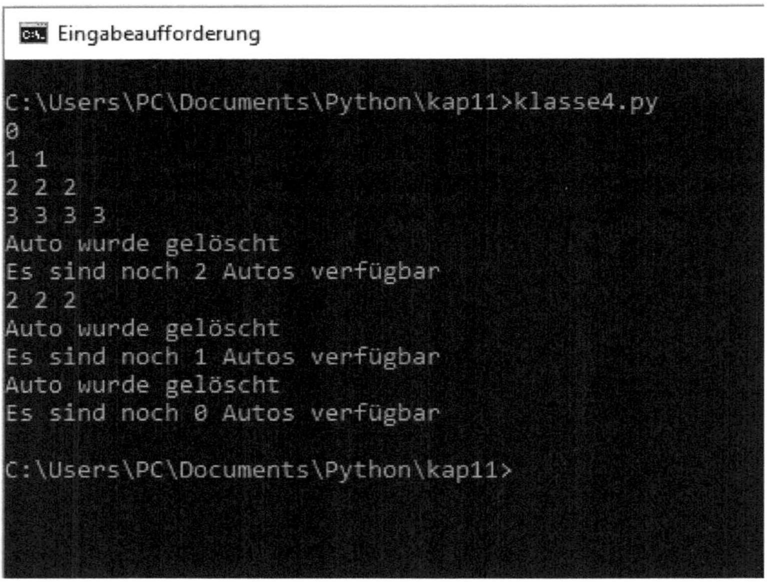

Screenshot 68 Die Ausgabe der Anzahl an verfügbaren Autos

Im Hauptprogramm wird nun zunächst die Anzahl der Autos abgefragt. Da noch kein Objekt erzeugt wurde, ist das nur direkt über den Klassennamen möglich. Die Anzahl liegt dabei bei 0. Danach wird das erste Objekt erzeugt. Danach kann man das Attribut auch über das entsprechende Objekt aufrufen. Das Hauptprogramm stellt beide Alternativen vor. Dabei wird deutlich, dass sich der Wert erhöht hat. Danach wiederholt es diesen Vorgang nach der Erzeugung der übrigen Objekte. Dabei wird deutlich, dass sich der Wert bei allen vorhandenen Objekten der Klasse ändert.

Danach wird das Objekt `auto1` mit dem Befehl `del` gelöscht. Das ruft die Methode `__del__` auf und reduziert die Anzahl. Am Programmende löscht der Python-Interpreter automatisch alle übrigen Objekte. Daher wird auch hier die Methode `__del__` ausgeführt, ohne dass das Programm sie explizit aufruft.

11.7 Vererbung: ein grundlegendes Prinzip der objektorientierten Programmierung

Wie zu Beginn dieses Kapitels bereits angesprochen, ist es in der realen Welt sehr hilfreich, für die Einordnung von Objekten mehrere Über- und Unterkategorien zu erstellen. Beispielsweise gehört ein Messer zur Kategorie Besteck. Dieser ist wiederum die Kategorie Küchengeräte übergeordnet, die sich innerhalb der Kategorie Haushaltsgegenstände befindet. Die verschiedenen Kategorien, die darin enthalten sind, weisen einige Gemeinsamkeiten auf, sie haben jedoch auch Unterschiede. Auch bei der objektorientierten Programmierung ist das Prinzip über- und untergeordneter Klassen sehr hilfreich. Hier wird dieses als Vererbung bezeichnet.

Die Grundlage dieses Prinzips besteht darin, dass eine untergeordnete Klasse alle Attribute und Methoden der übergeordneten Klasse aufweist. Darüber hinaus kann sie jedoch auch eigene Attribute und Methoden definieren, um sich von anderen Unterklassen abzusetzen.

In unserem Beispiel wäre es möglich, dass der Autohändler die Klasse `Auto` in weitere Bereiche unterteilen will: Kombis, SUVs, Limousinen und Kleinwagen. Die bisher in der Klasse `Auto` verwendeten Attribute sind für all diese Fahrzeuge von Bedeutung. Darüber hinaus gibt es jedoch einige Aspekte, die nur für eine bestimmte Untergruppe von Bedeutung sind. Bei einem SUV wäre es beispielsweise wichtig, zu wissen, ob dieses mit einem Allradantrieb ausgestattet ist. Bei einem Kombi ist diese Information hingegen ohne Bedeutung, da diese Ausstattung hierbei kaum anzutreffen ist. Anstatt dessen spielt das Kofferraumvolumen eine wichtige Rolle. Daher wäre es sinnvoll, diesen Wert bei allen Kombis anzugeben. Der Einfachheit halber soll in das Beispielprogramm jedoch nur die Klasse `SUV` als Unterkategorie eingefügt werden.

Für die Vererbung ist es notwendig, stets mit der übergeordneten Klasse zu beginnen. Die Klasse `Auto` wurde bereits in den vorherigen Abschnitten erstellt und kann fast unverändert übernommen werden. Lediglich die `print`-Befehle in der `__del__`-Funktion sollen wieder gelöscht werden, da diese Ausgabe nicht mehr notwendig ist.

Wenn man nun eine untergeordnete Klasse erstellen will, ist es notwendig, nach deren Klassennamen in einer Klammer den Namen der übergeordneten Klasse anzugeben:

```
class SUV(Auto):
```

In der Klasse steht zunächst wieder der Konstruktor. Dieser erhält die vier bekannten Werte und zusätzlich die Information darüber, ob ein Allradantrieb vorhanden ist. Diese wird in einer booleschen Variable festgehalten. Der Aufruf des Konstruktors sieht daher wie folgt aus:

```
def __init__(self, ma, mo, bj, pr, allrad):
```

Im Konstruktor wird nun zunächst ein Objekt der Klasse Auto erzeugt. Dieses stellt einen festen Bestandteil der Objekte der Unterklasse dar. Dafür ist es notwendig, den Konstruktor der übergeordneten Klasse aufzurufen und ihm die entsprechenden Werte zu übergeben:

```
Auto.__init__(self, ma, mo, bj, pr)
```

Der Aufruf erfolgt hierbei über den Klassen- und den Methodennamen. Dabei ist es wichtig, zu beachten, dass in diesem Fall auch der Begriff `self` im Aufruf der Funktion stehen muss. Dadurch wird deutlich, dass es sich beim Objekt der Klasse `Auto` um einen Teil des Objekts der Klasse `SUV` handelt.

Im nächsten Schritt muss das Attribut `Allradantrieb` definiert werden. Das geschieht auf die gleiche Weise wie bei den bisherigen Klassen:

```
self.__Allradantrieb = allrad
```

Nun ist es nur noch notwendig, die `get`-Methode für dieses Attribut und die Docstrings zu schreiben. Das sollte mit den bisherigen Kenntnissen kein Problem darstellen. Die Klasse `SUV` sieht daher wie folgt aus:


```
class SUV(Auto):
      """
      Erstellt das Objekt SUV: abgeleitet von der Klasse Auto.
      """
      def __init__(self, ma, mo, bj, pr, allrad):
            """
            Initialisiert ein neues Objekt SUV

            Argumente:
            * Marke (string): Marke des Gebrauchtwagens
            * Modell (string): Modell des Gebrauchtwagens
            * Baujahr (int): Baujahr des Fahrzeugs
            * Preis (int): Angestrebter Verkaufspreis
            * Allradantrieb (bool): Ist ein Allradantrieb
            vorhanden?
            """
            Auto.__init__(self, ma, mo, bj, pr)
            self.__Allradantrieb = allrad

      def getAllradantrieb(self):
            """
```

```
        Gibt an, ob ein Allradantrieb vorhanden ist.
        """
        return self.__Allradantrieb
```

Um die Funktionsweise der untergeordneten Klasse auszuprobieren, ist es möglich, folgende Befehle in das Hauptprogramm einzufügen:

```
suv1 = SUV("Mercedes-Benz","M-Klasse",2014,14000,True)
print(suv1.getAllradantrieb())
print(suv1.getMarke())
```

Diese erstellen ein Objekt für ein neues `SUV`. Danach werden einige Werte abgefragt. Daran wird deutlich, dass sich sowohl die Methoden der Klasse `Auto`, als auch der Klasse `SUV` aufgrund der Vererbung aufrufen lassen.

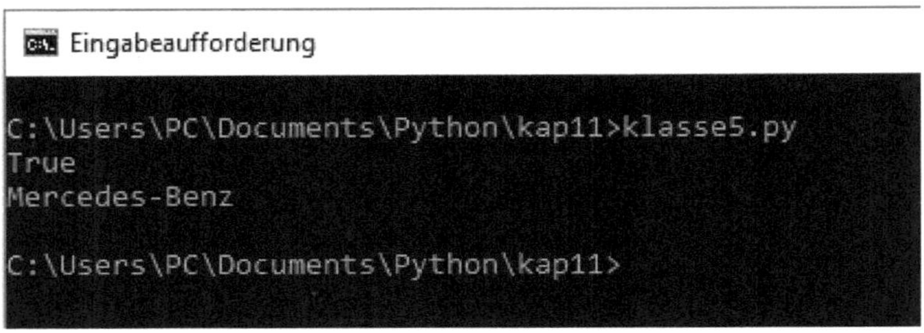

Screenshot 69 Die Ausgabe der Attribute einer abgeleiteten Klasse

11.8 Übungsaufgabe: mit Objekten arbeiten

1. Stellen Sie sich vor, Sie schreiben ein Programm für einen Anbieter für Ferienwohnungen, das auf der Klasse `Wohnung` beruhen soll. Diese soll den Namen der Wohnung, den Standort, die Anzahl der Betten, und den Preis pro Übernachtung enthalten. Schreiben Sie danach passende Methoden, um die Werte abzurufen und falls notwendig zu verändern. Erstellen Sie anschließend ein Hauptprogramm, das einige Objekte erzeugt und anschließend ihre Werte ausgibt.

2. In Kapitel 11.7. wurde nur eine einzige Unterklasse von der Klasse `Auto` abgeleitet. Erstellen sie nun die Klasse `Kombi`, die sich ebenfalls von der Klasse `Auto` ableitet und die zusätzlich zu deren Werten den Kofferrauminhalt angibt. Gestalten Sie ein Hauptprogramm, das ein entsprechendes Objekt erzeugt und dessen Werte ausgibt.

Lösung:

1.

```
class Wohnung:
    """
    Erfasst eine Ferienwohnung im Objekt Wohnung.
    """
    def __init__(self, name, ort, betten, preis):
        """
        Initialisierung des Objekts Wohnung.

        Argumente:
        * Name (string): Name der Ferienwohnung
        * Ort (String): Standort der Ferienwohnung
        * Betten (int): Anzahl der Betten in der
        Ferienwohnung
        * Preis (int): Preis pro Übernachtung
        """

        self.__Name = name
        self.__Ort = ort
        self.__Betten = betten
        self.__Preis = preis

    def getName (self):
        """
        Gibt den Namen der Ferienwohnung zurück.
        """
        return self.__Name

    def getOrt(self):
        """
        Gibt den Ort der Ferienwohnung zurück.
        """
        return self.__Ort

    def getBetten(self):
        """
        Gibt die Anzahl der Betten zurück.
        """
        return self.__Betten

    def getPreis(self):
        """
        Gibt den Preis für eine Übernachtung zurück.
        """
        return self.__Preis
```

```
    def setPreis(self, preis):
        """
        Legt einen neuen Preis fest.
        """
        self.__Preis = preis

wohnung1 = Wohnung("Meerblick","Sylt",4,69)
wohnung2 = Wohnung("Alpen-Panorama","Füssen",5,74)
wohnung3 = Wohnung("Am Seeufer","Konstanz",3,58)

print ("Wohnung 1:", wohnung1.getName(), wohnung1.getOrt(),
wohnung1.getBetten(), wohnung1.getPreis())
print ("Wohnung 2:", wohnung2.getName(), wohnung2.getOrt(),
wohnung2.getBetten(), wohnung2.getPreis())
print ("Wohnung 3:", wohnung3.getName(), wohnung3.getOrt(),
wohnung3.getBetten(), wohnung3.getPreis())
```

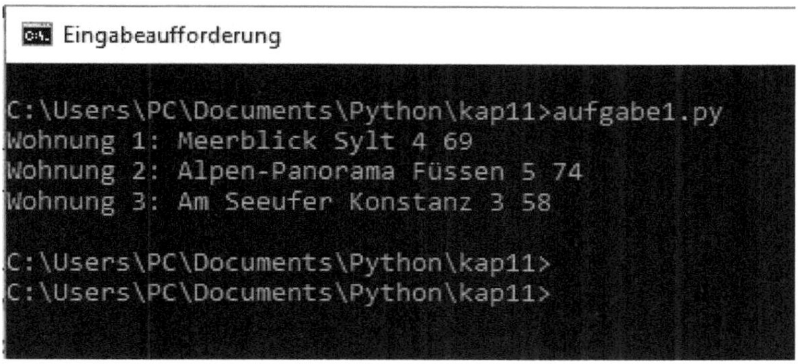

Screenshot 70 Die Ausgabe der Ferienwohnungen

2.

```
class Auto:
    """
Erstellt das Objekt Auto für einen Gebrauchtwagenhändler.
    """
    anzahl = 0
    def __init__(self, ma, mo, bj, pr):
        """
        Initialisiert ein neues Objekt Auto

        Argumente:
        * Marke (string): Marke des Gebrauchtwagens
        * Modell (string): Modell des Gebrauchtwagens
        * Baujahr (int): Baujahr des Fahrzeugs
```

```
        * Preis (int): Angestrebter Verkaufspreis
        """
        self.__Marke = ma
        self.__Modell = mo
        self.__Baujahr = bj
        self.__Preis = pr

        Auto.anzahl += 1

    def __del__(self):
        """
        Löscht das Objekt Auto.
        """
        Auto.anzahl -=1

    def getMarke(self):
        """
        Gibt die Marke des Autos zurück.
        """
        return self.__Marke

    def getModell(self):
        """
        Gibt das Modell des Autos zurück.
        """
        return self.__Modell

    def getBaujahr(self):
        """
        Gibt das Baujahr des Autos zurück.
        """
        return self.__Baujahr

    def getPreis(self):
        """
        Gibt den Preis des Autos zurück.
        """
        return self.__Preis

    def setPreis(self, preis_neu):
        """
        Ändert den Preis des Autos
        """

        if abs(self.__Preis - preis_neu) < self.__Preis *
        0.05:
            self.__Preis = preis_neu
        else:
            print("Die Abweichung zum vorherigen Preis ist
            sehr groß.")
```

```
        bestaetigung = input("Soll %d als neuer Preis"%preis_
        neu +
        "festgelegt werden?(ja/nein)")
        if bestaetigung == "ja":
            self.__Preis = preis_neu

class Kombi(Auto):
    """
    Erstellt das Objekt Kombi: abgeleitet von der Klasse Auto.
    """
    def __init__(self, ma, mo, bj, pr, vol):
        """
        Initialisiert ein neues Objekt SUV

        Argumente:
        * Marke (string): Marke des Gebrauchtwagens
        * Modell (string): Modell des Gebrauchtwagens
        * Baujahr (int): Baujahr des Fahrzeugs
        * Preis (int): Angestrebter Verkaufspreis
        * Volumen (int): Volumen des Kofferraums
        """
        Auto.__init__(self, ma, mo, bj, pr)
        self.__Volumen = vol

    def getVolumen(self):
        """
        Gibt das Kofferraumvolumen zurück.
        """
        return self.__Volumen


kombi1 = Kombi("Renault","Laguna",2012,6000,508)
print(kombi1.getMarke(),kombi1.getModell(), kombi1.getBaujahr(),
kombi1.getPreis(), kombi1.getVolumen())
```


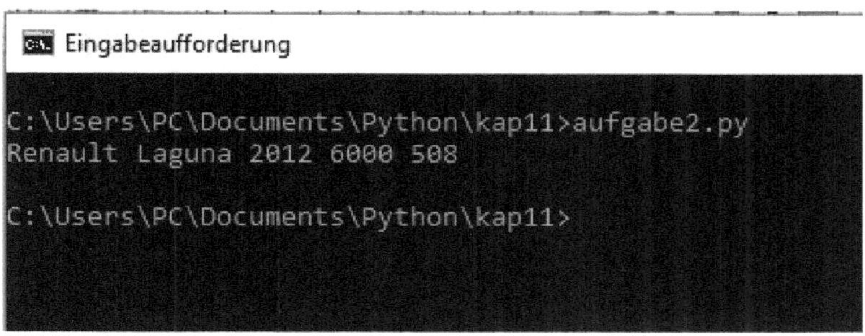

Screenshot 71 Die Ausgabe der Werte für einen Kombi

Alle Programmcodes aus diesem Buch sind als PDF zum Download verfügbar. Dadurch müssen Sie sie nicht abtippen:
https://bmu-verlag.de/books/python/

Außerdem erhalten Sie die eBook Ausgabe zum Buch im PDF Format kostenlos auf unserer Website:

https://bmu-verlag.de/books/python/
Downloadcode: siehe Kapitel 15

Kapitel 12

Die Behandlung von Fehlern und Ausnahmen in Python

Wenn man ein Programm schreibt, dann treten dabei immer wieder Fehler auf. Bereits in diesem Buch wurden einige Beispiele präsentiert, in denen der Interpreter beim Aufruf eines Programms eine Fehlermeldung ausgab. Dabei handelte es sich in der Regel um Syntax-Fehler. Das bedeutet, dass der Programmcode in einem bestimmten Bereich nicht den Regeln entspricht. In diesem Fall zeigt der Interpreter den entsprechenden Befehl und die Art des Fehlers an. Zusätzlich gibt er die Zeilennummer aus, um das Problem schneller zu finden.

Neben diesen Syntaxfehlern gibt es jedoch auch Laufzeitfehler. Das bedeutet, dass das Programm an sich keine Fehler enthält, dass es allerdings während der Ausführung dennoch zu unerwarteten Problemen kommt. Ein Beispiel hierfür wäre ein Programm, das einen Wert durch eine vom Nutzer eingegebenen Zahl teilt. In den meisten Fällen bringt das keine Schwierigkeiten mit sich. Wenn der Anwender jedoch den Wert 0 eingibt, ist die Berechnung nicht mehr möglich. Das führt zu einem Fehler. Ein weiteres Beispiel stellt es dar, wenn das Programm eine Datei aufrufen will, die jedoch nicht mehr existiert. Auch das zieht einen Fehler nach sich. In diesen Fällen ist es wichtig, Vorkehrungen für das Auftreten derartiger Fehler zu treffen.

12.1 Warum ist es wichtig, Fehler und Ausnahmen zu behandeln?

Um zu veranschaulichen, was im Falle eines Laufzeitfehlers passiert, soll ein winziges Beispielprogramm dienen. Dieses soll in der ersten Zeile den Befehl 4/0 enthalten und in der zweiten Zeile einen `print`-Befehl für einen beliebigen Buchstaben.

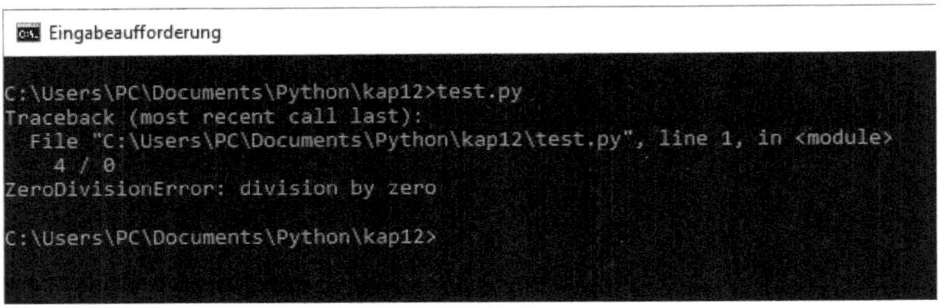

Screenshot 72 Die Fehlermeldung bei der Division durch 0

Beim Ausführen wird auf den ersten Blick deutlich, dass die Division durch 0 zu einem Fehler führt. Das ist aus mathematischer Sicht nachvollziehbar, da diese Operation nicht durchführbar ist. Für den Ablauf des Programms ist es jedoch von großer Bedeutung, was nach diesem Fehler passiert. Der obige Screenshot zeigt klar auf, dass der `print`-Befehl, der nach der Division durch 0 steht, nicht mehr ausgeführt wird. Das Programm wird demnach in dem Moment, in dem der Fehler auftritt, beendet.

In den meisten Fällen ist ein derartiges Verhalten jedoch nicht erwünscht. Anstatt dessen wäre es sinnvoller, dem Anwender eine Fehlermeldung zu präsentieren, um ihn erneut zur Eingabe eines gültigen Werts aufzufordern. Bei umfangreicheren Programmen wäre es auch möglich, den entsprechenden Teil zu beenden und anstatt dessen mit einer anderen Funktion fortzufahren.

Um ein derartiges Verhalten zu ermöglichen, kommen Ausnahmen zum Einsatz. An Stellen, die anfällig gegenüber Laufzeitfehlern sind, ist es damit möglich, das Verhalten beim Auftreten eines solchen Fehlers vorzugeben. Das verhindert ein vorzeitiges Beenden des Programms und trägt auf diese Weise zu einer robusteren Software mit einem deutlich höheren Anwendungskomfort bei.

12.2 try und except: So werden Ausnahmen behandelt

Python verfügt bereits über ein vorgefertigtes System für die Behandlung von Ausnahmen. Um dieses zu nutzen, ist es notwendig, den Schlüsselbegriff `try` gefolgt von einem Doppelpunkt zu verwenden. Danach ist es möglich, beliebige Befehle einzufügen. In diesem `try`-Block sollten alle Befehle stehen, bei denen eventuell Probleme zu erwarten sind. Falls hier ein Fehler auftritt, wird eine Ausnahme aufgeworfen. Es ist notwendig, jede Ausnahme abzufangen. Dies geschieht im `except`-Block, der direkt nach dem `try`-Block folgt. Um diesen Block zu erstellen, ist zunächst der Schlüsselbegriff `except` erforderlich. Danach folgt die Art der Ausnahme. Die Befehle, die nun folgen, werden nur im Falle einer Ausnahme ausgeführt. Verläuft hingegen alles nach Plan, geht das Programm zum nächsten Bereich über.

Um diesen Aufbau an einem Beispiel zu verdeutlichen, soll ein Programm entstehen, das den Benutzer nach einem Wert fragt. Daraufhin soll es die Zahl 4 durch diesen Wert teilen und das Ergebnis ausgeben. Falls ein Fehler auftritt, soll das Programm lediglich einen kurzen Hinweis ausgeben, dass es nicht möglich ist, einen Wert durch 0 zu teilen:


```
try:

     x = eval(input("Wert: "))
     print("Ergebnis:", 4/x)
except ZeroDivisionError:
     print ("Es ist nicht möglich, einen Wert durch 0 zu
     teilen!")

print("Auf Wiedersehen!")
```

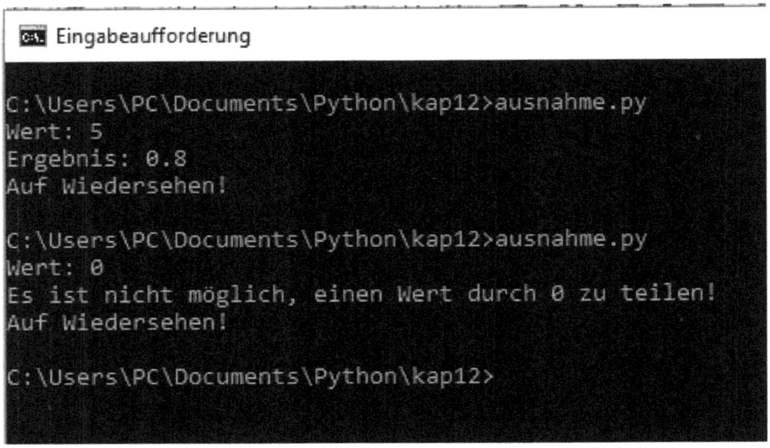

Screenshot 73 Der Ablauf des Programms bei der Eingabe richtiger und falscher Werte

Wenn man nun das Programm ausführt und dabei einen richtigen Wert eingibt, gibt es das Ergebnis der Division aus. Sollte es jedoch zu einem Fehler kommen, erscheint eine entsprechende Nachricht. Nach dem `try`- und dem `except`-Block wurde noch ein weiterer `print`-Befehl für die Verabschiedung eingefügt. Dieser wird in beiden Fällen ausgeführt. Das zeigt, dass der Fehler nun nicht mehr zum Abbruch des Programms führt.

Nach dem Schlüsselbegriff `except` folgt die Art des Fehlers, auf den sich die Ausnahme beziehen soll. In diesem Beispiel lautet diese `ZeroDivisionError`. Diese Ausnahme wird bei der Division durch 0 aufgeworfen. Viele Leser fragen sich vielleicht an dieser Stelle, wie sie herausfinden können, welche Bezeichnung die entsprechenden Ausnahmen tragen. Dabei ist es sinnvoll, sich nochmals die Fehlermeldung anzuschauen, die das Programm aus dem vorherigen Abschnitt erzeugt hat. Darin wird nach dem entsprechenden Befehl genau dieser Ausdruck genannt: `ZeroDivisionError`. Die Erstellung von Ausnahmen für die Behebung von Laufzeitfehlern erfolgt häufig, wenn ein entsprechender Fehler bemerkt wurde. Die Fehlermeldung gibt daher bereits Auskunft darüber, welche Ausnahme zu behandeln ist.

Selbstverständlich besteht das Ziel eines Computerprogramms darin, alle möglichen Probleme bereits im Ansatz zu verhindern – noch bevor ein entsprechender Fehler auftritt. Um auch Ausnahmen zu behandeln, die bisher noch zu keinem Fehler geführt haben, ist es sinnvoll, nochmals die Referenz zur Standardbibliothek zu öffnen. Das Kapitel 6 befasst sich genau mit diesem Thema und enthält einer Liste aller vorhandenen Ausnahmen.

Manchmal kommt es vor, dass in einem `try`-Block zwei unterschiedliche Ausnahmen auftreten können. In diesem Fall ist es möglich, beide Fehler abzufangen. Wenn bei beiden Ausnahmen die gleiche Aktion erfolgen soll, kann der Programmierer diese im gleichen `except`-Block zusammenzufassen. Dazu ist es notwendig, die Arten der Fehler innerhalb einer Klammer und mit einem Komma voneinander getrennt aufzuführen. Um dies zu verdeutlichen, soll das obige Programm so abgewandelt werden, dass es nur noch die Eingabe ganzer Zahlen zulässt. Daher soll es, anstatt den `eval`-Befehl zu verwenden, die Eingabe direkt in einen `int`-Wert überführen. Wenn der Anwender nun einen anderen Wert – beispielsweise eine Fließkommazahl oder eine Zeichenkette – eingibt, dann kommt es zu einem Fehler vom Typ `ValueError`:


```
try:

    x = int(input("Wert: "))
    print("Ergebnis:", 4/x)
except (ZeroDivisionError, ValueError):
    print ("Es ist ein Fehler aufgetreten!")
print("Auf Wiedersehen!")
```

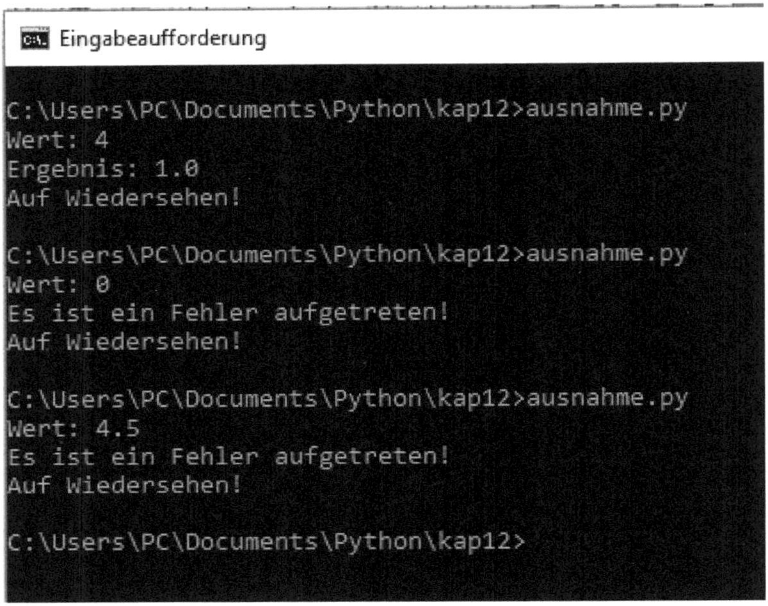

Screenshot 74 Die Behandlung unterschiedlicher Fehler

Dieses Beispiel zeigt, dass es nun jedoch nicht mehr möglich ist, die genaue Art des Fehlers anzugeben. Daher weiß der Anwender nicht genau, was er eigentlich falsch gemacht hat. Aus diesem Grund ist es sinnvoll, für jeden Fehlertyp einen eigenen `except`-Block zu erstellen:

```
try:

     x = int(input("Wert: "))
     print("Ergebnis:", 4/x)
except ZeroDivisionError:
     print ("Es ist nicht möglich, einen Wert durch 0 zu
     teilen!")
except ValueError:
     print ("Sie müssen eine ganze Zahl eingeben!")

print("Auf Wiedersehen!")
```

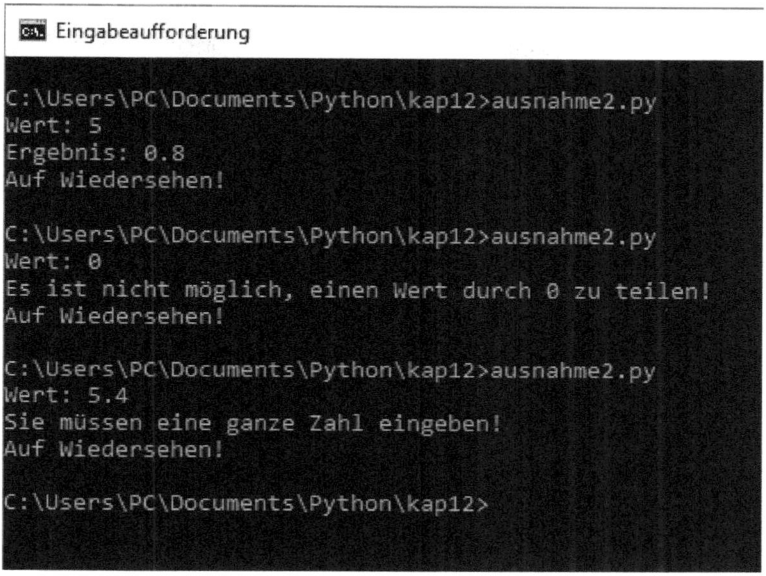

Screenshot 75 Jetzt gibt das Programm verschiedene Fehlermeldungen aus.

Wenn eine Ausnahme entsteht, die in keinem der vorhandenen `except`-Blöcke aufgefangen wird, kommt es zu einem Abbruch des Programms. Um dies zu verhindern, ist es auch möglich, auf die Angabe eines bestimmten Fehlertyps zu verzichten und einfach nur einen `except`-Block ohne weitere Anweisungen einzufügen. Dieser muss immer an letzter Stelle stehen und wird immer dann ausgeführt, wenn eine Ausnahme aufgetreten ist, die in den vorherigen Blöcken nicht abgefangen wurde. Das birgt jedoch die Gefahr, dass damit auch Fehler abgefangen werden, die eigentlich gar nicht in dieser Ausnahme behandelt werden sollten. Das kann zu ernsthaften Programmierfehlern führen, die jedoch bei der Ausführung des Programms überhaupt nicht auffallen. Aus diesem Grund ist es sinnvoll, in einem derartigen `except`-Block stets die Art des Fehlers anzugeben. Dazu kommt folgender Befehl zum Einsatz: `sys.exc_info()[0]`. Dafür ist es notwendig, zunächst das Modul `sys` zu importieren. Wenn man diesen abschließenden `except`-Block nun ebenfalls in das Programm einfügt, sieht es wie folgt aus:

```
import sys

try:

      x = int(input("Wert: "))
      print("Ergebnis:", 4/x)
except ZeroDivisionError:
      print ("Es ist nicht möglich, einen Wert durch 0 zu
      teilen!")
except ValueError:
      print ("Sie müssen eine ganze Zahl eingeben!")
except:
      print ("Folgender Fehler ist aufgetreten:", sys.exc_
      info()[0])
print("Auf Wiedersehen!")
```

Bei der Behandlung von Ausnahmen ist es außerdem möglich, einen zusätzlichen `else`-Block einzufügen. Dieser wird immer dann ausgeführt, wenn keine Ausnahme aufgeworfen wurde – also wenn dieser Programmbereich ohne Problem behandelt werden konnte. An dieser Stelle wäre es beispielsweise möglich, eine Erfolgsmeldung einzufügen oder weitere Berechnungen mit den Werten, die im `try`-Block ermittelt wurden, durchzuführen. Wenn man dieses Element ebenfalls in das Programm einfügt, sieht es wie folgt aus:

```
try:

      x = int(input("Wert: "))
      print("Ergebnis:", 4/x)
except ZeroDivisionError:
      print ("Es ist nicht möglich, einen Wert durch 0 zu
      teilen!")
except ValueError:
      print ("Sie müssen eine ganze Zahl eingeben!")
except:
      print ("Folgender Fehler ist aufgetreten:", sys.exc_
      info()[0])
else:
      print("Das Ergebnis wurde erfolgreich berechnet")

print("Auf Wiedersehen!")
```

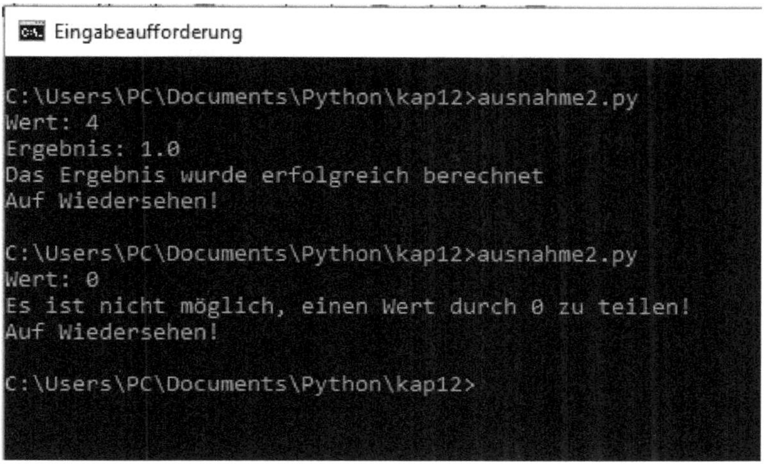

Screenshot 76 Der Bereich im else-block wird ausgeführt, wenn keine Ausnahme auftritt.

12.3 finally: die Ausnahmebehandlung abschließen

Wenn man in Python eine Ausnahme behandelt, ist es möglich, noch einen weiteren Bereich einzufügen: den `finally`-Block. Dieser steht unterhalb der bisher behandelten Blöcke. Der `finally`-Block weist die Besonderheit auf, dass er in jedem Fall ausgeführt wird – unabhängig davon, ob eine Ausnahme aufgeworfen wurde oder nicht. Selbst wenn das Programm eine Ausnahme aufwirft, die nicht abgefangen wurde, kommt es zur Ausführung der entsprechenden Befehle. Erst danach erfolgt der Abbruch des Programms.

Der `finally`-Block kommt in der Regel zum Einsatz, um Aufräumarbeiten zu verrichten. Beispielsweise lassen sich damit Objekte löschen, um ihren Speicherplatz wieder freizugeben – unabhängig davon, ob die vorherigen Aktionen durchgeführt werden. Auch Programme, die mit Dateien arbeiten, verwenden diesen Block häufig, um die Datei vor Verlassen des Programmteils auf jeden Fall wieder zu schließen. Um die Funktionsweise zu verdeutlichen, soll ein kleines Programm erstellt werden, das ein einfaches Objekt erstellt und damit eine Berechnung durchführt. Der `finally`-Block soll das Objekt dann zerstören und eine kurze Nachricht dazu ausgeben:

```
class Obj:
      wert = 4

try:
      objekt = Obj()
      x = int(input("Wert: "))
      print("Ergebnis:", Obj.wert/x)
except ZeroDivisionError:
      print ("Es ist nicht möglich, einen Wert durch 0 zu
      teilen!")
else:
      print("Das Ergebnis wurde erfolgreich berechnet")
finally:
      del objekt
      print ("Objekt zerstört!")

print("Auf Wiedersehen!")
```

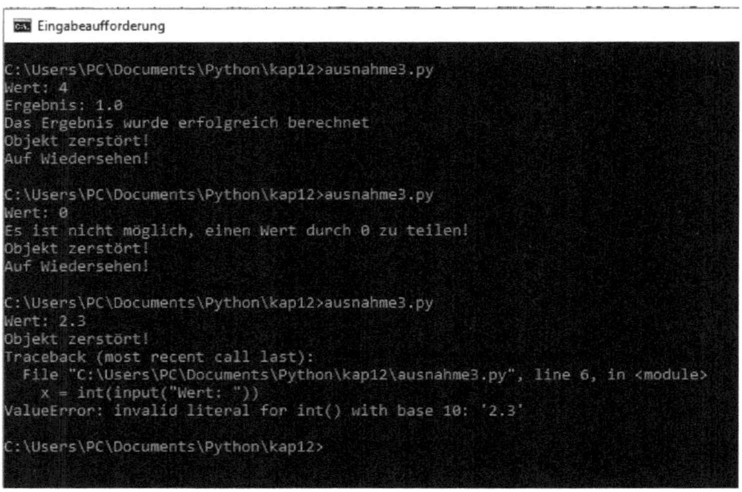

Screenshot 77 Die Ausführung des finally-Blocks bei verschiedenen Eingaben

Dieses Programm erzeugt ein Objekt, das lediglich einen Wert enthält: die Zahl 4. Daraufhin fragt es einen Wert vom Anwender ab und teilt den Inhalt des Objekts durch diesen. Dabei können verschiedene Fehler auftreten. Wenn man nun das Programm ausführt und einen gültigen Wert eingibt, gibt es das richtige Ergebnis und die Meldung, dass das Objekt zerstört wurde, aus. Wenn man hingegen den Wert 0 eingibt, kommt es zu einer Ausnahme, die im entsprechenden `except`-Block behandelt wird. Auch nach dessen Ausführung wird der `finally`-Block ausgeführt. Interessant ist es nun, wenn man einen Wert eingibt, der eine Ausnahme auslöst, die nicht behandelt wurde. Wie im vorherigen Beispiel erfordert die Eingabe in diesem Programm eine ganze Zahl. Allerdings wurde der `except`-Block für diese Ausnahme entfernt. Wenn man nun eine Fließkommazahl eingibt, führt das zu einer nicht behandelten Ausnahme und zum Abbruch des Programms. Wenn man sich die Ausgabe jedoch genau anschaut, erkennt man, dass der `finally`-Block dennoch ausgeführt wurde. Erst danach erfolgt der Abbruch des Programms.

12.4 Selbst definierte Ausnahmen festlegen

Ein Blick in die Standardbibliothek macht schnell deutlich, dass es vordefinierte Ausnahmen zu vielen unterschiedlichen Themen gibt. Allerdings gibt es auch einige Anwendungsfälle, die so spezifisch sind, dass es hierfür keine vordefinierte Ausnahme gibt. Doch ist es möglich, für diese Fälle benutzerdefinierte Ausnahmen festzulegen.

Um das an einem Beispiel zu verdeutlichen, soll wieder ein Programm entstehen, das einen Wert vom Anwender abfragt. Dafür sind jedoch nur Werte zwischen 10 und 20 zulässig. Für derart spezielle Anforderungen ist selbstverständlich keine passende Standard-Ausnahme vorhanden. Es ist jedoch möglich, diese selbst zu erstellen.

Ausnahmen sind in der Klasse `Exception` definiert. Um eine eigene Ausnahme festzulegen, ist es daher sinnvoll, diese Klasse zu erweitern. Wie das funktioniert, wurde bereits im vorherigen Kapitel erläutert. Für den Namen der Ausnahme ist es üblich, englische Begriffe zu verwenden und den Ausdruck mit dem Begriff `Error` abzuschließen. Auf diese Weise entsteht ein einheitliches Erscheinungsbild mit den Standard-Ausnahmen. In diesem Fall könnte man die Ausnahme beispielsweise `OutOfRangeError` nennen.

Die Ausnahme soll lediglich den Wert aufnehmen, den der Benutzer ihr übergeben hat. Dafür ist es notwendig, die `__init__`-Methode zu überschreiben. Das ist ganz einfach möglich, indem man diese innerhalb der Unterklasse neu definiert. Die Klasse für die selbst definierte Ausnahme sieht demnach wie folgt aus:

```
class CutOfRangeError(Exception):
    def __init__(self, wert):
        self.Wert = wert
```

Bei selbst definierten Ausnahmen ist es wichtig, zu beachten, dass diese nicht automatisch ausgelöst werden. Anstatt dessen ist es notwendig, sie bei einer entsprechenden Eingabe selbst auszulösen. Hierfür dient der Schlüsselbegriff `raise`. Danach müssen der Name der Ausnahme und in einer Klammer der Wert, der übergeben werden soll, stehen. Dieser Befehl muss innerhalb einer `if`-Abfrage stehen, die überprüft, ob der Wert innerhalb der Vorgaben liegt. Anschließend ist es möglich, die Ausnahme wie gewohnt abzufangen. Außerdem kann das Programm den Wert, der beim Auslösen der Ausnahme übermittelt wurde, verwenden:

```
try:

    x = int(input("Geben Sie einen Wert zwischen 10 und 20
    ein: "))
    if x > 20 or x < 10:
        raise OutOfRangeError(x)
    print("Ergebnis:", 4/x)

except OutOfRangeError as fehler:
    print("Die Zahl",fehler.Wert,"liegt nicht zwischen 10 und
    20")

print("Auf Wiedersehen!")
```

Um auf den Wert, der innerhalb der Ausnahme gespeichert wurde, zuzugreifen, ist es zunächst notwendig, innerhalb des `except`-Blocks eine Kopie der entsprechenden Ausnahme zu erstellen. Dafür muss dem Name der Ausnahme der Begriff `as` und anschließend ein Variablenname zugewiesen werden. Der Wert lässt sich dann über diesen Namen gefolgt von einem Punkt und dem Attributsnamen aufrufen.

Die selbst definierten Ausnahmen lassen sich auch problemlos mit den Standard-Ausnahmen kombinieren. Wenn man neben dieser Überprüfung auch die Eingabe von Fließkommazahlen unterbinden will, kann man dafür die bisher verwendeten Ausnahme nutzen. Das vollständige Programm sieht dann wie folgt aus:

```
class OutOfRangeError(Exception):
      def __init__(self, wert):
            self.Wert = wert

try:
      x = int(input("Geben Sie einen Wert zwischen 10 und 20
      ein: "))
      if x > 20 or x < 10:
            raise OutOfRangeError(x)
      print("Ergebnis:", 4/x)

except OutOfRangeError as fehler:
      print("Die Zahl",fehler.Wert,"liegt nicht zwischen 10 und
      20")
except ValueError:
      print ("Sie müssen eine ganze Zahl eingeben!")

print("Auf Wiedersehen!")
```

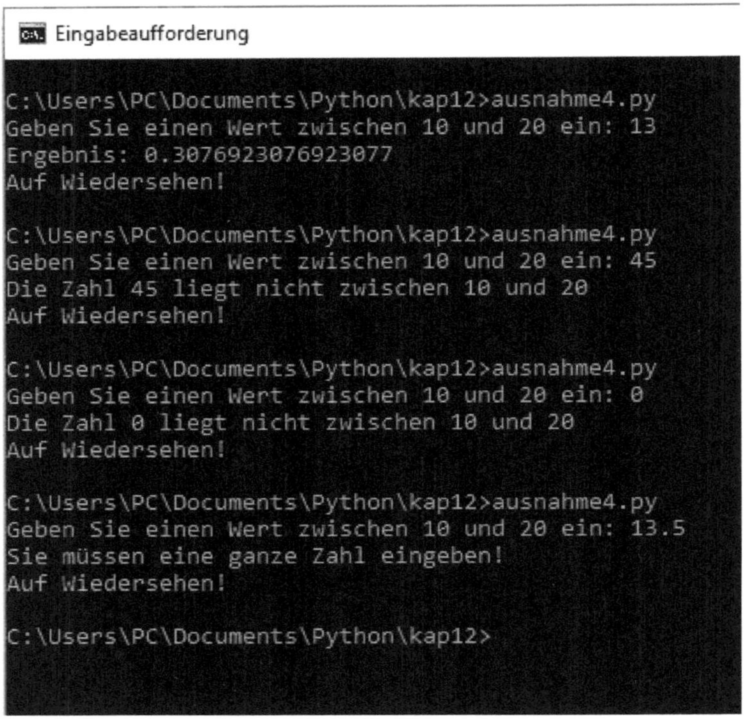

Screenshot 78 Die Ausnahmen bei der Eingabe verschiedener Werte

Anmerkung: In diesem Fall ist es nicht notwendig, eine Ausnahme für die Division durch 0 zu erstellen. Da 0 außerhalb des Zahlenbereichs zwischen 10 und 20 liegt, wird die entsprechende Ausnahme bereits vor der Division ausgelöst.

12.5 Übungsaufgabe: Programme mit Ausnahmebehandlung schreiben

1. Schreiben Sie ein Programm, das zwei Zahlen vom Benutzer abfragt und anschließend die erste Zahl durch die zweite teilt. Das Programm soll zwei Ausnahmen enthalten: eine für den Fall, dass der Anwender als zweite Zahl 0 eingibt

und die andere, wenn er anstatt einer Zahl eine Zeichenkette eingibt. Abschließend sollen alle weiteren Ausnahmen abgefangen und dabei die Art des Fehlers ausgegeben werden.

2. Erstellen Sie ein Programm, das den Anwender dazu auffordert, ein Wort mit einer geraden Anzahl an Buchstaben einzugeben. Danach soll das Programm daraus zwei Strings gestalten, die jeweils eine Hälfte des Worts enthalten und diese dann ausgeben. Das Programm soll eine selbst definierte Ausnahme aufwerfen, wenn die Anzahl der Buchstaben ungerade ist.

Anmerkung: Um die Länge einer Zeichenkette herauszufinden, kommt genau wie bei Listen der Befehl `len()` zum Einsatz. Auch der Zugriff auf einzelne Teile der Zeichenkette erfolgt genau wie bei Listen (vgl. Kap 6.1.)

Lösungen:

1.

```
import sys

try:
      x = eval(input("Geben Sie den ersten Wert ein: "))
      y = eval(input("Geben Sie den zweiten Wert ein: "))
      print("Ergebnis:", x/y)
except ZeroDivisionError:
      print ("Es ist nicht möglich, einen Wert durch 0 zu
      teilen!")
except TypeError:
      print ("Sie müssen Zahlen eingeben!")
except:
      print ("Folgender Fehler ist aufgetreten:", sys.exc_info()
      [0])

print("Auf Wiedersehen!")
```

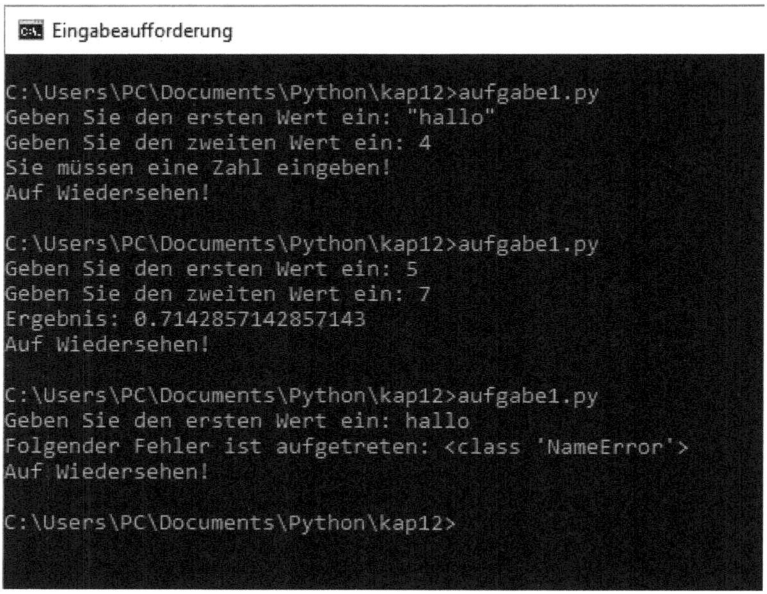

Screenshot 79 Der Ablauf des Programms bei Eingabe gültiger und ungültiger Werte

Anmerkung: Der `eval`-Befehl erfordert bei Zeichenketten die Verwendung von Anführungszeichen. In diesem Fall wird bei der anschließenden Division die Ausnahme `TypeError` aufgeworfen, da es nicht möglich ist, Zeichenketten zu dividieren. Diese Ausnahme fängt das Programm ab. Wenn man jedoch eine Zeichenkette ohne Anführungszeichen eingibt, kommt es bereits bei der Ausführung des `eval`-Befehls zu einem Fehler vom Typ `NameError`. Da dieser nicht behandelt wird, fängt ihn der allgemeine `except`-Block am Ende des Programms ab.

2.

```
class OddError(Exception):
      def __init__(self, wert):
        self.Wert = wert

try:
      wort = input("Geben Sie ein Wort mit einer geraden"+
      "Anzahl an Buchstaben ein: ")
      if len(wort)%2 == 1:
        raise OddError(wort)
      mitte = int(len(wort)/2)
      teil1 = wort[:mitte]
      teil2 = wort[mitte:]
      print("Erste Hälfte:", teil1)
      print("Zweite Hälfte:", teil2)

except OddError as fehler:
      print('Das Wort "'+wort+'" hat eine ungerade Anzahl an
      Buchstaben.')

print("Auf Wiedersehen!")
```

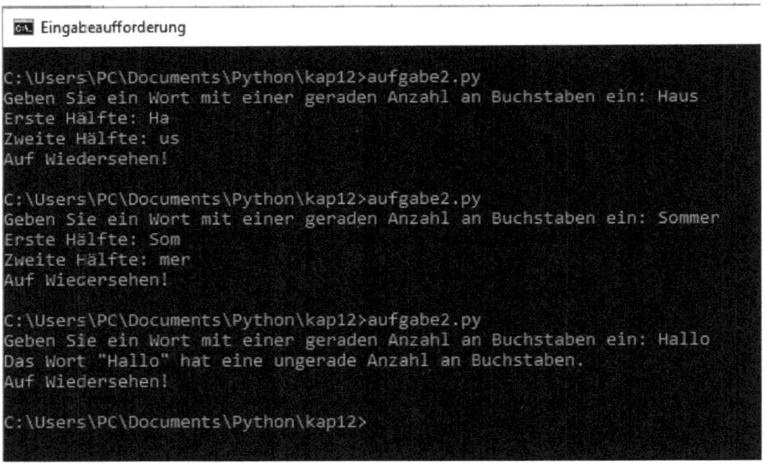

Screenshot 80 Die Ausführung des Programms bei unterschiedlichen Nutzereingaben

Alle Programmcodes aus diesem Buch sind als PDF zum Download verfügbar. Dadurch müssen Sie sie nicht abtippen:
https://bmu-verlag.de/books/python/

Außerdem erhalten Sie die eBook Ausgabe zum Buch im PDF Format kostenlos auf unserer Website:

{BMU VERLAG}

https://bmu-verlag.de/books/python/
Downloadcode: siehe Kapitel 15

Kapitel 13
Dateien für die Datenspeicherung verwenden

Im bisherigen Verlauf des Buchs wurde bereits mehrfach ein Programm für einen Gebrauchtwagenhändler behandelt. Dabei wurden zwar bereits einige nützliche Funktionen umgesetzt, doch ergäbe sich beim Einsatz in der Praxis ein großes Problem: Sobald das Programm beendet ist, gehen die Eingaben verloren. Das würde dazu führen, dass man bei jedem neuen Start zunächst das gesamte Sortiment manuell eingeben müsste. Vor dem Beenden wäre es notwendig, alle gemachten Eingaben zu notieren. Da die Aufgabe eines derartigen Programms jedoch gerade darin besteht, diese Werte zu speichern, wäre es vollkommen nutzlos.

Um dieses Problem zu beheben, stellt das folgende Kapitel eine Möglichkeit vor, um Daten dauerhaft zu speichern. So kann das Programm das Sortiment bei jedem neuen Start automatisch einlesen. Wenn der Anwender eine Änderung an den Werten vornimmt, speichert es die neuen Inhalte automatisch ab. Das ist ein entscheidender Schritt dazu, ein derartiges Programm auch in der Praxis anzuwenden. In diesem Beispiel sollen die Daten in Text-Dateien geschrieben werden.

13.1 Daten dauerhaft abspeichern: verschiedene Möglichkeiten

Um Daten zu speichern, bestehen mehrere verschiedene Möglichkeiten. In diesem Kapitel kommen zu diesem Zweck Dateien zum Einsatz. Eine weitere Alternative, die ebenfalls sehr häufig zum Einsatz kommt, besteht darin, eine Datenbank zu verwenden. Um herauszufinden, worin die Unterschiede zwischen diesen beiden Möglichkeiten bestehen, sollen sie zunächst kurz vorgestellt werden.

Die Daten, die der Anwender auf dem Computer abspeichert, befinden sich in der Regel in Dateien. Dabei gibt es mehrere unterschiedliche Formate. Reine Textdokumente verwenden beispielsweise die Endung .txt. Darüber hinaus gibt es spezifische Endungen für Textverarbeitungsprogramme, Tabllenkalkulationsprogramme und für viele weitere Anwendungen. Für die Interaktion mit einem Python-Programm bieten sich in erster Linie Textdateien an, da diese einfach auszuwerten und zu schreiben sind. Es bestehen jedoch auch einige weitere Möglichkeiten. Daten in Dateien zu speichern, ist sehr einfach. Allerdings ist diese Methode nicht sehr sicher. Wenn ein unbefugter Anwender den Computer nutzt oder wenn er sich über das Netzwerk Zugriff zu ihm verschafft, kann er die Dateien ganz einfach auslesen. Das stellt gerade bei sensiblen Geschäftsdaten ein großes Risiko dar. Daher sollten diese nur auf einem gut geschützten Server abgespeichert werden. Bei gewerblichen Anwendungen kommt hinzu, dass häufig mehrere Nutzer simultan auf die Daten zugreifen. Auch das bereitet bei der Verwendung von Dateien große Probleme.

Die Verwendung von Datenbanken bietet in dieser Hinsicht große Vorteile. Hierbei ist es ganz einfach möglich, die Daten mit einem Passwort zu schützen und den Zugriff nur aus autorisierten Programmen zu erlauben. Auch der simultane Zugriff stellt hierbei kein Problem dar. So stehen allen Mitarbeitern stets die aktuellen Datensätze zur Verfügung.

Trotz der Vorteile, die Datenbanken bieten, sollen diese in diesem Buch nicht behandelt werden. Der Grund dafür ist, dass diese ganz eigene Strukturen aufweisen, in die sich der Anwender zunächst einarbeiten muss. Darüber hinaus verwenden sie für den Zugriff eine eigene Sprache. Daher würde die Einführung von Datenbanken den Rahmen dieses Buchs sprengen. Dennoch ist es wichtig, diese Möglichkeit im Hinterkopf zu behalten. Wer sich später intensiver mit der Datenspeicherung befassen will, muss sich in die Verwendung von Datenbanken einarbeiten.

13.2 Daten in die Datei schreiben

Ein Programm für die Verwaltung des Sortiments eines Gebrauchtwagenhändlers muss es dem Anwender erlauben, ein neues Fahrzeug hinzuzufügen und dieses dann in eine Datei zu schreiben.

Um eine Datei zu öffnen, kommt der Befehl `open()` zum Einsatz. Dieser Befehl öffnet die Datei und erstellt ein Objekt, das später den Zugriff darauf gestattet. Dieses Objekt muss über den Zuweisungsoperator einem Namen zugeordnet werden. Es ist hierbei üblich, den Namen `f` zu verwenden – als Abkürzung für den Ausdruck file.

Innerhalb der Klammer muss in Anführungszeichen der Name der Datei stehen, die geöffnet werden soll. Wenn die Datei noch nicht besteht, erstellt sie das Programm automatisch. Wenn einfach nur der Dateiname angegeben wird, dann bezieht sich dieser stets auf den gleichen Ordner, in dem sich das Programm befindet. Wenn man die Datei jedoch in einem anderen Ordner ablegen will, dann ist dafür der komplette Pfadname notwendig. Dabei gilt es zu beachten, dass das Programm nur neue Dateien anlegt, neue Ordner hingegen nicht. Daher ist es zunächst notwendig, die Ordner manuell zu erstellen, wenn sie noch nicht vorhanden sind. Um die Namen der einzelnen Ordner und der Datei voneinander zu trennen, ist es möglich, entweder den Backslash (wie unter Windows üblich) oder den gewöhnlichen Schrägstrich (wie bei UNIX-Systemen üblich) zu verwenden. Dieses Programm soll die Datei in einem eigenen Ordner mit dem Namen dateien ablegen. Dieser befindet sich wiederum im gleichen Ordner wie das eigentliche Programm. Der Name der Datei soll sortiment.txt lauten. Daher sind folgende Pfadnamen möglich: ‚dateien\sortiment.txt' oder ‚dateien/sortiment.txt'.

Der `open`-Befehl benötigt noch ein weiteres Argument. Dabei kann es sich um die Buchstaben `r`, `w`, oder `a` handeln. Zusätzlich kommt das Argument r+ infrage. Die folgende Tabelle erklärt die jeweilige Bedeutung:

```
r    Datei wird nur zum Lesen geöffnet.
w    Datei wird nur zum Schreiben geöffnet. Eine eventuell
     bereits bestehende Datei mit diesem Namen wird
     überschrieben.
a    Das Programm hängt die neuen Eingaben an eine  bestehende
     Datei an.
r+   Die Datei wird zum Lesen und zum Schreiben geöffnet.
```

Im ersten Beispiel soll das Programm die Eingaben des Anwenders in eine Datei schreiben. Dafür wäre folgender Befehl notwendig: `f = open('dateien\sortiment.txt','w')`.

Nachdem die Datei geöffnet ist, ist es nun notwendig, die Werte für die Marke, das Modell, das Baujahr und den Preis vom Anwender abzufragen und in einer Variablen zu speichern. Danach sollen diese Werte einzeln in die Datei geschrieben werden. Dafür kommt der Methode `write()` zum Einsatz, die auf das Objekt `f` angewendet werden muss. Innerhalb der Klammer steht jeweils der Inhalt, der eingetragen werden soll – in diesem Beispiel also die jeweilige Variable mit der Eingabe des Anwenders. Damit ist es bereits möglich, das Programm zu schreiben:

```
f = open('dateien\sortiment.txt','w')

marke = input("Geben Sie die Marke ein: ")
modell = input ("Geben Sie das Modell ein: ")
baujahr = input ("Geben Sie das Baujahr ein: ")
preis = input ("Geben Sie den Preis ein: ")

f.write(marke)
f.write(modell)
f.write(baujahr)
f.write(preis)
```


Vor der Ausführung ist es wichtig, den Ordner dateien manuell zu erstellen, da es sonst zu einer Fehlermeldung kommt. Wenn man diesen nach dem Ausführen öffnet, stellt man fest, dass sich darin nun die Datei sortiment.txt befindet. Wenn man diese öffnet, entdeckt man die Eingaben, die bei der Ausführung gemacht wurden. Allerdings stehen diese bislang alle in einer Zeile und ohne trennendes Leerzeichen. Für eine bessere Übersichtlichkeit ist es sinnvoll, nach jedem Eintrag einen Zeilenumbruch einzufügen. Dafür kommt der Ausdruck \n zum Einsatz, der in Anführungszeichen stehen muss und der Eingabe durch ein Pluszeichen hinzugefügt wird. Der Befehl für das Schreiben der Marke sieht demnach wie folgt aus: `f.write(marke+"\n")`. Auch bei allen anderen Schreibbefehlen ist eine entsprechende Änderung vorzunehmen.

Wenn man nun das Programm erneut ausführt und sich die Datei betrachtet, die dabei entsteht, fällt auf, dass diese immer nur die Werte des letzten Fahrzeugs enthält, das eingegeben wurde. Alle vorherigen Werte werden gelöscht. Um diese zu erhalten, soll das zweite Attribut des `open`-Befehls auf `a` gesetzt werden. Nun werden die neuen Einträge an die bestehenden Fahrzeuge angehängt. Um die Übersichtlichkeit zu verbessern, ist es außerdem sinnvoll, am Ende noch einen zusätzlichen `write`-Befehl einzufügen, der lediglich einen Zeilenumbruch enthält. So entsteht eine Leerzeile zwischen den einzelnen Fahrzeugen. Das Programm zum Schreiben der Werte sieht dann wie folgt aus:

```
f = open('dateien\sortiment.txt','a')

marke = input("Geben Sie die Marke ein: ")
modell = input ("Geben Sie das Modell ein: ")
baujahr = input ("Geben Sie das Baujahr ein: ")
preis = input ("Geben Sie den Preis ein: ")

f.write(marke+"\n")
f.write(modell+"\n")
f.write(baujahr+"\n")
f.write(preis+"\n")
f.write("\n")
```

13.3 Daten aus der Datei auslesen

Im letzten Abschnitt wurde vorgestellt, wie man Informationen in einer Datei speichern kann. Wenn man das Programm zur Verwaltung des Sortiments öffnet, ist es jedoch ebenfalls sehr wichtig, dass diesem alle Informationen zu den Fahrzeugen zur Verfügung stehen. Dazu ist es notwendig, die Datei einzulesen. Für die Beispiele in diesem Abschnitt ist es notwendig, dass eine Datei mit dem Namen sortiment.txt besteht, die sich im Unterverzeichnis dateien befindet. Diese sollte das Programm im vorherigen Abschnitt bereits erstellt haben. Ist dies nicht der Fall, ist es erforderlich, dieses Programm erneut auszuführen oder die Datei manuell zu erstellen. Darüber hinaus ist es wichtig, dass die Daten die gewünschte Struktur aufweisen. Dabei muss jede Eigenschaft in einer eigenen Zeile stehen. Außerdem muss nach jedem Auto eine Leerzeile stehen. Es sehr wichtig, diese Struktur einzuhalten, damit das Programm den Inhalt später richtig zuordnen kann. Da bei den ersten Versuchen eventuell Daten in die Datei geschrieben wurden, die nicht dieser Struktur entsprechen, ist es notwendig, dies kurz zu überprüfen und gegebenenfalls manuell anzupassen.

Um die Datei auszulesen, ist es wieder notwendig, diese mit dem `open`-Befehl zu öffnen. Allerdings muss nun als zweites Attribut der Wert `r` angegeben werden, um die Daten zu lesen. Um die gesamte Datei einzulesen, ist lediglich der Befehl `read()` notwendig. Ein einfaches Programm, um die Daten einzulesen und auf dem Bildschirm auszugeben, könnte wie folgt aussehen:

```
f = open('dateien\sortiment.txt','r')
inhalt = f.read()
print(inhalt)
```


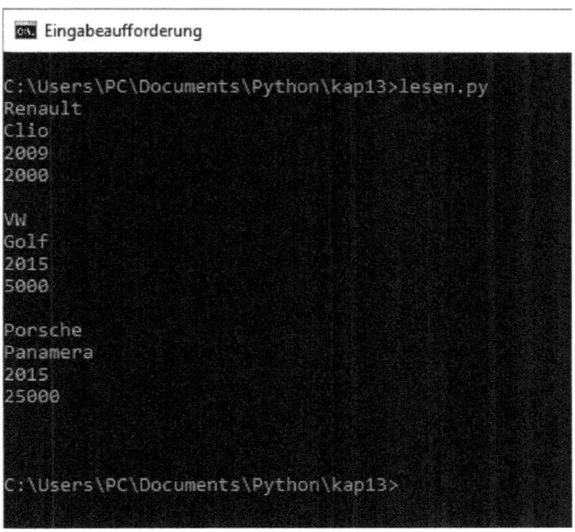

Screenshot 81 Die Ausgabe der Inhalte der Datei

Dieses Programm ist zwar nützlich, um den gesamten Inhalt der Datei auszugeben, doch ist es für die Bearbeitung der Daten wichtig, alle Werte separat zu speichern. In den vorherigen Kapiteln sollte beispielsweise der Preis eines Fahrzeugs geändert werden. Das ist nicht möglich, wenn alle Daten zusammen ausgelesen werden.

Da für jedes Detail der Fahrzeuge eine eigene Zeile verwendet wurde, ist es sinnvoll, den Inhalt der Datei zeilenweise auszulesen. Python bietet hierfür mehrere Möglichkeiten. Eine Alternative besteht darin, den Befehl `readline()` zu verwenden. Dieser gibt den Inhalt einer einzelnen Zeile zurück und spring dann eine Zeile weiter. Diese Vorgehensweise ist bei den meisten anderen Programmiersprachen üblich. Dabei muss eine `while`-Schleife erstellt werden, die so lange durchlaufen wird, bis das Ende der Datei erreicht ist. Python kennt allerdings keinen Befehl, der das Dateiende kennzeichnet. Zwar gibt es auch hier Möglichkeiten, um die Dateien mit dem `readline`-Befehl zeilenweise auszulesen, doch sind diese recht kompliziert.

Glücklicherweise hält Python jedoch Alternativen zu dieser Vorgehensweise bereit, die im Vergleich zu anderen Programmiersprachen ausgesprochen einfach sind. Eine Möglichkeit stellt der Befehl `readlines()` dar. Dieser gibt eine Liste zurück, die die einzelnen Zeilen in jeweils einem Feld enthält. So ist es möglich, die Liste auszuwerten und die Eigenschaften der Fahrzeuge in einem Objekt des Typs `Auto` zu speichern. Um diese Liste zu erzeugen, ist lediglich folgender Befehl notwendig:

```
inhalt = f.readlines()
```

Für dieses Programm ist es zunächst notwendig, die Definition der entsprechenden Klasse anzugeben. Diese ist identisch zur Klasse Auto aus dem Kapitel 11.5 und kann von dort kopiert werden.

Ein Problem bei diesem Programm stellt es dar, dass die Anzahl der Objekte, die erzeugt werden sollen, vom Inhalt der Datei abhängt. Sie ist daher zum Zeitpunkt, zu dem das Programm erstellt wird, noch nicht vorgegeben. Aus diesem Grund ist es sinnvoll, die Objekte nicht einzeln abzuspeichern, sondern in einer Liste zusammenzufassen. So lässt sich die Länge der Liste einfach an den Inhalt der Datei anpassen.

Um zu ermitteln, wie viele Objekte erzeugt werden sollen, ist es notwendig, die Länge der Liste mit dem Befehl `len()` zu ermitteln. Da jedes Fahrzeug aus fünf Zeilen besteht (vier Attribute und eine Leerzeile), muss dieser Wert dann durch fünf geteilt werden. Nun kann man eine `for`-Schleifen gestalten, um die Werte den entsprechenden Objekten zuzuordnen. Zum Schluss folgt eine weitere `for`-Schleife, die den Inhalt der Objekte in der Liste ausgibt. So lässt sich überprüfen, ob der Inhalt der Datei ordnungsgemäß erfasst wurde.

```
class Auto:
	"""
	Erstellt das Objekt Auto für einen Gebrauchtwagenhändler.
	"""
	def __init__(self, ma, mo, bj, pr):
		"""
		Initialisiert ein neues Objekt Auto

		Argumente:
		* Marke (string): Marke des Gebrauchtwagens
		* Modell (string): Modell des Gebrauchtwagens
		* Baujahr (int): Baujahr des Fahrzeugs
		* Preis (int): Angestrebter Verkaufspreis
		"""

		self.__Marke = ma
		self.__Modell = mo
		self.__Baujahr = bj
		self.__Preis = pr

	def getMarke(self):
		"""
		Gibt die Marke des Autos zurück.
		"""
		return self.__Marke
```

13

```
    def getModell(self):
        """
        Gibt das Modell des Autos zurück.
        """
        return self.__Modell

    def getBaujahr(self):
        """
        Gibt das Baujahr des Autos zurück.
        """
        return self.__Baujahr

    def getPreis(self):
        """
        Gibt den Preis des Autos zurück.
        """
        return self.__Preis

    def setPreis(self, preis_neu):
        """
        Ändert den Preis des Autos
        """

        if abs(self.__Preis - preis_neu) < self.__Preis *
        0.05:
            self.__Preis = preis_neu
        else:
            print("Die Abweichung zum vorherigen Preis
            ist sehr groß.")
            bestaetigung = input("Soll %d als neuer
            Preis"%preis_neu +
            "festgelegt werden?(ja/nein)")
            if bestaetigung == "ja":
                self.__Preis = preis_neu

f = open('dateien\sortiment.txt','r')

inhalt = f.readlines()

laenge = int(len(inhalt)/5)

liste = []

for i in range(laenge):
    marke = inhalt[i*5]
    modell = inhalt[i*5+1]
    baujahr = inhalt[i*5+2]
    preis = inhalt[i*5+3]
    liste += [Auto(marke,modell,baujahr,preis)]
```

```
for i in range(laenge):
        print (liste[i].getMarke())
        print (liste[i].getModell())
        print (liste[i].getBaujahr())
        print (liste[i].getPreis(), "\n")
```

Die for-Schleife, in der die Inhalte der Liste den Attributen des Objekts zugeordnet werden, wird einmal pro vorhandenem Fahrzeug durchlaufen. Da jedes Fahrzeug jedoch aus fünf Zeilen besteht, muss der Zähler mit 5 multipliziert werden. So springt die Schleife bei jedem Durchgang um fünf Zeilen weiter. Zusätzlich wird der Wert der Zeile für die einzelnen Attribute addiert. Wenn alle vier Attribute vorhanden sind, erzeugt das Programm ein Objekt des Typs Auto mit diesen Werten und fügt es zur Liste mit den Ergebnissen hinzu.

Alternativ dazu ist es auch möglich, in einer for-Schleife über den Inhalt des Objekts f zu iterieren. Dabei wird in jedem neuen Durchgang eine neue Zeile behandelt. Die Definition der Klasse ist hierbei identisch und wird nicht erneut wiederholt. Das Hauptprogramm sieht dabei wie folgt aus:

```
f = open('dateien\sortiment.txt','r')
i = 0
liste = []

for zeile in f:
      if i == 0:
            marke = zeile
            i += 1
      elif i == 1:
            modell = zeile
            i += 1
      elif i == 2:
            baujahr = zeile
            i += 1
      elif i == 3:
            preis = zeile
            i += 1
      elif i == 4:
            i = 0
            liste += [Auto(marke,modell,baujahr,preis)]
for i in range(len(liste)):
      print (liste[i].getMarke())
```

```
    print (liste[i].getModell())
    print (liste[i].getBaujahr())
    print (liste[i].getPreis(), "\n")
```

Innerhalb der `for`-Schleife wird dabei mit einem eigenen Index gearbeitet, der bestimmt, welchem Attribut des Objekts der Inhalt der Zeile zugeordnet wird. Wenn der Zähler den Wert 4 erreicht hat, sind alle Attribute eines Objekts erfasst. Daher wird das Objekt erzeugt und an die Liste angehängt. Außerdem wird der Zähler auf 0 zurückgesetzt, um mit einem neuen Objekt zu beginnen.

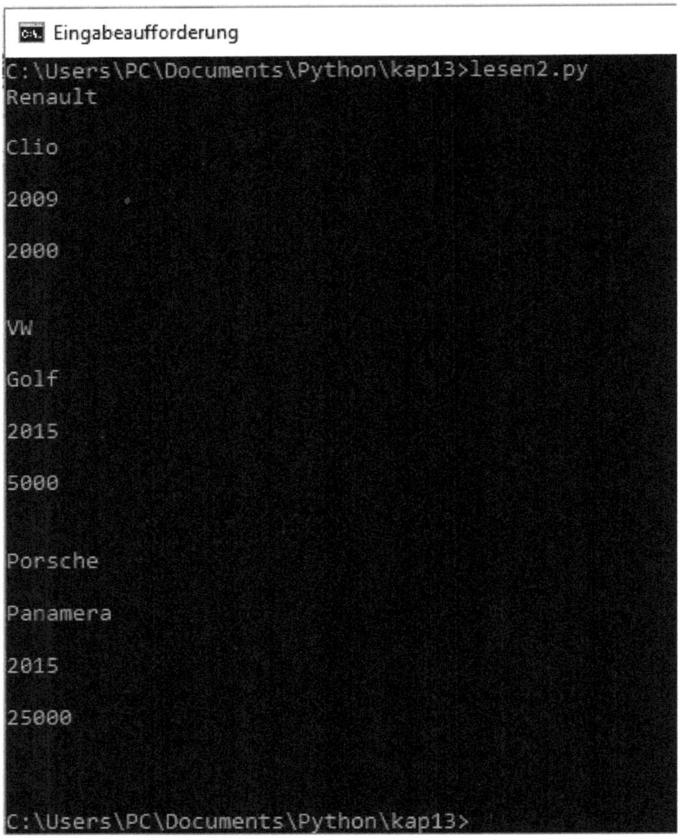

Screenshot 82 Die Ausgabe ist bei beiden Programmen vollkommen identisch.

13.4 Übungsaufgabe: mit Dateien für die Datenspeicherung arbeiten

1. Schreiben Sie ein Programm, das es erlaubt, eine Gästeliste für Ihre nächste Geburtstagsparty zu gestalten. Dieses soll eine Schleife enthalten, in der Sie beliebig viele Namen eintragen können. Sollte vor dem Aufruf des Programms bereits eine Gästeliste bestehen, dann sollen die neuen Namen an die bisherige Datei angehängt werden.

2. Schreiben Sie ein Programm, das es ermöglicht, einen Gast von der Liste zu löschen. Da keine Möglichkeit bekannt ist, einen Teilbereich der Datei zu entfernen, soll das Programm zunächst die komplette Gästeliste einlesen und in einer Liste speichern. Danach ist es notwendig, die Datei mit dem Befehl `f.close()` wieder zu schließen. Überprüfen Sie anschließend, ob der Name in der Liste enthalten ist. Ist dies der Fall, müssen Sie den Eintrag aus der Liste entfernen und die Datei erneut öffnen – dieses Mal mit dem Attribut "w", um den bisherigen Inhalt zu überschreiben. Geben Sie eine Meldung aus, ob der Eintrag gelöscht wurde oder ob er nicht in der Liste enthalten ist.

Anmerkung: Beachten Sie, dass die einzelnen Zeilen der Liste, die durch den readlines-Befehl erstellt wurde, einen Zeilenumbruch enthalten. Wenn Sie den Inhalt mit der Eingabe des Nutzers vergleichen, müssen Sie daher dem entsprechenden Namen den Zeilenumbruch hinzufügen (+"\n").

Lösungen:

1.

```
f = open('dateien\gaeste.txt','a')

while True:
      eingabe = input("Fügen Sie einen neuen Namen hinzu"+
      " (Zum Abbrechen 'quit' eingeben): ")
      if eingabe == "quit":
            break
      f.write(eingabe+"\n")
```

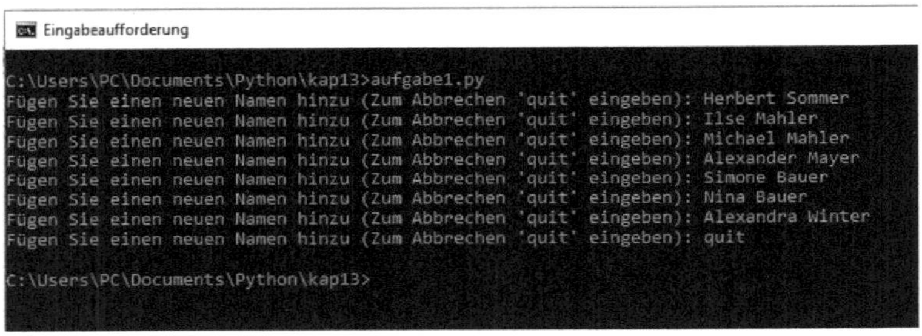

Screenshot 83 Die Eingabe der Gäste für die Geburtstagsfeier

2.

```
f = open('dateien\gaeste.txt','r')
liste = f.readlines()
f.close()

geloescht = False
eingabe = input("Welchen Gast möchten Sie löschen?")

for i in range(len(liste)):

      if liste[i] == eingabe+"\n":
            f = open('dateien\gaeste.txt','w')
            liste = liste[:i] + liste[i+1:]
            for linie in liste:
                  f.write(linie)
            print (eingabe, "wurde erfolgreich gelöscht.")
            geloescht = True
            break
```

```
if not geloescht:
    print (eingabe, "ist nicht in der Liste enthalten.")
```

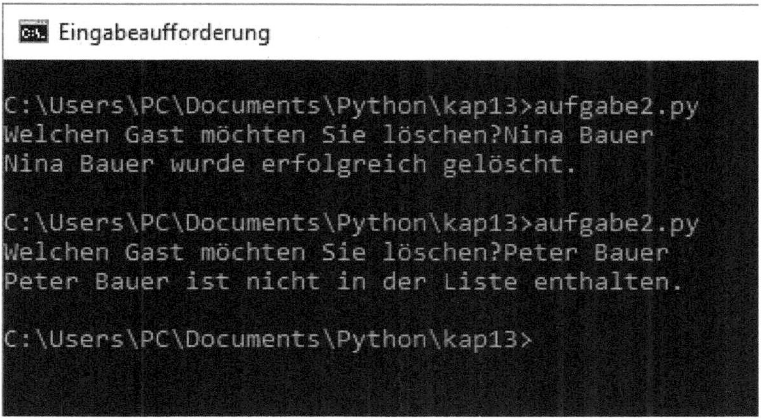

Screenshot 84 Das Löschen eines Gastes aus der Liste

Alle Programmcodes aus diesem Buch sind als PDF zum Download verfügbar. Dadurch müssen Sie sie nicht abtippen:
https://bmu-verlag.de/books/python/

Außerdem erhalten Sie die eBook Ausgabe zum Buch im PDF Format kostenlos auf unserer Website:

https://bmu-verlag.de/books/python/
Downloadcode: siehe Kapitel 15

Kapitel 14
Grafische Benutzeroberflächen mit Tkinter erzeugen

Die Programme, die bisher in diesem Buch vorgestellt wurden, unterscheiden sich stark von modernen Anwenderprogrammen. Die bisherigen Beispiele verwendeten reinen Text, der über den Kommandozeileninterpreter ausgegeben wurd. Auch alle Eingaben wurden auf diesem Wege verarbeitet. Das bringt jedoch einen relativ geringen Komfort mit sich. Auch die Verarbeitung von Eingaben ist recht schwierig. Wenn man diese mit vordefinierten Werten abgleicht, müssen diese genau übereinstimmen. Selbst ein kleiner Unterschied hinsichtlich der Groß- und Kleinschreibung kann dazu führen, dass das Programm einen Wert nicht erkennt. Wenn man beispielsweise im Programm aus der letzten Übungsaufgabe einen Namen mit einem Kleinbuchstaben eingibt, der in der Liste jedoch mit einem Großbuchstaben eingetragen wurde, erkennt das Programm diesen nicht. Dieses Problem lässt sich zwar noch mit verschiedenen Tricks beheben. Wenn man jedoch bei einer Person einen zweiten Vornamen eingibt und diesen dann beim Löschen vergisst, dann ist die Fehlerbehebung bereits deutlich schwieriger.

Aus diesen Gründen verwendet moderne Software in der Regel Fenster für den Ablauf des Programms. Das bietet viele Vorteile. Diese Methode ist sehr benutzerfreundlich, da der Anwender die Funktionen einfach mit der Maus anklicken kann. Außerdem lassen sich dabei Buttons mit verschiedenen Eingabeoptionen gestalten. Das reduziert die Anfälligkeit gegenüber Eingabefehlern erheblich, da der Programmierer alle Optionen bereits bei der Gestaltung des Programms vorgeben kann.

Aufgrund dieser Vorteile soll nun auch in diesem Buch die Verwendung von Fenstern eingeführt werden. Dabei gilt es zu beachten, dass es ausgesprochen schwierig ist, ein Fenster von Grund auf selbst zu gestalten. Allerdings ist dies auch überhaupt nicht notwendig. Andere Programmierer haben diese Aufgabe bereits übernommen und entsprechende Module für Python entwickelt. Diese werden als GUI-Toolkit bezeichnet. Die Abkürzung GUI steht für Graphical User Interface – also für eine grafische Benutzerschnittstelle. Ein GUI-Toolkit macht es ganz einfach, ein Fenster für das Programm zu gestalten.

Es gibt mehrere Möglichkeiten für die Gestaltung von Fenstern in Python. In diesem Buch soll das Modul Tkinter vorgestellt werden. Dabei handelt es sich um das älteste und am weitesten verbreitete GUI-Toolkit für Python. Es bietet unter anderem den Vorteil, dass es kostenlos erhältlich ist. Außerdem ist es bereits im Python-Interpreter enthalten ist. Daher ist keine zusätzliche Installation notwendig.

Tkinter wird auch in der Standardbibliothek behandelt. Zu Beginn ist es sinnvoll, einen kurzen Blick in dieses Kapitel zu werfen, um einen Überblick über die Möglichkeiten zu erhalten. Außerdem sind hier viele Tutorials und Nachschlagewerke verlinkt, die einen tiefergehenden Einstieg in Tkinter ermöglichen, als das in diesem Buch möglich ist.

14.1 Ein erstes einfaches Fenster erstellen

In diesem Abschnitt soll ein erstes kleines Fenster entstehen. Dessen Funktion ist die gleiche, wie beim allerersten Programm in diesem Buch: Es soll lediglich eine Begrüßung ausgeben.

Um mit Tkinter zu arbeiten, ist es zunächst notwendig, das entsprechende Modul zu importieren. Hierfür kommt folgender Befehl zum Einsatz:

```
from tkinter import *
```

Dabei ist es wichtig, zu beachten, dass dieses Modul in früheren Python-Versionen mit einem Großbuchstaben begann. Zwar ist davon auszugehen, dass alle Leser die aktuelle Version installiert haben. Sollten jedoch bei diesem `Import`-Befehl Probleme auftreten, dann ist es sinnvoll, den Begriff `Tkinter` einmal mit einem Großbuchstaben zu schreiben.

Wie die meisten Module in Python arbeitet auch Tkinter mit Objekten. Jedes Fenster, das entstehen soll, ist ein Objekt. Die entsprechende Klasse hierfür lautet `Tk`. Es ist bei der Erzeugung des Objekts nicht notwendig, Werte aus dem Hauptprogramm zu übergeben. Durch folgende Codezeile entsteht ein neues Objekt des Typs `Tk`:

```
fenster = Tk()
```

Nun hat man zwar bereits ein Objekt für das Fenster erstellt, wenn man das Programm aufruft, passiert aber bislang nichts. Das liegt daran, dass es notwendig ist, die `mainloop`-Methode aufzurufen, um das Fenster anzuzeigen. Wenn man den entsprechenden Befehl einfügt, ist es bereits möglich, das erste Fenster anzuzeigen:

```
from tkinter import *

fenster = Tk()
fenster.mainloop()
```


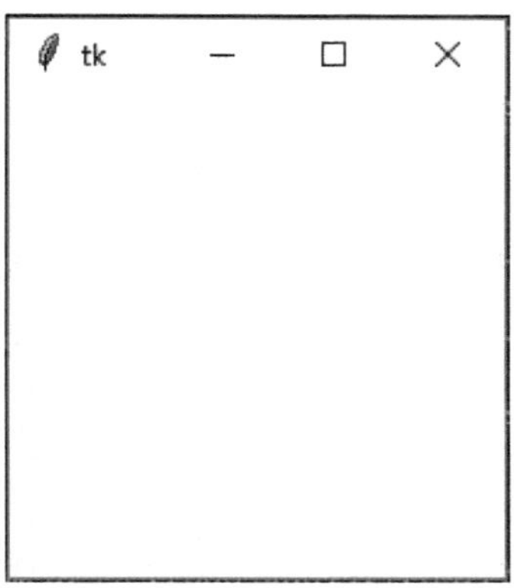

Screenshot 85 Das erste mit Tkinter erstellte Fenster

Wenn man das Fenster, das durch dieses Programm erzeugt wurde, anschaut, stellt man fest, dass dieses noch vollkommen leer und damit nutzlos ist. Das soll nun geändert werden.

Ein Fenster kann verschiedene weitere Elemente enthalten. Diese müssen nach der Erstellung des Fensters, aber vor dem Aufruf der `mainloop`-Methode hinzugefügt werden. Dann werden sie in dem Fenster angezeigt.

Wenn man einen einfachen Text im Fenster platzieren will, dann kommt dafür ein Label zum Einsatz. Auch hierbei handelt es sich um ein Objekt. Als Parameter bei der Erstellung ist es notwendig, den Text einzufügen, den das Label wiedergeben soll:

```
label = Label(text="Willkommen zum Python-Kurs!")
```

Damit ist das Label zwar bereits erstellt, wenn man das Programm jedoch probeweise ausführt, erscheint es noch nicht im Fenster. Hierfür ist die pack-Methode erforderlich:

```
label.pack()
```

Das vollständige Programm sieht wie folgt aus und erzeugt die Ausgabe des Texts in einem Fenster:

```
from tkinter import *

fenster = Tk()

label = Label(text="Willkommen zum Python-Kurs!")
label.pack()

fenster.mainloop()
```

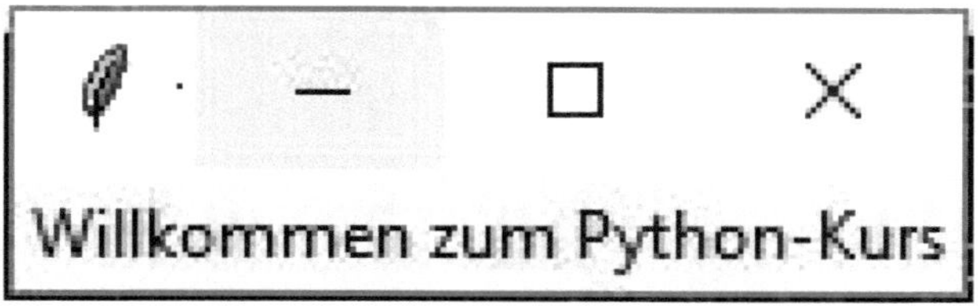

Screenshot 86 Das Fenster mit dem Begrüßungs-Text

Der Screenshot zeigt, dass der Text nun zwar ausgegeben wird, doch ist das Fenster winzig klein. Das liegt daran, dass es sich automatisch an den ausgegebenen Text anpasst. Daher ist es notwendig, eine feste Größe vorzugeben. Auf diese Weise wird es deutlich ansprechender. Hierfür kommt die `geometry`-Methode zum Einsatz. Dabei kann man als Parameter die Breite und die Höhe vorgeben. Dieser Methode sollte vor der Erzeugung des Labels eingefügt werden:

```
fenster.geometry("300x100")
```

Darüber hinaus soll der Titel des Fensters angepasst werden. Dieser trägt standardmäßig die Bezeichnung "tk". Mit der `title`-Methode lässt sich das jedoch individuell anpassen:

```
fenster.title("Python-Kurs")
```

Zum Schluss soll noch ein Rahmen eingefügt werden, damit das Fenster optisch etwas ansprechender wird. Hierfür ist das Objekt `Frame` notwendig. Als Parameter wird diesem in der Regel das Element übermittelt, in das er eingefügt wird. In diesem Fall wäre dies das Objekt `fenster`. Diese Angabe ist hierbei jedoch optional, da es sich bei `fenster` um das Hauptobjekt handelt. Ist keine weitere Angabe enthalten, wird dieses automatisch verwendet. Für eine individuelle Gestaltung ist es möglich, die Art des Rahmens (in diesem Fall "ridge") und die Breite des Randes zu übermitteln:

```
rahmen = Frame(fenster, relief="ridge", borderwidth=5)
```

Um den Rahmen einzufügen, kommt wieder die `pack`-Methode zum Einsatz. Dieser müssen nun jedoch die Attribute `fill="both"` und `expand = 1` übergeben werden. Diese führen dazu, dass der Rahmen das gesamte Fenster abdeckt und nicht nur den Bereich mit der Schrift:

```
rahmen.pack(fill="both", expand = 1)
```

Wenn man nun das Programm ausführt, stellt man fest, dass zunächst der Rahmen angezeigt wird, und erst danach die Schrift. Das Ziel besteht jedoch darin, dass die Schrift innerhalb des Rahmens steht. Dafür ist es notwendig, dem Label den Rahmen als übergeordnetes Element zuzuweisen. Dafür muss er lediglich als Parameter übermittelt werden:

```
label = Label(rahmen, text="Willkommen zum Python-Kurs!")
```

Nun ist das Fenster bereits fast fertig. Nur noch ein kleines Detail wirkt störend: Die Schrift befindet sich ganz oben im Fenster. Um dies zu ändern, muss bei der `pack`-Methode für das Label noch das Attribut `expand=1` eingefügt werden:

```
label.pack(expand = 1)
```

Dieser Befehl ist dann sinnvoll, wenn das übergeordnete Element – also in diesem Fall das `Tk`-Objekt `fenster` – durch den `geometry`-Befehl künstlich vergrößert wird und daher mehr Platz anbietet, als die darin enthaltenen Elemente benötigen. Er bewirkt, dass das Label so weit vergrößert wird, dass es den gesamten freien Raum einnimmt. Auf diese Weise erscheint es in der Mitte des Fensters.

Nun ist das Programm für das erste Fenster bereits abgeschlossen. Mit folgendem Code lässt sich ein ansprechendes Fenster erstellen, das den Anwender zum Python-Kurs begrüßt:

```
from tkinter import *

fenster = Tk()

fenster.geometry("300x100")
fenster.title("Python-Kurs")
rahmen = Frame(fenster, relief="ridge", borderwidth=5)
rahmen.pack(fill="both", expand = 1)

label = Label(rahmen, text="Willkommen zum Python-Kurs!")
label.pack(expand = 1)

fenster.mainloop()
```

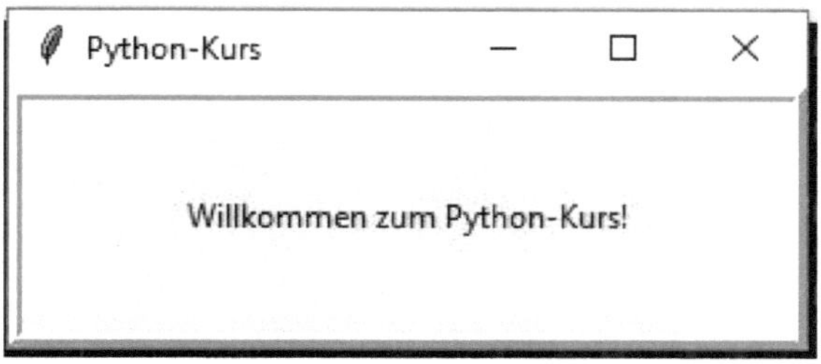

Screenshot 87 Das Fenster in seiner endgültigen Form

14.2 Buttons mit Funktionen hinzufügen

Bislang ist das Fenster zwar nett anzuschauen, es bietet jedoch keinerlei Funktionen. Das soll sich nun ändern. Um einem Fenster eine bestimmte Funktionalität zuzuweisen, kommen häufig Buttons zum Einsatz. Wenn der Anwender auf diese klickt, führen sie eine bestimmte Aktion aus, die der Programmierer zuvor festgelegt hat.

Um einen Button in das Fenster einzufügen, ist es zunächst notwendig, ein Objekt dieses Typs zu erzeugen: `button = Button()`. Um ihn in das Fenster zu integrieren, kommt wieder der `pack`-Befehl zum Einsatz: `button.pack()`.

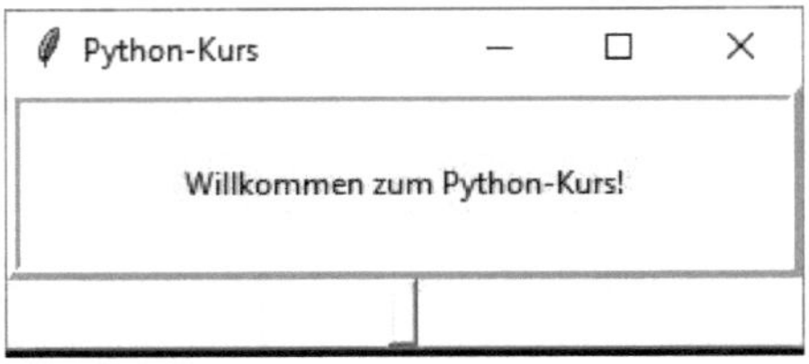

Screenshot 88 Bislang entspricht der Button noch nicht den Layoutvorstellungen.

Wenn man das Programm ausführt, erscheint der Button zwar bereits, doch sitzt er außerhalb des Rahmens und hat keine Beschriftung. Damit er innerhalb des Rahmens steht, ist es notwendig, bei der Erzeugung den Rahmen als übergeordnetes Element anzugeben – genau wie dies beim Label getan wurde. Außerdem ist es hierbei möglich, auch gleich die Beschriftung vorzugeben. Der Befehl sieht dann wie folgt aus: `button = Button(rahmen, text="OK")`.

Alternativ dazu lässt sich der Beschriftungstext auch erst später einfügen. Wenn man dies nicht bereits bei der Erzeugung des Objekts gemacht hat, kann man später auf die einzelnen Attribute zugreifen. Dafür wäre folgender Befehl notwendig: `button["text"] = "OK"`.

Wenn man das Programm jetzt ausführt, hat der Button bereits eine Beschriftung und steht innerhalb des Rahmens. Allerdings sitzt er hier ganz oben und nicht wie gewünscht am unteren Rand des Fensters. Dafür ist es notwendig, den `pack`-Befehl anzupassen: `button.pack(side = "bottom")`. Damit hat das Fenster bereits das gewünschte Erscheinungsbild:

Screenshot 89 Das Fenster mit dem Button

Wenn man auf den Button klickt, passiert aber noch nichts. Dafür ist es notwendig, einen Befehl für das Attribut `command` vorzugeben. Dieser lautet `fenster.destroy` und führt dazu, dass das Fenster geschlossen wird. Alternativ dazu wäre es auch möglich, den Befehl `fenster.quit` zu verwenden. Dieser hat auf den ersten Blick genau die gleichen Auswirkungen. Während `fenster.destroy` jedoch nur das entsprechende Fenster schließt, beendet `fenster.quit` den kompletten TCL-Interpreter, der für die Gestaltung der Fenster verantwortlich ist. Das kann jedoch auch andere Fenster, die gerade geöffnet sind, beeinflussen und sollte daher vermieden werden.

Genau wie bei der Beschriftung kann dies entweder direkt bei der Erzeugung des Objekts oder später durch einen direkten Zugriff erfolgen. In diesem Beispiel sollen alle Eigenschaften des Buttons bereits bei dessen Erzeugung eingefügt werden, sodass der Code wie folgt aussieht:

```
from tkinter import *

fenster = Tk()
fenster.geometry("300x100")
fenster.title("Python-Kurs")
rahmen = Frame(fenster, relief="ridge", borderwidth=5)
rahmen.pack(fill="both", expand = 1)

button = Button(rahmen,text="OK",command=fenster.destroy)
button.pack(side = "bottom")

label = Label(rahmen, text="Willkommen zum Python-Kurs!")
label.pack(expand = 1)

fenster.mainloop()
```

Wenn man nun auf den OK-button drückt, wird das Fenster geschlossen.

Man kann Buttons nicht nur zum Schließen des Fensters einfügen. Es ist auch möglich, eine beliebige andere Funktion mit ihnen zu verbinden. Um dies aufzuzeigen, soll ein weiterer Button in das Fenster eingefügt werden.

Um die Funktion des Buttons festzulegen, ist es notwendig, ihm eine eigene Methode zuzuweisen. Da kein direkter Zugriff auf die Klasse `Button` möglich ist, soll eine Unterklasse von dieser abgeleitet werden. Diese soll den Namen `MyButton` erhalten. Sie enthält lediglich eine Methode, die ausgeführt werden soll, wenn der Button gedrückt wird. In diesem Fall soll hier ein einfacher `print`-Befehl stehen. Es wäre aber auch möglich, eine Datei einzulesen, ein neues Fenster zu öffnen oder eine beliebige andere Aktion durchzuführen. Die Unterklasse `MyButton` muss wie folgt aussehen:

```
class MyButton(Button):
     def aktion (self):
          print("Sie haben den Button gedrückt")
```

Wenn man nun den Button in das Programm einfügen will, muss dieser nicht wie im vorherigen Beispiel ein Objekt der Klasse `Button` darstellen, sondern der Klasse `MyButton`. Er soll als übergeordnetes Objekt wieder den Rahmen erhalten und die Beschriftung soll "Action!" lauten: `button2 = MyButton(rahmen,text = "Action!")`. Die `command`-Zuweisung kann in diesem Beispiel nicht in diesem Befehl stehen. Der Grund dafür liegt darin, dass diese eine Methode des neu erstellten Objekts aufrufen soll. Das ist erst möglich, nachdem dieser Vorgang abgeschlossen wurde. Daher ist es notwendig, in der nächsten Zeile folgenden Befehl einzufügen: `button2["command"] = button2.aktion`. Dieser ruft die zuvor erstellte Methode auf, sobald der Button gedrückt wird. Danach ist es nur noch notwendig, den Button wieder mit dem `pack`-Befehl in das Fenster einzubinden. Danach ist das Programm bereits abgeschlossen:

```
from tkinter import *
class MyButton(Button):
     def aktion (self):
          print("Sie haben den Button gedrückt")

fenster = Tk()

fenster.geometry("300x100")
```

```
fenster.title("Python-Kurs")
rahmen = Frame(fenster, relief="ridge", borderwidth=5)
rahmen.pack(fill="both", expand = 1)

button = Button(rahmen,text="OK", command=fenster.destroy)
button.pack(side = "bottom")

button2 = MyButton(rahmen,text="Action!")
button2["command"] = button2.aktion
button2.pack(side = "bottom")
label = Label(rahmen, text="Willkommen zum Python-Kurs!")
label.pack(expand = 1)

fenster.mainloop()
```

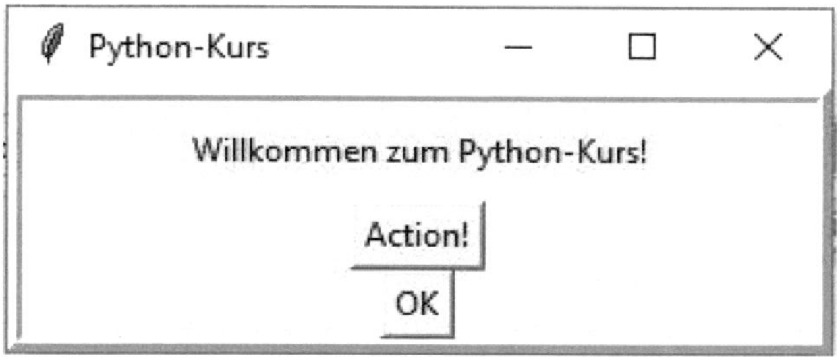

Screenshot 90 Das Fenster mit zwei Buttons

Wenn man nun auf den Button mit der Aufschrift Action drückt, sieht man, dass der Kommandozeileninterpreter den entsprechenden `print`-Befehl ausgibt. Das zeigt, dass der Button die gewünschte Funktion durchführt. Auf diese Weise ist es möglich, Buttons mit ganz verschiedenen Funktionen zu programmieren.

14.3 Das Layout der Fenster

Im vorherigen Abschnitt wurde ein Fenster erzeugt, das mehrere Elemente beinhaltet. Es erfüllte zwar die Funktionen wie gewünscht, doch wirkte es optisch nicht gerade ansprechend. Die unterschiedlich großen Buttons machen keinen ordentlichen Eindruck. Die Anordnung der beiden Schaltflächen ist ebenfalls optimierungsbedürftig. Aus diesen Gründen soll sich der folgende Abschnitt mit dem Layout des Fensters befassen.

Tkinter verfügt über mehrere Layout-Manager, die sich um die Anordnung der Elemente im Fenster kümmern. In den bisherigen Beispielen wurde stets der `pack`-Manager verwendet. Dieser ist zwar einfach anzuwenden, doch bietet er nur sehr wenige Gestaltungsmöglichkeiten. Mit den Befehlen `fill` und `expand`, die im Kapitel 14.1 verwendet wurden, ist es möglich, vorzugeben, wie der zur Verfügung stehende Raum ausgefüllt werden soll. Im vorherigen Abschnitt wurde dann noch der Befehl `side = bottom` hinzugefügt. Dieser sorgte dafür, dass der Button am unteren Rand des Fensters erschien. Anstatt `bottom` kann man an dieser Stelle auch `top`, `left` oder `right` stehen. Damit sind die Möglichkeiten des Layout-Managers jedoch bereits weitestgehend erschöpft. Bei Fenstern, die mehrere Elemente enthalten, ist damit keine sehr ansprechende Gestaltung möglich.

Deutlich mehr Möglichkeiten bietet der `grid`-Manager. Dieser ermöglicht eine tabellenartige Gestaltung des Fensters. Hierbei ist es stets notwendig, die Zeile und die Spalte anzugeben, in der das entsprechende Element stehen soll. Der `grid`-Manager teilt das Fenster dann in so viele Zeilen und Spalten ein, dass er alle Werte, die der Programmierer angegeben hat, bedienen kann. Auf diese Weise wäre es beispielsweise möglich, die beiden Buttons nebeneinander im unteren Bereich des Fensters einzufügen, während das Label zentral positioniert bleibt.

Bevor man sich der Tabelle widmet, ist jedoch noch eine kleine Anpassung bei den Buttons notwendig. Diese sollen die gleiche Breite erhalten. Das ist möglich, indem man bei beiden Elementen `width = 10` einfügt.

Wenn man sich die gewünschte Anordnung als Tabelle vorstellt, wäre hierfür ein System mit zwei Zeilen und zwei Spalten sinnvoll. In der ersten Spalte der ersten Zeile steht das Label. In der zweiten Zeile stehen die beiden Buttons – jeweils in verschiedenen Spalten. Daher ist für das Label und die beiden Buttons folgender Code notwendig:

```
label = Label(rahmen, text="Willkommen zum Python-Kurs!")
label.grid(row = 1, column = 1)

button2 = MyButton(rahmen, width = 10, text="Action!")
button2["command"] = button2.aktion
button2.grid(row = 2, column = 1)

button = Button(rahmen,text="OK", width = 10, command=fenster.
destroy)
button.grid(row = 2, column = 2)
```

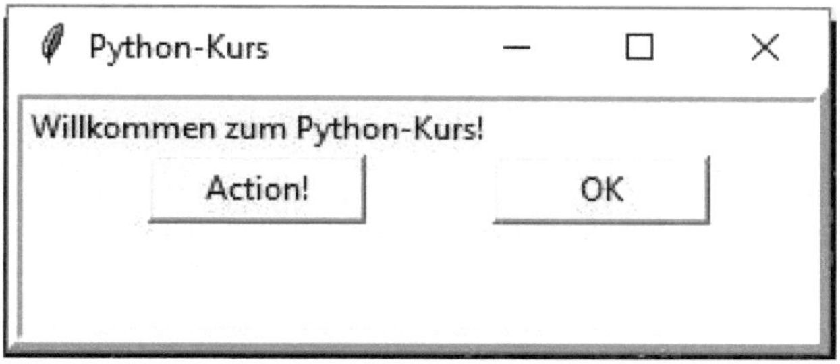

Screenshot 91 Der erste Entwurf mit dem grid-Manager

Wenn man sich das Fenster nun anschaut, stellt man fest, dass die grundlegende Struktur zwar bereits vorhanden ist, dass die Anordnung der einzelnen Elemente jedoch noch nicht optimal ist. Ein Problem besteht darin, dass das Label mit dem Begrüßungstext links im ersten Feld erscheint. Es soll jedoch zentral stehen. Um dies zu erreichen, ist es notwendig, dass es beide Spalten der ersten Zeile ausfüllt. Dafür ist es notwendig, den Befehl `columnspan = 2` einzufügen:


```
label.grid(row = 1, column = 1, columnspan = 2)
```

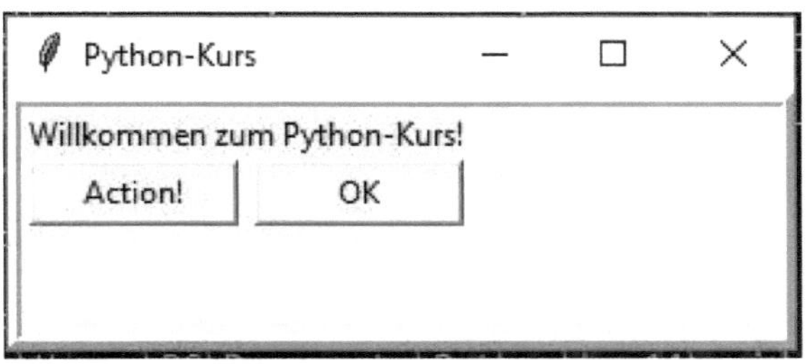

Screenshot 92 Die Verbindung der beiden Spalten für das Label

Damit entspricht das Fenster bereits etwas besser den Designvorstellungen. Allerdings sind alle Elemente in der linken oberen Ecke konzentriert. Um das zu ändern, ist es notwendig, Abstände einzufügen. Das geschieht mit dem Befehl `padx` für horizontale Abstände und `pady` für vertikale Abstände. Dabei ist es pro Zeile oder Spalte nur einmal notwendig, die entsprechenden Vorgaben zu machen. Sie werden dann bei allen anderen Elementen, die sich in der gleichen Zeile oder Spalte befinden, übernommen. Um die richtigen Abstände herauszufinden, ist es notwendig, etwas zu probieren, bis man die richtigen Werte findet. Für das Label bietet es sich beispielsweise an, `pady = 15` und `padx = 50` zu verwenden. Für die Buttons ist `pady = 10` sinnvoll. Dieser Wert muss nur beim ersten Button eingetragen werden. Daraus ergibt sich folgendes Programm für eine ansprechende Darstellung der einzelnen Elemente:

```
from tkinter import *

class MyButton(Button):
     def aktion (self):
          print("Sie haben den Button gedrückt")

fenster = Tk()

fenster.geometry("300x100")
fenster.title("Python-Kurs")
rahmen = Frame(fenster, relief="ridge", borderwidth=5)
rahmen.pack(fill="both", expand = 1)

label = Label(rahmen, text="Willkommen zum Python-Kurs!")
label.grid(row = 1, column = 1, columnspan = 2, pady = 15, padx
= 50)

button2 = MyButton(rahmen, width = 10, text="Action!")
button2["command"] = button2.aktion
button2.grid(row = 2, column = 1, pady = 10)

button = Button(rahmen,text="OK", width = 10, command=fenster.
destroy)
button.grid(row = 2, column = 2)

fenster.mainloop()
```

Screenshot 93 Das Fenster mit einer ansprechenden Anordnung der Elemente

Es gibt noch eine weitere Alternative zum `grid`-Manager: den `place`-Manager. Dieser ermöglicht eine vollkommen freie Anordnung aller Elemente. Dafür ist es lediglich notwendig, die x- und die y-Koordinaten innerhalb des Fensters anzugeben. Auf diese Weise lässt sich ebenfalls ganz einfach ein Fenster mit der gewünschten Anordnung erstellen:

```
from tkinter import *

class MyButton(Button):
     def aktion (self):
          print("Sie haben den Button gedrückt")

fenster = Tk()
fenster.geometry("300x100")
fenster.title("Python-Kurs")
rahmen = Frame(fenster, relief="ridge", borderwidth=5)
rahmen.pack(fill="both", expand = 1)

label = Label(rahmen, text="Willkommen zum Python-Kurs!")
label.place(x = 60, y = 20)

button2 = MyButton(rahmen, width = 10, text="Action!")
button2["command"] = button2.aktion
button2.place(x = 40, y = 60)

button = Button(rahmen,text="OK", width = 10, command=fenster.
destroy)
button.place(x = 170, y = 60)

fenster.mainloop()
```

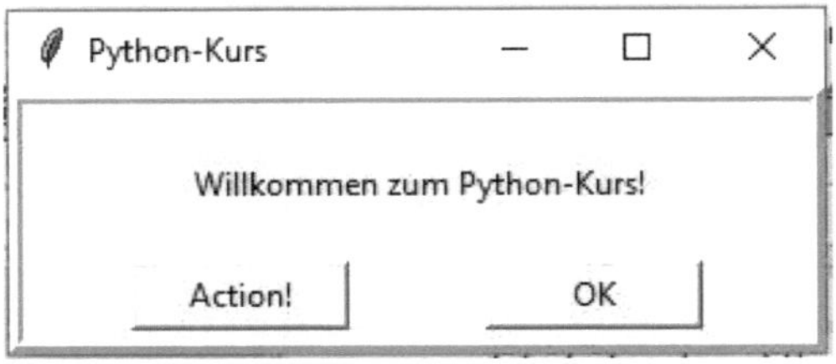

Screenshot 94 Die Ausgabe des Fensters mit dem place-Manager ist beinahe identisch.

14.4 Weitere Elemente für die Gestaltung der Fenster

Buttons und Labels stellen nicht die einzigen Elemente dar, die sich für die Gestaltung von Fenstern anbieten. Es gibt noch viele weitere Möglichkeiten. Diese sollen in diesem Abschnitt kurz vorgestellt werden.

Bei vielen Programmen ist es notwendig, dem Anwender die Möglichkeit zu einer Eingabe zu geben. Zu diesem Zweck kommt das Objekt `Entry` zum Einsatz. Es erzeugt ein Textfeld, in das der Nutzer einen beliebigen Text eintragen kann. Für dieses Objekt ist folgender Befehl notwendig: `eingabe = Entry()`. Als Parameter sollte hier wieder das übergeordnete Element stehen. Außerdem ist es möglich, weitere Vorgaben zu machen – beispielsweise zur Breite des Eingabefelds und zur Stärke des Rahmens. Meistens steht dieses Eingabefeld zusammen mit einem Label, das dem Anwender aufzeigt, welchen Wert er hier eingeben soll. Um zu wissen, wann das Programm die Eingabe aufnehmen soll, ist darunter noch ein Button notwendig. Dieser soll die Methode `aktion1` aufrufen, die den Wert des Feldes abspeichert. Dieser muss dann noch mit dem `pack`-Befehl in das Fenster eingefügt werden:

```
label = Label(rahmen, text = "Geben Sie Ihren Namen ein:")
label.pack()

eingabe = Entry(rahmen, bd = 2, width = 22)
eingabe.pack()
```

```
button = MyButton(rahmen,text="Eingabe")
button["command"] = button.aktion1
button.pack()
```

Auch hier ist es wieder notwendig, eine Klasse für den Button zu erstellen. Diese soll zunächst den Wert der Eingabe abrufen und in der Variablen `name` speichern. Dazu kommt die `get`-Methode zum Einsatz. Danach gibt sie den Wert über den Kommandozeileninterpreter aus. Schließlich entfernt sie die aktuelle Eingabe wieder aus dem Feld. Dazu dient die `delete`-Methode. Diese muss den Anfangs- und den Endpunkt des Bereichs, der gelöscht werden soll, enthalten. Da die Position des Endpunkts nicht bekannt ist, kommt hierfür der Platzhalter end zum Einsatz. Das führt dazu, dass stets der gesamte Bereich bis zum Ende der Eingabe gelöscht wird.

```
class MyButton(Button):
    def aktion1 (self):
        name = eingabe.get()
        print (name)
        eingabe.delete(0,'end')
```

Anschließend soll eine Checkbox hinzugefügt werden. Diese kann der Anwender anklicken, wenn er eine bestimmte Auswahl treffen oder einen Vorgang bestätigen will. Dabei ist es möglich, eine Variable abzurufen, um die Auswahl abzuspeichern. Zu diesem Zweck kommt der Datentyp `IntVar` zum Einsatz, der speziell für Tkinter entwickelt wurde. Hierbei handelt es sich genau genommen um ein Objekt. Dieses muss daher zunächst erzeugt werden – in diesem Beispiel erhält es den Namen `var:var = IntVar()`. Innerhalb der Parameter bei der Erzeugung des Checkbuttons ist es notwendig, den gewählten Namen dem Begriff variable zuzuweisen: `variable = var`.

Wenn die Checkbox ausgewählt wurde, beträgt der Wert 1, wurde sie nicht ausgewählt, beträgt er 0. Um das Ergebnis abzurufen, ist die `get`-Methode notwendig. Ein Button unter der Checkbox soll eine Methode aufrufen, die den Wert abfragt und über den Kommandozeileninterpreter ausgibt. Diese Methode sieht wie folgt aus:

```
def aktion2 (self):
     print (var.get())
```

Für die Erzeugung der Checkbox und des Buttons ist folgender Code notwendig:

```
var = IntVar()
checkbutton = Checkbutton(rahmen, text = "Bestätigen", variable
= var)
checkbutton.pack()

button2 = MyButton(rahmen,text="Eingabe")
button2["command"] = button.aktion2
button2.pack()
```

Schließlich soll noch ein Feld mit einer kleinen Scrollbar eingefügt werden. Dafür sind gleich zwei Objekte notwendig: eine Scrollbar und eine Listbox. Zunächst muss die Scrollbar erstellt werden und in den Rahmen eingefügt werden:

```
scrollbar = Scrollbar(rahmen)
```

Danach folgt die Listbox. Diese wird ebenfalls in den Rahmen eingefügt. Um sie mit der Scrollbar zu verbinden, ist der Parameter `yscrollcommand = scrollbar.set` notwendig. Danach folgt eine `for`-Schleife, die mit dem `insert`-Befehl 50 Zeilen in die Liste einfügt:

```
liste = Listbox(rahmen, yscrollcommand = scrollbar.set )
for i in range(50):
     liste.insert(END, "Zeile " + str(i))
```

Danach ist es notwendig, die Zeile `scrollbar.config (command=liste.yview)` einzufügen. Diese sorgt dafür, dass sich eine Änderung der Scrollbar mit der Maus auch auf die Anzeige innerhalb des Feldes auswirkt. Nun muss zunächst die Liste und dann die Scrollbar mit dem `pack`-Befehl in das Fenster eingefügt werden. Damit beide Elemente nebeneinander stehen, ist es notwendig, jeweils `side="left"` als Parameter vorzugeben.

Damit die Scrollbar die gleiche Höhe wie die Liste hat, wird der Parameter `fill = "y"` benötigt.

```
liste.pack(side="left")
scrollbar.pack(side = "left", fill = "y")
```

Damit ist auch dieses Element abgeschlossen, sodass es möglich ist, den vollständigen Programmcode anzugeben:

```
from tkinter import *

class MyButton(Button):
     def aktion1 (self):
          name = eingabe.get()
          print (name)
          eingabe.delete(0,'end')

     def aktion2 (self):
          print (var.get())

fenster = Tk()

fenster.geometry("300x300")
fenster.title("Python-Kurs")
rahmen = Frame(fenster, relief="ridge", borderwidth=5)
rahmen.pack(fill="both", expand = 1)

label = Label(rahmen, text = "Geben Sie Ihren Namen ein:")
label.pack()

eingabe = Entry(rahmen, bd = 2, width = 22)
eingabe.pack()

button = MyButton(rahmen,text="Eingabe")
button["command"] = button.aktion1
button.pack()

var = IntVar()
checkbutton = Checkbutton(rahmen, text = "Bestätigen",
variable = var)
checkbutton.pack()

button2 = MyButton(rahmen,text="Eingabe")
button2["command"] = button.aktion2
button2.pack()
scrollbar = Scrollbar(rahmen)
```

```
liste = Listbox(rahmen, yscrollcommand = scrollbar.set )
for i in range(50):
     liste.insert(END, "Zeile " + str(i))

scrollbar.config(command=liste.yview)
liste.pack(side="left")
scrollbar.pack(side = "left", fill = "y")


fenster.mainloop()
```

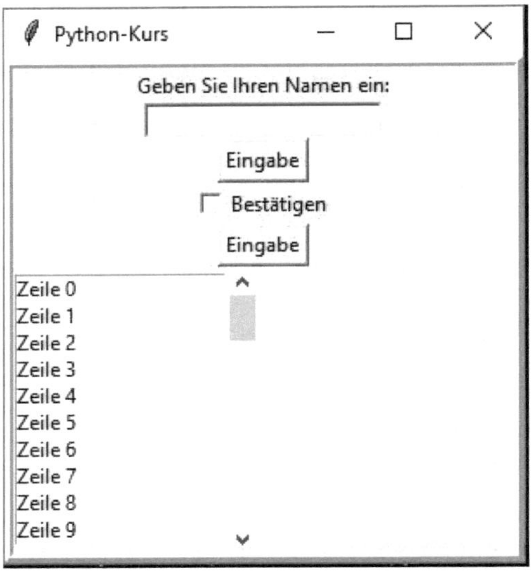

Screenshot 95 Das Fenster mit den drei erzeugten Elementen

14.5 Übungsaufgabe: Programme mit Fenstern selbst gestalten

1. Gestalten Sie ein Fenster, das zwei Eingabefelder enthält, in die der Anwender jeweils eine Zahl einfügen soll. Danach folgt ein Button und dann ein weiteres Eingabefeld. Wenn der Anwender den Button drückt, soll das Programm die Werte der beiden Felder addieren und mit dem `insert`-Befehl im letzten Eingabefeld ausgeben. Dieser muss als Parameter zunächst die Zahl 0 erhalten, damit das Ergebnis an der ersten Position des Feldes angezeigt wird. Danach folgt die Ausgabe – also das Er-

gebnis der Addition. Ordnen Sie die einzelnen Elemente mit dem `place`-Manager an.

2. Erstellen Sie eine Checkbox und einen Button. Wenn der Anwender den Button drückt, soll ein neues Fenster mit einer beliebigen Nachricht geöffnet werden – allerdings nur, wenn die Checkbox zuvor ausgewählt wurde.

Lösungen:

1.

```
from tkinter import *

class MyButton(Button):
     def addieren (self):
          zahl1 = int(eingabe1.get())
          zahl2 = int(eingabe2.get())
          eingabe1.delete(0,'end')
          eingabe2.delete(0,'end')
          ausgabe.delete(0,'end')
          ausgabe.insert(0,zahl1+zahl2)


fenster = Tk()

fenster.geometry("300x300")
fenster.title("Python-Kurs")
rahmen = Frame(fenster, relief="ridge", borderwidth=5)
rahmen.pack(fill="both", expand = 1)

label1 = Label(rahmen, text = "Zahl1:")
label1.place(x = 20, y = 30)
label2 = Label(rahmen, text = "Zahl2:")
label2.place(x = 170, y = 30)

eingabe1 = Entry(rahmen, bd = 2, width = 10)
eingabe1.place(x = 20, y = 70)
eingabe2 = Entry(rahmen, bd = 2, width = 10)
eingabe2.place(x = 170, y = 70)

button = MyButton(rahmen,text="Addieren")
button["command"] = button.addieren
button.place (x = 100, y = 120)

label3 = Label(rahmen, text = "Ergebnis:")
label3.place(x = 50, y = 180)
ausgabe = Entry(rahmen, bd = 2, width = 10)
ausgabe.place(x = 120, y = 180)
fenster.mainloop()
```

Screenshot 96 Der fertige Rechner

2.

```
from tkinter import *

class MyButton(Button):
    def aktion (self):
        if var.get() == 1:
            fenster2 = Tk()
            fenster2.geometry("200x100")
            fenster2.title("Hinweis")
            label = Label(fenster2, text="Checkbox ist
            ausgewählt!")
            label.pack(fill="both", expand = 1)

    def aktion2 (self):
        print (var.get())

fenster = Tk()

fenster.geometry("300x300")
fenster.title("Python-Kurs")
rahmen = Frame(fenster, relief="ridge", borderwidth=5)
rahmen.pack(fill="both", expand = 1)
```

```
var = IntVar()
checkbutton = Checkbutton(rahmen, text = "Bestätigen", variable
= var)
checkbutton.pack()
button = MyButton(rahmen,text="Eingabe")
button["command"] = button.aktion
button.pack()

fenster.mainloop()
```

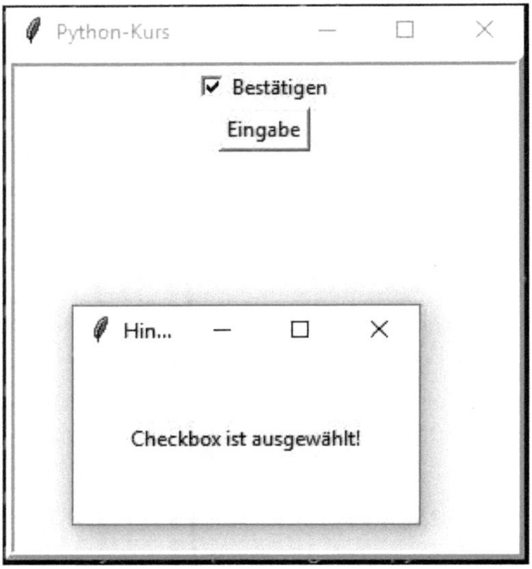

Screenshot 97 Das Ursprungsfenster mit dem geöffneten Hinweis

Alle Programmcodes aus diesem Buch sind als PDF zum Download verfügbar. Dadurch müssen Sie sie nicht abtippen: https://bmu-verlag.de/books/python/

Außerdem erhalten Sie die eBook Ausgabe zum Buch im PDF Format kostenlos auf unserer Website:

https://bmu-verlag.de/books/python/
Downloadcode: siehe Kapitel 15

Kapitel 15

Anwendungsbeispiel: Verwaltungsprogramm für Gebrauchtwagenhändler

In den vorherigen Kapiteln wurden die wichtigsten Grundlagen von Python vorgestellt. Mit diesen Fähigkeiten ist es bereits möglich, viele interessante Programme zu schreiben, die bereits nützliche Funktionen für die Praxis bieten. Um dies zu zeigen, soll nun im letzten Kapitel ein etwas umfangreicheres Programm entstehen. Der überwiegende Teil der Funktionen und Befehle, die darin vorkommen, wurden in diesem Buch bereits behandelt. Es geht vielmehr darum, das Gelernte anzuwenden und die einzelnen Teile zusammenzufügen. Falls doch einmal ein neuer Befehl auftauchen sollte, dann wird dieser selbstverständlich kurz erklärt.

Dieses abschließende Programm soll das Sortiment eines Gebrauchtwagenhändlers verwalten. Dieses Beispiel wurde bereits in den vorherigen Kapiteln immer wieder aufgegriffen und einige Teile wurden bereits programmiert. Diese einzelnen Bestandteile sollen nun zusammengefügt werden. Für eine einfache Anwendung soll das Programm außerdem auf Fenstern basieren.

Das Programm soll vier Funktionen beinhalten. Es soll das vollständige Sortiment anzeigen, es soll es ermöglichen, ein neues Auto hinzuzufügen, ein Fahrzeug zu verkaufen und damit aus dem Sortiment zu entfernen und den Preis eines Wagens zu ändern. Jede dieser Funktionen soll in einem eigenen Fenster bearbeitet werden. Das Sortiment soll dabei in einer Datei gespeichert werden.

15.1 Die Struktur des Programms festlegen

Wenn man ein größeres Programm schreibt, ist es zunächst notwendig, sich Gedanken über dessen Struktur zu machen. Danach ist es möglich, die einzelnen Teile Schritt für Schritt abzuarbeiten.

Dieses Programm soll über vier verschiedene Funktionen verfügen:

- Anzeige des aktuellen Sortiments
- Hinzufügen eines neuen Autos
- Löschen eines Autos
- Preisänderung

Diese Struktur macht es sinnvoll, ein Hauptfenster zu gestalten, das vier verschiedene Schaltflächen enthält. Diese bieten Zugang zu den verschiedenen Funktionen. Daher ist es notwendig, zunächst dieses Hauptfenster zu programmieren und die entsprechenden Bestandteile einzufügen. Beim Klick auf eine der vier Schaltflächen soll sich jeweils ein neues Fenster öffnen, das die entsprechenden Aktionen durchführt. Für eine gute Übersichtlichkeit sollen die Funktionen für die Schaltflächen jeweils in einem eigenen Modul stehen.

Um mit der Arbeit zu beginnen, soll zunächst das Hauptprogramm gestaltet werden. Dafür ist es notwendig, ein neues Fenster zu entwerfen. Um der tragenden Rolle gerecht zu werden, soll dieses etwas größer sein als die bisherigen Fenster. Für die Erzeugung kommt folgender Code zum Einsatz:

```
from tkinter import *
fenster = Tk()

fenster.geometry("700x350")
fenster.title("Sortiment verwalten")

fenster.mainloop()
```

Screenshot 98 Bisher ist das Fenster noch leer

Mit diesem Code lässt sich das Fenster zwar bereits erzeugen, doch hat es bislang keinen Inhalt. Um dies zu ändern, soll zunächst ein Rahmen eingefügt werden, um alle weiteren Elemente aufzunehmen:

```
rahmen = Frame(fenster, relief="ridge", borderwidth=5)
rahmen.pack(fill="both", expand = 1)
```

Danach folgt der erste Button. Dieser dient dazu, das Sortiment anzuzeigen. Er soll eigentlich wieder auf der Basis einer eigenen Unterklasse gebildet werden. Diese wird jedoch erst in einem späteren Schritt erstellt. Um das Programm dennoch ausprobieren zu können, soll vorerst ein gewöhnlicher Button erzeugt werden:

```
button1 = Button(rahmen,text="Sortiment anzeigen", width = 20,
height = 5)
```

Danach folgt eine Zeile, die der Gestaltung dient. Da diese Buttons eine zentrale Rolle für das Programm spielen, soll die Beschriftung etwas größer und fett erscheinen:

```
button1.config(font=("Arial", 12, "bold"))
```

Danach ist es eigentlich notwendig, das Kommando für die Funktion, die bei der Betätigung der Schaltfläche ausgeführt werden soll, einzufügen. Diese ist jedoch noch nicht programmiert. Daher wäre es nicht möglich, das Programm auszuführen, wenn sie bereits im Code aufgerufen wird. Dennoch ist es sinnvoll, den entsprechenden Befehl schon jetzt einzufügen, um den Ablauf des Programms klar zu machen. Allerdings soll das Raute-Zeichen vorangestellt werden. So behandelt das Programm diese Zeile als Kommentar, sodass die Ausführung problemlos möglich ist. Wenn dann später die entsprechende Funktion programmiert ist, muss nur das Raute-Zeichen entfernt werden:

```
#button1["command"] = button1.anzeigen
```

Nun ist es nur noch notwendig, den Button in das Fenster einzufügen:

```
button1.place(x = 50, y = 50)
```

Die übrigen drei Buttons sind fast genau gleich zu programmieren. Lediglich die Beschriftung, die Funktion, die aufgerufen werden soll und die Position sind dabei anzupassen. Wenn man diese Aufgabe durchgeführt hat, ist das Hauptfenster bereits abgeschlossen:


```
from tkinter import *
fenster = Tk()
fenster.geometry("700x350")
fenster.title("Sortiment verwalten")
rahmen = Frame(fenster, relief="ridge", borderwidth=5)
rahmen.pack(fill="both", expand = 1)

button1 = Button(rahmen,text="Sortiment anzeigen", width = 20,
height = 5)
button1.config(font=("Arial", 12, "bold"))
#button1["command"] = button1.anzeigen
button1.place(x = 50, y = 50)
```

```
button2 = Button(rahmen,text="Fahrzeug hinzufügen", width = 20,
height = 5)
button2.config(font=("Arial", 12, "bold"))
#button2["command"] = button2.hinzufuegen
button2.place(x = 430, y = 50)

button3 = Button(rahmen,text="Fahrzeug verkaufen", width = 20,
height = 5)
button3.config(font=("Arial", 12, "bold"))
#button3["command"] = button3.verkaufen
button3.place(x = 50, y = 200)

button4 = Button(rahmen,text="Preis ändern", width = 20, height
= 5)
button4.config(font=("Arial", 12, "bold"))
#button4["command"] = button4.aendern
button4.place(x = 430, y = 200)

fenster.mainloop()
```

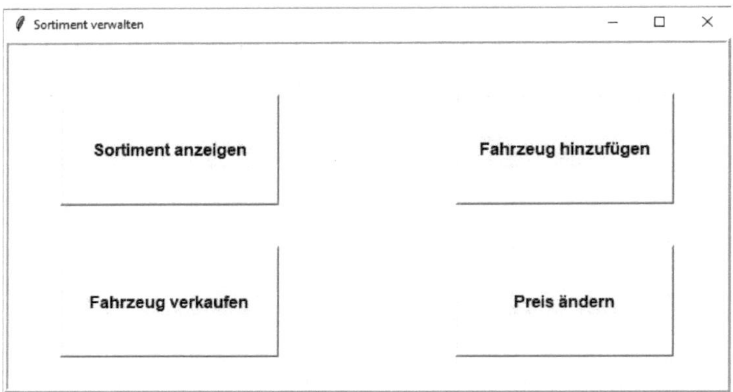

Screenshot 99 Jetzt hat das Hauptfenster bereits Schaltflächen für die einzelnen Funktionen.

15.2 Das Sortiment anzeigen

Nun muss der erster der vier Buttons bearbeitet werden. Die entsprechende Funktion hierfür soll in einer eigenen Datei stehen. Diese soll den Namen anzeigen.py erhalten. Um diese in das Hauptprogramm zu integrieren, muss dort folgender Befehl eingefügt werden:

```
from anzeigen import *
```

Außerdem soll der erste Button nun vom Typ `Anzeigen` sein: Diese Klasse soll in der neuen Datei erstellt werden. Um den Button zu erzeugen, muss der Befehl folgendermaßen abgewandelt werden:

```
button1 = Anzeigen(rahmen,text="Sortiment anzeigen", width = 20,
height = 5)
```

Außerdem muss das Rautezeichen für den ersten Button entfernt werden.

Nach diesen Vorarbeiten soll in der neuen Datei die Klasse Anzeigen entstehen:

```
class Anzeigen(Button):
```

Diese definiert daraufhin die Funktion anzeigen, die der Button aus dem Hauptprogramm aufruft:

```
def anzeigen (self):
```


Nach dem bekannten Muster sollen hier nun ein Fenster, ein Rahmen und eine Überschrift entstehen:

```
fenster = Tk()
fenster.geometry("500x400")
fenster.title("Sortiment anzeigen")
rahmen = Frame(fenster, relief="ridge", borderwidth=5)
rahmen.pack(fill="both", expand = 1)

label = Label(rahmen, text = "Das aktuelle Sortiment:")
label.config(font=("Arial", 14, "bold"))
label.pack(pady = 20)
```

Daraufhin soll ein Feld mit einer Scrollbar entstehen, die das gesamte Sortiment ausgibt. Wie bereits im vorherigen Kapitel erklärt, entsteht dieser Block jedoch aus zwei verschiedenen Elementen: dem Listenfeld und der Scrollbar. Diese sollten keinen Abstand zwischeneinander aufweisen. Allerdings soll ein Abstand zu den übrigen Elementen entstehen, um das Fenster ansprechender zu gestalten. Daher ist es sinnvoll, zunächst einen weiteren Rahmen zu erzeugen. Dieser nimmt die beiden Elemente ohne Abstände auf und erzeugt einen eigenen Block. Diesen kann man dann mit einem Abstand von den übrigen Elementen platzieren. Für den Rahmen und die Scrollbar ist folgender Code notwendig:

```
rahmen2 = Frame(rahmen, relief="ridge", borderwidth=1)
rahmen2.pack(pady = 20, padx = 30)

f = open('dateien\sortiment.txt','r')

inhalt = f.readlines()
scrollbar = Scrollbar(rahmen2)

liste = Listbox(rahmen2, yscrollcommand = scrollbar.set, width
= 50)
i = 0
for zeile in inhalt:
      if i == 0:
            ausgabe = "Artikelnummer: "+zeile
            i += 1
      elif i == 1:
            ausgabe = "Marke: "+zeile
            i += 1
      elif i == 2:
            ausgabe = "Modell: "+zeile
            i += 1
      elif i == 3:
            ausgabe = "Baujahr: "+zeile
            i += 1
      elif i == 4:
            ausgabe = "Preis: "+zeile
            i += 1
      elif i == 5:
            ausgabe = ""
            i = 0
      liste.insert(END, ausgabe)
```

```
f.close()

scrollbar.config(command=liste.yview)
liste.pack(side="left", fill = "both")
scrollbar.pack(side = "left", fill = "y")
```

In diesem Code werden nicht nur die entsprechenden Elemente erzeugt. Darüber hinaus wird die Listbox auch gleich mit Inhalten gefüllt. Nachdem der Rahmen erzeugt wurde, öffnet das Programm zu diesem Zweck zunächst die Datei, die das Sortiment enthält. Diese soll im Unterverzeichnis dateien stehen, sodass es notwendig ist, manuell einen entsprechenden Ordner zu erzeugen. Es ist sinnvoll, eine entsprechende Text-Datei zu erstellen, um das Programm auszuprobieren.

Nach dem Öffnen der Datei speichert das Programm die Daten in der Liste inhalt ab. Erst danach erzeugt es die Scrollbar und die Listbox. Um die Inhalte in die Listbox einzutragen, kommt wie im vorherigen Kapitel eine `for`-Schleife zum Einsatz. Allerdings ist hier nun ein weiterer Zähler vorhanden. Dieser dient dazu, den passenden Bezeichner vor den Inhalt zu stellen.

An dieser Stelle fällt auf, dass nun nicht mehr nur die Marke, das Modell, das Baujahr und der Preis angezeigt werden, sondern auch eine Artikelnummer. Diese dient im weiteren Verlauf des Programms dazu, den Zugriff auf die einzelnen Autos zu erleichtern. Wenn man manuell eine Datei erstellt, um dieses Programm auszuprobieren, ist es wichtig, diese neue Struktur zu berücksichtigen.

Anschließend wird die Datei wieder geschlossen und die Scrollbar mit dem Textfeld vereint. Schließlich ist es notwendig, mit dem `pack`-Befehl beide Elemente in das Fenster einzufügen.

Wenn man nun unten im Programm den `mainloop`-Befehl einfügt, kann man das Programm bereits ausprobieren. Allerdings soll noch eine Kleinigkeit verbessert werden: Unter der Liste soll ein Button mit der Aufschrift OK platziert werden. Dieser dient dazu, das Fenster zu schließen:

```
button = Button(rahmen,text="OK", command=fenster.destroy, width
= 10, height = 2)
button.config(font=("Arial", 10))
button.pack(pady = 10)
```

Damit ist der Code für die erste Programmfunktion bereits abgeschlossen und das Programm in der Datei anzeigen.py sieht wie folgt aus:

```
from tkinter import *

class Anzeigen(Button):
    def anzeigen (self):

        fenster = Tk()
        fenster.geometry("500x400")
        fenster.title("Sortiment anzeigen")
        rahmen = Frame(fenster, relief="ridge", borderwidth=5)
        rahmen.pack(fill="both", expand = 1)

        label = Label(rahmen, text = "Das aktuelle
        Sortiment:")
        label.config(font=("Arial", 14, "bold"))
        label.pack(pady = 20)

        rahmen2 = Frame(rahmen, relief="ridge", borderwidth=1)
        rahmen2.pack(pady = 20, padx = 30)

        f = open('dateien\sortiment.txt','r')
        inhalt = f.readlines()

        scrollbar = Scrollbar(rahmen2)

        liste = Listbox(rahmen2, yscrollcommand = scrollbar.
        set,
        width = 50)
        i = 0
        for zeile in inhalt:
            if i == 0:
                ausgabe = "Artikelnummer: "+zeile
                i += 1
            elif i == 1:
                ausgabe = "Marke: "+zeile
                i += 1
            elif i == 2:
                ausgabe = "Modell: "+zeile
                i += 1
```

```
            elif i == 3:
                ausgabe = "Baujahr: "+zeile
                i += 1
            elif i == 4:
                ausgabe = "Preis: "+zeile
                i += 1
            elif i == 5:
                ausgabe = ""
                i = 0
            liste.insert(END, ausgabe)

        f.close()

        scrollbar.config(command=liste.yview)

        liste.pack(side="left", fill = "both")
        scrollbar.pack(side = "left", fill = "y")

        button = Button(rahmen,text="OK", command=fenster.
        destroy,
        width = 10, height = 2)
        button.config(font=("Arial", 10))
        button.pack(pady = 10)

        fenster.mainloop()
```

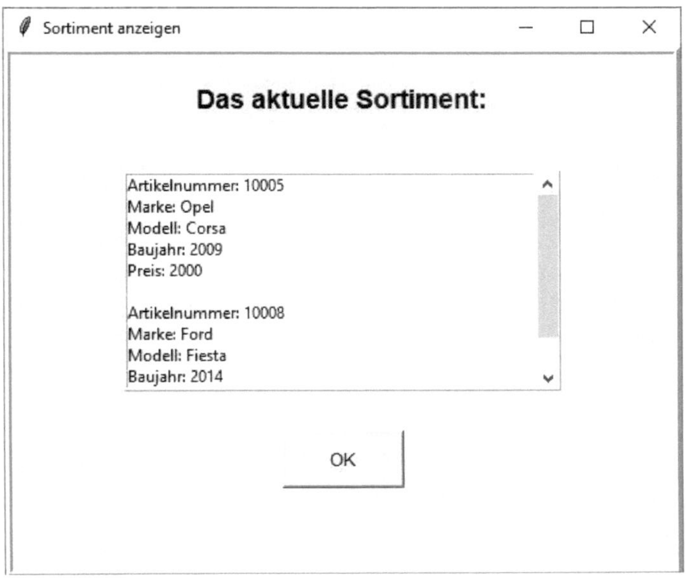

Screenshot 100 Die Anzeige des Sortiments

15.3 Ein neues Auto zum Sortiment hinzufügen

Der zweite Button dient dazu, ein Auto zum Sortiment hinzuzufügen. Er soll ein Objekt der Klasse `Hinzufuegen` sein, deren Code in der Datei hinzufuegen.py erstellt wird. Analog zum vorherigen Abschnitt ist es notwendig, die entsprechenden Anpassungen im Hauptprogramm vorzunehmen: Die Datei muss importiert werden, die Klasse bei der Erzeugung des Buttons angepasst und das Rautezeichen entfernt werden.

In der neuen Datei müssen zunächst die Klasse Hinzufuegen und die Methode `hinzufuegen()` erstellt werden. Danach ist das Fenster für diese neue Funktion an der Reihe, das wie üblich mit einem Rahmen und mit einer Überschrift erstellt wird:

```
fenster = Tk()

fenster.geometry("550x400")
fenster.title("Sortiment anzeigen")
rahmen = Frame(fenster, relief="ridge", borderwidth=5)
rahmen.pack(fill="both", expand = 1)

labelHaupt = Label(rahmen, text = "Geben Sie die Daten des " +
"neuen Fahrzeugs ein:")
labelHaupt.config(font=("Arial", 14, "bold"))
labelHaupt.place(x = 50, y = 10)
```

Das Fenster muss es dem Anwender erlauben, die Daten für ein neues Fahrzeug einzufügen. Dazu kommen `Entry`-Felder zum Einsatz, die bereits im vorherigen Kapitel vorgestellt wurden. Davor steht jeweils ein Label mit einer Beschriftung. Der Code für die erste dieser Kombinationen sieht wie folgt aus:

```
label1 = Label(rahmen, text = "Artikelnummer:")
label1.place(x = 100, y = 100)
eingabe1 = Entry(rahmen, bd = 2, width = 22)
eingabe1.place(x = 200, y = 100)
```

Der Code für die übrigen vier Eingabefelder ist weitestgehend identisch – lediglich die Nummerierung, die Position und die Beschriftung müssen angepasst werden. Als kleine Übungsaufgabe kann der Leser diese selbst erstellen.

Unter diesen Feldern steht ein Button für die Eingabe der Werte. Danach folgt der `mainloop`-Befehl zum Erstellen des Fensters:

```
button = MyButton(rahmen,text="Eingabe")
button["command"] = button.aktion1
button.place(x = 180, y = 320
fenster.mainloop()
```

Damit ist das Fenster eigentlich erstellt. Wenn man ausprobieren will, wie es wirkt, erhält man jedoch eine Fehlermeldung. Das liegt daran, dass die Klasse `MyButton` mit der Methode `aktion1` noch nicht erstellt ist. Das soll nun nachgeholt werden.

Diese Klasse soll innerhalb der Methode hinzufuegen definiert werden. Das garantiert einen einfachen Zugriff auf die Variablen.

Zunächst ist es notwendig, die Datei zu öffnen – dieses Mal mit dem Parameter `a`, um die neuen Daten an die bestehenden Inhalte anzuhängen:

```
f = open('dateien\sortiment.txt','a')
```

Danach ist es notwendig, die Eingaben in den einzelnen Feldern auszulesen und in die Datei zu schreiben. Für das erste Feld ist folgender Befehl notwendig:

```
inhalt = eingabe1.get()
f.write(inhalt+"\n")
```

Für die weiteren Felder ist es lediglich notwendig, die Nummerierung anzupassen. Anschließend folgt eine Leerzeile, um die einzelnen Fahrzeuge voneinander zu trennen. Zum Schluss soll die Datei mit dem `close`-Befehl geschlossen werden. Da sich das Fenster nach der Eingabe automatisch schließen soll, ist auch noch ein `destroy`-Befehl notwendig. Damit ist auch der Code für die zweite Funktion des Programms abgeschlossen:

```
from tkinter import *

class Hinzufuegen(Button):

    def hinzufuegen(self):

        class MyButton(Button):
            def aktion1 (self):

                f = open('dateien\sortiment.txt','a')
                inhalt = eingabe1.get()
                f.write(inhalt+"\n")

                inhalt = eingabe2.get()
                f.write(inhalt+"\n")

                inhalt = eingabe3.get()
                f.write(inhalt+"\n")

                inhalt = eingabe4.get()
                f.write(inhalt+"\n")

                inhalt = eingabe5.get()
                f.write(inhalt+"\n")

                f.write("\n")

                f.close()

                fenster.destroy()

        fenster = Tk()

        fenster.geometry("550x400")
        fenster.title("Sortiment anzeigen")
        rahmen = Frame(fenster, relief="ridge", borderwidth=5)
        rahmen.pack(fill="both", expand = 1)

        labelHaupt = Label(rahmen, text = "Geben Sie die Daten
        des "+
        "neuen Fahrzeugs ein:")
        labelHaupt.config(font=("Arial", 14, "bold"))
        labelHaupt.place(x = 50, y = 10)
        label1 = Label(rahmen, text = "Artikelnummer:")
        label1.place(x = 100, y = 100)
        eingabe1 = Entry(rahmen, bd = 2, width = 22)
        eingabe1.place(x = 200, y = 100)
```

```
label2 = Label(rahmen, text = "Marke:")
label2.place(x = 100, y = 140)
eingabe2 = Entry(rahmen, bd = 2, width = 22)
eingabe2.place(x = 200, y = 140)

label3 = Label(rahmen, text = "Modell:")
label3.place(x = 100, y = 180)
eingabe3 = Entry(rahmen, bd = 2, width = 22)
eingabe3.place(x = 200, y = 180)

label4 = Label(rahmen, text = "Baujahr:")
label4.place(x = 100, y = 220)
eingabe4 = Entry(rahmen, bd = 2, width = 22)
eingabe4.place(x = 200, y = 220)

label5 = Label(rahmen, text = "Preis:")
label5.place(x = 100, y = 260)
eingabe5 = Entry(rahmen, bd = 2, width = 22)
eingabe5.place(x = 200, y = 260)
button = MyButton(rahmen,text="Eingabe")
button["command"] = button.aktion1
button.place(x = 180, y = 320)

fenster.mainloop()
```

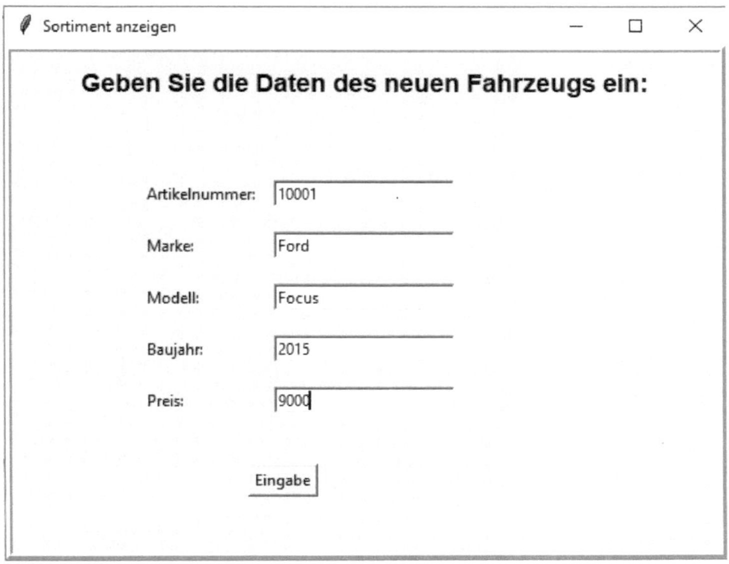

Screenshot 101 Das Fenster zum Hinzufügen eines neuen Autos

15.4 Ein Auto verkaufen

Wenn der Gebrauchtwagenhändler ein Fahrzeug verkauft, ist es notwendig, dieses aus dem Sortiment zu entfernen. Auch für diese Aufgabe soll das Programm eine passende Funktion bereitstellen. An dieser Stelle erlangt die Artikelnummer, die bereits zuvor in diesem Kapitel zur Sprache kam, Bedeutung. Der Löschvorgang soll anhand dieser Nummer durchgeführt werden. Daher muss die entsprechende Methode ein Fenster öffnen und darin die Artikelnummer des verkauften Fahrzeugs abfragen. Daraufhin muss es den entsprechenden Eintrag aus der Datei entfernen. Auch hierbei ist es notwendig, die üblichen Vorarbeiten im Hauptprogramm durchzuführen: das Modul verkaufen.py zu importieren, den den Button anhand der Klasse `Verkaufen` zu erstellen und das Rautezeichen beim entsprechenden Kommando zu entfernen.

Der erste Teil dieser Methode ist fast identisch wie bei den vorherigen Buttons: Zunächst müssen das Fenster, der Rahmen und die Überschrift erstellt werden:

```
fenster = Tk()
fenster.geometry("500x400")
fenster.title("Fahrzeug löschen")
rahmen = Frame(fenster, relief="ridge", borderwidth=5)
rahmen.pack(fill="both", expand = 1)

label = Label(rahmen, text = "Welches Auto möchten Sie
verkaufen?")
label.config(font=("Arial", 14, "bold"))
label.place(x = 50, y = 10)
```

Genau wie beim vorherigen Button ist auch hier ein Eingabefeld mit einem entsprechenden Label notwendig. In diesem Fall muss jedoch nur die Artikelnummer abgefragt werden, sodass es ausreicht, ein einziges Eingabefeld einzufügen:

```
label1 = Label(rahmen, text = "Artikelnummer:")
label1.place(x = 100, y = 100)
eingabe1 = Entry(rahmen, bd = 2, width = 22)
eingabe1.place(x = 200, y = 100)
```

Auch hier ist wieder ein Button notwendig, der dafür sorgt, dass das Programm den Wert aus dem Eingabefeld aufnimmt und die entsprechende Aktion durchführt. Nach dem Button kann das Fenster bereits erstellt werden:

```
button = MyButton(rahmen,text="Eingabe")
button["command"] = button.aktion
button.place(x = 180, y = 220)
fenster.mainloop()
```

Auch hier ist es wieder notwendig, die Methode `aktion` zu definieren, die dieser Button aufruft. Die entsprechende Klasse soll in die Methode `verkaufen` eingefügt werden.

Diese Methode fragt zunächst den Wert des Eingabefelds ab und speichert diesen in der Variablen `artnr`. Danach öffnet sie die Datei zum Lesen, speichert den Inhalt mit dem `readlines`-Befehl in einer Liste und schließt die Datei wieder:

```
artnr = eingabe1.get()
f = open('dateien\sortiment.txt','r')
liste = f.readlines()
f.close()
```

Anschließend wird die Variable `geloescht` eingeführt, die dazu dient, zu überprüfen, ob der Löschvorgang erfolgreich war. Sie wird zunächst auf `False` gesetzt:


```
geloescht = False
```

Wie bereits in der Übungsaufgabe zu Kapitel 13 erklärt, ist es nicht möglich, einfach einen Teil aus der Datei zu entfernen. Daher soll zunächst der bereits ausgelesene Inhalt entsprechend angepasst werden und dann komplett in die Datei geschrieben werden – was alle bisherigen Einträge überschreibt. Dazu ist es notwendig, eine `for`-Schleife zu gestalten, die die Liste Feld für Feld durchgeht und überprüft, ob der Inhalt mit der eingegebenen Artikelnummer übereinstimmt. Da der `readlines`-Befehl alle Zeilen mit einem Zeilenumbruch wiedergibt, ist es notwendig, diesen beim Vergleich zu berücksichtigen. Wenn dabei eine Übereinstimmung festgestellt wird, öffnet das Programm zunächst die Datei zum Schreiben. Danach bearbeitet es die Liste. Der Bereich bis zum aktuellen Zähler enthält Fahrzeuge, bei denen die Artikelnummer nicht übereingestimmt hat. Daher stellen diese auch Teil der neuen Liste dar. Wenn die Artikelnummer übereinstimmt, muss der entsprechende Eintrag entfernt werden. Das betrifft jedoch nicht nur die aktuelle Zeile, sondern auch die fünf darauf folgenden Einträge. Diese enthalten die weiteren Eigenschaften, die ebenfalls zum entsprechenden Fahrzeug gehören. Daher werden die Inhalte erst nach fünf weiteren Feldern wieder zur neuen Liste hinzugefügt: `liste = liste[:i] + liste[i+6:]`. Nachdem der Inhalt überarbeitet wurde, schreibt das Programm die neue Liste Zeile für Zeile in die Datei. Da der Löschvorgang erfolgreich war, setzt es die Variable geloescht auf `True` und verlässt daraufhin die Schleife mit einem `break`-Befehl. Die komplette `for`-Schleife sieht demnach wie folgt aus:

```
for i in range(len(liste)):

    if liste[i] == artnr+"\n":
        f = open('dateien\sortiment.txt','w')
        liste = liste[:i] + liste[i+6:]
        for linie in liste:
            f.write(linie)
        geloescht = True
        break
```

Danach schließt die Methode die Datei und zerstört das Fenster. Da bei der Eingabe der Artikelnummer jedoch Fehler unterlaufen können, ist es für den Anwender wichtig, eine Meldung zu erhalten, ob dieser Vorgang erfolgreich war. Je nachdem, ob die Variable geloescht auf `True` oder auf `False` gesetzt ist, soll eine entsprechende Meldung ausgegeben werden. Diese soll in einem neuen Fenster erscheinen. Da hierfür sehr einfache Fenster zum Einsatz kommen, die den Beispielen aus Kapitel 14 entsprechen, werden diese hier nicht nochmals erklärt. Sie können einfach mit dem folgenden Code abgeglichen werden, der den kompletten Inhalt der Datei anzeigt:

```
from tkinter import *
class Verkaufen(Button):
    def verkaufen (self):
        class MyButton (Button):
            def aktion (self):
                artnr = eingabe1.get()
                f = open('dateien\sortiment.txt','r')
                liste = f.readlines()
                f.close()

                geloescht = False

                for i in range(len(liste)):
                    if liste[i] == artnr+"\n":
                        f = open('dateien\sortiment.txt','w')
                        liste = liste[:i] + liste[i+6:]
                        for linie in liste:
                        f.write(linie)
                        geloescht = True
                        break
f.close()
fenster.destroy()
if geloescht:
     fenster2 = Tk()
     fenster2.geometry("300x100")
     fenster2.title("Auto verkauft!")
     rahmen2 = Frame(fenster2, relief="ridge", borderwidth=5)
     rahmen2.pack(fill="both", expand = 1)

     label2 = Label(rahmen2, text="Auto aus dem Sortiment
     entfernt!")
                         label2.pack(expand = 1)
     button2 = Button(rahmen2,text="OK", command=fenster2.
     destroy)
     button2.pack(side = "bottom", pady = 5)
     fenster2.mainloop()
else:
     fenster2 = Tk()
     fenster2.geometry("300x100")
     fenster2.title("Warnung!")
     rahmen2 = Frame(fenster2, relief="ridge", borderwidth=5)
     rahmen2.pack(fill="both", expand = 1)
     label2 = Label(rahmen2, text="Artikelnummer nicht
     gefunden!")
     label2.pack(expand = 1)
     button2 = Button(rahmen2,text="OK", command=fenster2.
     destroy)
     button2.pack(side = "bottom", pady = 5)
     fenster2.mainloop()
```

```
fenster = Tk() fenster.geometry("500x400")
fenster.title("Fahrzeug löschen")
rahmen = Frame(fenster, relief="ridge", borderwidth=5)
rahmen.pack(fill="both", expand = 1)
label = Label(rahmen, text = "Welches Auto möchten Sie
verkaufen?")
label.config(font=("Arial", 14, "bold"))
label.place(x = 50, y = 10)
label1 = Label(rahmen, text = "Artikelnummer:")
label1.place(x = 100, y = 100)
eingabe1 = Entry(rahmen, bd = 2, width = 22)
eingabe1.place(x = 200, y = 100)
button = MyButton(rahmen,text="Eingabe")
button["command"] = button.aktion
button.place(x = 180, y = 220)
fenster.mainloop()
```

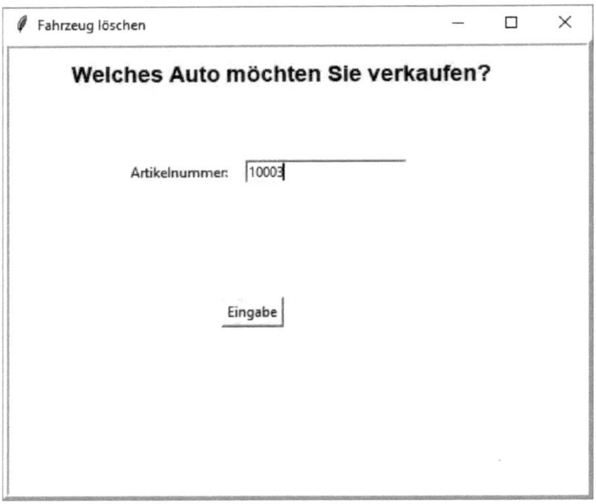

Screenshot 102 Das Fenster für den Verkauf eines Autos

15.5 Den Preis eines Fahrzeugs anpassen

Der letzte Button soll es dem Händler ermöglichen, den Preis für ein Fahrzeug anzupassen. Um diese Aktion durchzuführen, ist es notwendig, zu erfahren, bei welchem Auto die Änderung vorgenommen werden soll. Daher ist es auch hier wieder erforderlich, zunächst die Artikelnummer abzufragen. Allerdings ist dabei im Gegensatz zum vorherigen Fenster noch eine zusätzliche Information notwendig: der neue Preis. Daher muss dieses Fenster nun zwei Eingabefelder enthalten.

Wie bei allen vorherigen Buttons ist es auch hierbei notwendig, zunächst das Hauptprogramm so anzupassen, dass es die entsprechende Methode aufruft. Wie bisher muss dafür das neue Modul – aendern.py – importiert werden. Außerdem ist es notwendig, die Klasse des Buttons anzupassen und das Kommentar-Zeichen zu entfernen.

Nun ist es möglich, mit der letzten Datei zu beginnen. Diese soll die Klasse `Aendern` und in dieser die Methode `aendern()` enthalten. Das Fenster, das nun entsteht und die ersten Elemente, die es enthält, sind dabei beinahe identisch zum vorherigen Fenster. Lediglich der Titel und die Überschrift müssen geändert werden:

```
fenster = Tk()
fenster.geometry("500x400")
fenster.title("Preis ändern")
rahmen = Frame(fenster, relief="ridge", borderwidth=5)
rahmen.pack(fill="both", expand = 1)

label = Label(rahmen, text = "Neuen Preis festlegen:")
label.config(font=("Arial", 14, "bold"))
label.place(x = 80, y = 30)
```

Auch die nächsten Elemente sind sehr ähnlich wie beim vorherigen Fenster. Neben der Anpassung der Beschriftung ist jedoch darauf zu achten, dass dieses Mal zwei Eingabefelder notwendig sind:

```
label1 = Label(rahmen, text = "Artikelnummer:")
label1.place(x = 100, y = 100)
eingabe1 = Entry(rahmen, bd = 2, width = 22)
eingabe1.place(x = 200, y = 100)

label2 = Label(rahmen, text = "Neuer Preis:")
label2.place(x = 100, y = 140)
eingabe2 = Entry(rahmen, bd = 2, width = 22)
eingabe2.place(x = 200, y = 140)
```

Danach folgen wie im vorherigen Beispiel der Button, der die entsprechende Aktion durchführt und der mainloop-Befehl:

```
button = MyButton(rahmen,text="Eingabe")
button["command"] = button.aktion
button.place(x = 180, y = 220)

fenster.mainloop()
```

Nun folgt die Definition der Methode aktion, die in der Klasse MyButton stehen muss. Diese weist in vielen Bereichen ebenfalls Ähnlichkeiten zum vorherigen Fenster auf. Der wesentliche Unterschied besteht darin, dass sie nun jedoch die Werte aus zwei verschiedenen Eingabefeldern abfragen muss:

```
artnr = eingabe1.get()
preisNeu = eingabe2.get()
```

Danach ist es wieder notwendig, die Datei zum Lesen zu öffnen, den Inhalt in einer Liste zu speichern und sie wieder zu schließen. Danach wird wieder eine Kontrollvariable gesetzt, um zu überprüfen, ob die Aktion erfolgreich war:

```
f = open('dateien\sortiment.txt','r')
liste = f.readlines()
f.close()
geaendert = False
```

Zu einigen Unterschieden kommt es jedoch innerhalb der `for`-Schleife. Auch diese muss die gesamte Liste durchgehen und überprüfen, ob die entsprechende Zeile mit der eingegebenen Artikelnummer übereinstimmt. Wenn eine Übereinstimmung gefunden wurde, wird die Datei zum Schreiben geöffnet. In diesem Fall ist es jedoch nicht notwendig, einen Teil der Liste zu löschen. Anstatt dessen soll der Inhalt eines Feldes angepasst werden. Wenn eine Übereinstimmung auftritt, steht der Zähler stets am ersten Feld des entsprechenden Fahrzeugs, da in diesem die Artikelnummer gespeichert ist. Diese soll jedoch gleich bleiben. Die Änderung soll in dem Feld stattfinden, in dem der Preis enthalten ist. Dieses steht immer an fünfter Stelle eines einzelnen Fahrzeugs. Um auf das entsprechende Feld zuzugreifen, ist es daher notwendig, den aktuellen Index um vier zu erhöhen. Nun ist es einfach möglich, den neuen Preis in das entsprechende Feld einzutragen. Danach wird die überarbeitete Liste genau wie bei den bisherigen Buttons wieder in die Datei geschrieben. Die Kontrollvariable wird auf `True` gesetzt und die Schleife beendet:

```
for i in range(len(liste)):

    if liste[i] == artnr+"\n":
        f = open('dateien\sortiment.txt','w')
        liste[i+4] = preisNeu + "\n"
        for linie in liste:
            f.write(linie)
        geaendert = True
        break
```

Der übrige Ablauf des Programms ist wieder identisch zum vorherigen Fenster: zunächst werden die Datei und das Fenster geschlossen. Daraufhin wird eine Erfolgsmeldung ausgegeben, wenn die Aktion erfolgreich war. Wenn die entsprechende Artikelnummer jedoch nicht in der Liste enthalten war, kommt es zu einem Warnhinweis. Dafür kommen wieder einfache Fenster zum Einsatz, die keiner weiteren Erklärung bedürfen. Damit ist auch der Code für den letzten Button abgeschlossen:


```
from tkinter import *
class Aendern(Button):
  def aendern (self):
    class MyButton (Button):
        def aktion (self):
            artnr = eingabe1.get()
            preisNeu = eingabe2.get()
            f = open('dateien\sortiment.txt','r')
            liste = f.readlines() f.close()
            geaendert = False
              for i in range(len(liste)):
                if liste[i] == artnr+"\n":
                    f = open('dateien\sortiment.txt','w')
                    liste[i+4] = preisNeu + "\n"
                    for linie in liste:
                    f.write(linie)
```

```
                geaendert = True
                break
          f.close()
          fenster.destroy()
          if geaendert:
            fenster2 = Tk()
            fenster2.geometry("300x100")
            fenster2.title("Preis geändert!")
            rahmen2 = Frame(fenster2, relief="ridge",
            borderwidth=5)
            rahmen2.pack(fill="both", expand = 1)
            label2 = Label(rahmen2, text="Preis wurde
            angepasst!")
            label2.pack(expand = 1)
            button2 = Button(rahmen2,text="OK",
            command=fenster2.destroy)
            button2.pack(side = "bottom", pady = 5)
            fenster2.mainloop()
         else:
            fenster2 = Tk()
            fenster2.geometry("300x100")
            fenster2.title("Warnung!")
            rahmen2 = Frame(fenster2, relief="ridge",
            borderwidth=5)
            rahmen2.pack(fill="both", expand = 1)
            label2 = Label(rahmen2, text="Artikelnummer nicht
            gefunden!")
            label2.pack(expand = 1)
            button2 = Button(rahmen2,text="OK",
            command=fenster2.destroy)
            button2.pack(side = "bottom", pady = 5)
            fenster2.mainloop()
fenster = Tk()
fenster.geometry("500x400")
fenster.title("Preis ändern")
rahmen = Frame(fenster, relief="ridge", borderwidth=5)
rahmen.pack(fill="both", expand = 1)
label = Label(rahmen, text = "Neuen Preis festlegen:")
label.config(font=("Arial", 14, "bold"))
label.place(x = 80, y = 30)
label1 = Label(rahmen, text = "Artikelnummer:")
label1.place(x = 100, y = 100)
eingabe1 = Entry(rahmen, bd = 2, width = 22)
eingabe1.place(x = 200, y = 100)
label2 = Label(rahmen, text = "Neuer Preis:")
label2.place(x = 100, y = 140)
eingabe2 = Entry(rahmen, bd = 2, width = 22)
eingabe2.place(x = 200, y = 140)
```

```
button = MyButton(rahmen,text="Eingabe")
button["command"] = button.aktion
button.place(x = 180, y = 220)
fenster.mainloop()
```

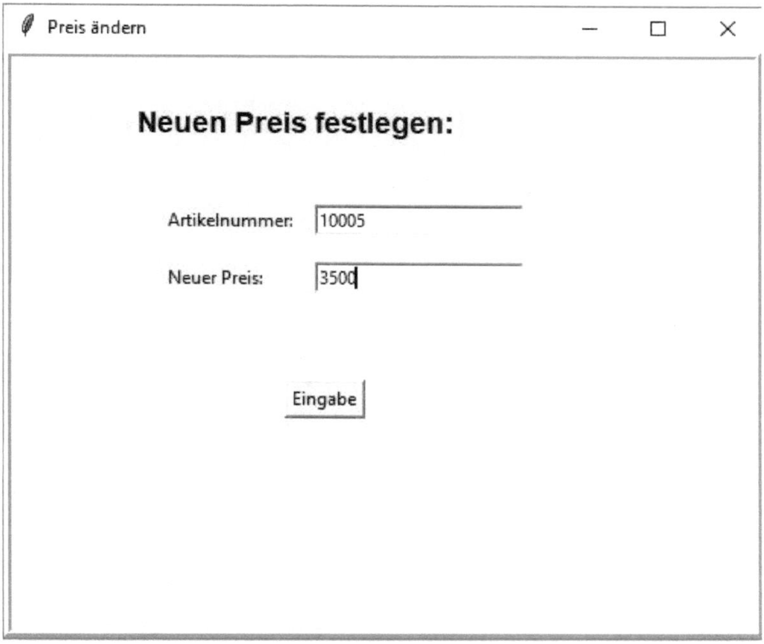

Screenshot 103 Das Fenster für die Änderung des Preises

15.6 Letzte Anpassungen am Hauptprogramm

In den vorherigen Abschnitten wurden vier Klassen erstellt, die alle gewünschten Funktionen für dieses Programm bereitstellen. Damit ist es möglich, viele wichtige Funktionen für die Verwaltung des Sortiments eines Gebrauchtwagenhändlers durchzuführen. Da bei der Erstellung der Funktionen auch einige Änderungen am Hauptprogramm vorgenommen wurden, soll dieses nun nochmals in seiner endgültigen Version dargestellt werden, damit der Leser den entsprechenden Code abgleichen kann:

```
from tkinter import *
from anzeigen import *
from hinzufuegen import *
from verkaufen import *
from aendern import *

fenster = Tk()

fenster.geometry("700x350")
fenster.title("Sortiment verwalten")
rahmen = Frame(fenster, relief="ridge", borderwidth=5)
rahmen.pack(fill="both", expand = 1)

button1 = Anzeigen(rahmen,text="Sortiment anzeigen", width = 20,
height = 5)
button1.config(font=("Arial", 12, "bold"))
button1["command"] = button1.anzeigen
button1.place(x = 50, y = 50)

button2 = Hinzufuegen(rahmen,text="Fahrzeug hinzufügen", width =
20, height = 5)
button2.config(font=("Arial", 12, "bold"))
button2["command"] = button2.hinzufuegen
button2.place(x = 430, y = 50)

button3 = Verkaufen(rahmen,text="Fahrzeug verkaufen", width =
20, height = 5)
button3.config(font=("Arial", 12, "bold"))
button3["command"] = button3.verkaufen
button3.place(x = 50, y = 200)

button4 = Aendern(rahmen,text="Preis ändern", width = 20, height
= 5)
button4.config(font=("Arial", 12, "bold"))
button4["command"] = button4.aendern
button4.place(x = 430, y = 200)
fenster.mainloop()
```

15.7 Ausblick

Damit ist nicht nur das Anwendungsbeispiel abgeschlossen, sondern auch dieses Buch. Daher ist es nun an der Zeit, einen kleinen Ausblick auf die weiteren Möglichkeiten zu geben. Wer das Buch bis zu diesem Punkt gelesen und die darin enthaltenen Programme geschrieben hat, verfügt bereits über gute Grundlagen im Bereich der Programmierung mit Python.

Um das Gelernte zu vertiefen und um die Kenntnisse auszubauen, ist es wichtig, regelmäßig zu üben. Dafür ist es möglich, einen Kurs zu besuchen oder ein Lehrbuch für fortgeschrittene Programmierer zu erwerben. Eine andere Möglichkeit besteht darin, einfach selbst zu programmieren. Eine gute Möglichkeit stellt es dar, das soeben erstellte Programm um weitere Funktionen zu erweitern – beispielsweise um nur Autos einer bestimmten Marke anzuzeigen oder um die Fahrzeuge herauszufiltern, die einen vom Anwender eingegebenen Höchstpreis nicht übersteigen. Mit den bisherigen Kenntnissen ist es möglich, viele interessante Aufgabenstellungen zu bearbeiten.

https://bmu-verlag.de/books/python/

Downloadcode: tzu128rfk

Besuchen Sie auch unsere Website:

Hier finden Sie alle unsere Programmierbücher und können sich Leseproben gratis downloaden:

www.bmu-verlag.de

Probleme? Fragen? Anregungen?

Sie können den Autor jederzeit unter bonacina@bmu-verlag.de kontaktieren!

Hat Ihnen das Buch gefallen?

Helfen Sie anderen Lesern und bewerten Sie das Buch auf Amazon:

http://amazon.de/ryp

Arduino Handbuch für Einsteiger: Der leichte Weg zum Arduino-Experten (202 Seiten)

Die Arduino Plattform, bestehend aus Hardware und Software, erleichtert den Einstieg in die Welt der Mikrocontroller sehr. In diesem Buch erfährst du alles, was notwendig ist, um deine Projekte und Ideen mit dem Arduino endlich realisieren zu können: Egal ob autonomer Roboter oder Heimautomation, mit diesem Buch kannst du sie schnell in die Tat umsetzen, ohne Vorkenntnisse zu benötigen.

Zunächst werden die Grundlagen des Arduino geklärt und direkt, ohne graue Theorie, die ersten Sensoren und Aktoren verwendet. Danach geht es tiefer in die Materie mit spannenden Themen, wie die Verbindung des Arduino mit dem World Wide Web oder der Ausgabe von Texten und Diagrammen auf Displays. Am Ende lernst du einige Projekte, wie eine Arduino Wetterstation oder einen autonomen Roboter kennen und kannst darauf basierend deine Traumprojekte realisieren.

2. Auflage: aktualisiert und erweitert

Hier informieren: http://bmu-verlag.de/arduino_handbuch/

Raspberry Pi Handbuch für Einsteiger: Linux, Python und Projekte (212 Seiten)

Der Raspberry Pi ist mit seiner leistungsfähigen Hardware, seiner ausgezeichneten Energieeffizienz und seinem universellen Design sehr vielfältig einsetzbar: Der kompakte PC steuert Roboter und Smart Homes, dient als Daten- und Webserver und kann als HTPC Media Center oder Spielekonsole im Wohnzimmer verwendet werden. Dieses Buch stellt dir zahlreiche Möglichkeiten vor, wie du den Raspberry Pi praktisch im Alltag nutzen kannst. Kapitel für Kapitel lernst du die Hardware und das Betriebssystem Linux kennen und kannst dein Wissen sofort praktisch in die Tat umsetzen. Du findest anschauliche Anleitungen für die Einrichtung als Desktop PC, Spielecomputer, Smart Home Terminal und vieles mehr. Auch wie du deine ersten eigenen Programme mit Python schreiben kannst und damit den Raspberry Pi programmieren kannst, lernst du in diesem Buch. Am Schluss wirst du in der Lage sein, eigene Projekte zu entwickeln und verstehen, warum Millionen Nutzer auf der ganzen Welt auf ihren Raspberry Pi nie wieder verzichten möchten. Hol dir jetzt dieses Buch und leg sofort los!

2. Auflage: aktualisiert und erweitert

Hier informieren: http://bmu-verlag.de/raspi/

PHP und MySQL für Einsteiger: Dynamische Webseiten durch PHP 7, SQL und Objektorientierte Programmierung (224 Seiten)

PHP ist eine der wichtigsten serverseitigen Webprogrammiersprachen und in Kombination mit dem Datenbanksystem MySQL und der Datenbanksprache SQL eine einfach zu erlernende aber auch sehr leistungsfähige Programmiersprache, um dynamische Webseiten zu erstellen.

Mit diesem Buch lernen Sie beginnend mit den Grundlagen anhand vieler Praxisbeispiele, wie auch Sie eigene dynamische Webseiten mit PHP erstellen können. Dabei gibt es zu jedem Kapitel Übungsaufgaben mit ausführlichen Lösungen, um das Erlernte direkt selbst anwenden zu können.

2. Auflage: aktualisiert und erweitert

Hier informieren: http://bmu-verlag.de/php-mysql/

Java Programmieren für Einsteiger: Der leichte Weg zum Java-Experten (357 Seiten)

Java ist eine der beliebtesten Programmiersprachen der Welt, und das nicht ohne Grund: Java ist besonders leicht zu erlernen, vielfältig einsetzbar und läuft auf so gut wie allen Systemen. Egal ob du Apps für das Smartphone, Computerspiele oder Serveranwendungen schreiben willst, mit dieser Programmiersprache kannst du all diese Projekte umsetzen.

Dieses Buch wird dich dabei unterstützen. Beginnend mit den Grundlagen wird die Programmierung in Java leicht und verständlich erklärt. Besonderer Fokus wird dabei auf die Objektorientierte Programmierung und das Erstellen von grafischen Oberflächen mit Hilfe von JavaFX gelegt. Jedes Kapitel beinhaltet Übungsaufgaben, durch die man das Gelernte direkt anwenden kann. Nach dem Durcharbeiten des Buches kann der Leser eigene komplexere Java Anwendungen inklusive grafischer Oberfläche programmieren.

2. Auflage: komplett neu verfasst

Hier informieren: http://bmu-verlag.de/java-programmieren/

C++ Programmieren für Einsteiger: Der leichte Weg zum C++-Experten (278 Seiten)

Beginnend mit den Grundlagen der Programmierung wird die Programmiersprache C++ vermittelt, ohne, dass dabei Vorkenntnisse vorausgesetzt werden. Besonderer Fokus liegt dabei auf Objektorientierter Programmierung und dem Erstellen grafischer Oberflächen mit Hilfe von MFC. Auch auf C++ Besonderheiten, wie die Arbeit mit Zeigern und Referenzen, wird ausführlich eingegangen. Jedes Kapitel beinhaltet Übungsaufgaben, durch die man das Gelernte direkt anwenden kann. Nach dem Durcharbeiten des Buches kann der Leser eigene komplexe C++ Anwendungen inklusive grafischer Oberflächen erstellen.

2. Auflage: aktualisiert und erweitert

Hier informieren: http://bmu-verlag.de/cpp_programmieren/